충무공 이순신 백의종군길
걷기 여행

충무공 이순신 백의종군길 걷기 여행

초판 1쇄 발행 2020년 6월 6일

지은이 윤승진
펴낸이 장길수
펴낸곳 지식과감성#
출판등록 제2012-000081호

디자인 장홍은
편집 이현
교정 김혜련
마케팅 고은빛

주소 서울시 금천구 벚꽃로298 대륭포스트타워6차 1212호
전화 070-4651-3730~4
팩스 070-4325-7006
이메일 ksbookup@naver.com
홈페이지 www.knsbookup.com

ISBN 979-11-6552-205-6(03910)
값 12,000원

ⓒ 윤승진 2020 Printed in Korea

잘못된 책은 구입하신 곳에서 바꾸어 드립니다.
이 책의 전부 또는 일부 내용을 재사용하려면 사전에 저작권자와 펴낸곳의 동의를 받아야 합니다.

이 도서의 국립중앙도서관 출판예정도서목록(CIP)은 서지정보유통지원시스템 홈페이지(http://seoji.nl.go.kr)와 국가자료공동목록시스템(http://www.nl.go.kr/kolisnet)에서 이용하실 수 있습니다.(CIP제어번호 : CIP2020020604)

표지폰트 김훈체 출처 한국저작권위원회

홈페이지 바로가기

한국의 역사 순례길

충무공 이순신 백의종군길
걷기 여행

윤승진 지음

670km, 24일간의 기록

지식감정

목차

제1장 백의종군길
    1.1 이순신 · · · · · · · · · · · · · · · · · 14
    1.2 백의종군길 소개 · · · · · · · · · · 16
    1.3 충무공 이순신 백의종군길 패스포트 · · · · · · · 18

제2장 백의종군길 동행
    2.1 동행이야기, 첫 번째 · · · · · · · · · 22
    2.2 동행이야기, 두 번째 · · · · · · · · · 24
    2.3 동행이야기, 세 번째 · · · · · · · · · 26
    2.4 동행이야기, 네 번째 · · · · · · · · · 29

제3장 24일간의 백의종군길 걷기
    3.1 백의종군길 걷기 1일차 · · · · · · · 32
    (서울 이순신 생가터 ~ 안양 갈산동 주민센터)
    ✝ 충무공 이순신 생가터 · · · · · · · · · 34
    ✝ 의금부 터 · · · · · · · · · · · · · · · · · 35
    ✝ 충무공 이순신 백의종군로 출발지 · · · · 35
    ✝ 서울 숭례문 · · · · · · · · · · · · · · · 36
    ✝ 서울로 7017 · · · · · · · · · · · · · · · 37
    ✝ 국립중앙박물관, 용산가족공원 · · · · 38
    ✝ 동작대교 · · · · · · · · · · · · · · · · · 39
    ✝ 허밍웨이 (humming way) · · · · · · · 39
    ✝ 남태령 옛길 · · · · · · · · · · · · · · · 41
    ✝ 인덕원 터 · · · · · · · · · · · · · · · · · 43

    3.2 백의종군길 2일차 걷기 · · · · · · · 45
    (안양 갈산동 주민센터 ~ 화성 용주사)
    ✝ 사근행궁터, 고천리 3.1 운동 만세 시위지 · · · · 47
    ✝ 지지대비 · · · · · · · · · · · · · · · · · 48
    ✝ 프랑스군 참전 기념비 · · · · · · · · · 49
    ✝ 효행공원, 정조대왕상 · · · · · · · · · 49
    ✝ 서울대학교 수원수목원 · · · · · · · · 52
    ✝ 용주사 · · · · · · · · · · · · · · · · · · · 53

3.3 백의종군길 3일차 걷기 · · · · · · · · · 56
(화성 용주사 ~ 평택역)
- ✝ 은빛개울공원 · · · · · · · · · 59
- ✝ 성호면 경찰 주재소 3.1운동 만세 시위지 · · · · · · · 60
- ✝ 진위면사무소 · · · · · · · · · 61
- ✝ 한국복지대학교 · · · · · · · · · 62
- ✝ 동부20호공원, 모산저수지 · · · · · · · · · 63
- ✝ 평택역 TMO (Transportation Movement Office) · · · · · 64

3.4 백의종군길 4일차 걷기 · · · · · · · · · 65
(평택역 ~ 아산 이충무공 묘소 ~ 아산 현충사)
- ✝ 팽성읍객사 · · · · · · · · · 68
- ✝ 아산 이충무공묘 · · · · · · · · · 74
- ✝ 위충암 · · · · · · · · · 75
- ✝ 윤보선 대통령 묘소 · · · · · · · · · 76
- ✝ 필사즉생필생즉사 비 · · · · · · · · · 77
- ✝ 아산 이충무공 유허 (현충사) · · · · · · · · · 79

3.5 백의종군길 5일차 걷기 · · · · · · · · · 81
(아산 현충사 ~ 아산 창제귀선 빵 카페)
- ✝ 염치 중방리 봉화만세운동 사적지 · · · · · · · · · 84
- ✝ 곡교천 둑길 · · · · · · · · · 86
- ✝ 해암리 게바위 · · · · · · · · · 88
- ✝ 난중일기 벤치 (충청남도 경제진흥원) · · · · · · 90

3.6 백의종군길 6일차 걷기 · · · · · · · · · 94
(아산 창제귀선 빵 카페 ~ 공주 정안면사무소)
- ✝ 곡교천 은행나무 길 · · · · · · · · · 97
- ✝ 넙치고개 고라니 · · · · · · · · · 99
- ✝ 보산원초등학교 · · · · · · · · · 101
- ✝ 지장리 2구 왕승 비석 (이괄의 난) · · · · · · 101
- ✝ 개티재 · · · · · · · · · 104
- ✝ 공주 소랭이마을 · · · · · · · · · 106

3.7 백의종군길 7일차 걷기 · · · · · · · · · 109
(공주 정안면사무소 ~ 공주 계룡면 행정복지센터)
- ✝ 삼남길 · · · · · · · · · 111
- ✝ 공주 수촌리 고분군 · · · · · · · · · 113
- ✝ 국립 공주대학교 · · · · · · · · · 115
- ✝ 영규대사비 · · · · · · · · · 118

3.8 백의종군길 8일차 걷기 · · · · · · · · · 121
(공주 계룡면 행정복지센터 ~ 논산 연무대 고속버스터미널)
- ✝ 무겁교 조석교 · · · · · · · · · · · · · · · 124
- ✝ 노성면사무소 · · · · · · · · · · · · · · · 125
- ✝ 하도2리 경로효친 마을 · · · · · · · · · · 126
- ✝ 부적면 주민자치센터, 다오정 식당 · · · · 127

3.9 백의종군길 9일차 걷기 · · · · · · · · · 132
(논산 연무대 고속버스터미널 ~ 익산 보석박물관)
- ✝ 육군훈련소 · · · · · · · · · · · · · · · · 133
- ✝ 봉곡서원 · · · · · · · · · · · · · · · · · 134
- ✝ 전북익산 여산파출소 · · · · · · · · · · · 135
- ✝ 천호성지, 숲정이, 나바위성당 · · · · · · 136
- ✝ 익산보석박물관 · · · · · · · · · · · · · 140

3.10 백의종군길 10일차 걷기 · · · · · · · 144
(익산 보석박물관 ~ 전주 (풍남문) GS25 한옥광장점)
- ✝ 삼례문화예술촌, 삼례역 · · · · · · · · · 148
- ✝ 전주 풍남문 · · · · · · · · · · · · · · · 150
- ✝ 김PD 게스트하우스 · · · · · · · · · · · 151

3.11 백의종군길 11일차 걷기 · · · · · · · 154
(전주 (풍남문) GS25 한옥광장점 ~ 임실 임실읍사무소)
- ✝ 전주교육대학교 한글마당 · · · · · · · · 156
- ✝ 슬치재, 슬치백산식당 · · · · · · · · · · 158
- ✝ 사선대, 사선문, 운서정 · · · · · · · · · 160
- ✝ 예원예술대학교 · · · · · · · · · · · · · 161

3.12 백의종군길 12일차 걷기 · · · · · · · 164
(임실 임실읍사무소 ~ 남원 남원향교)
- ✝ 광복절 · · · · · · · · · · · · · · · · · · 166
- ✝ 말치 · · · · · · · · · · · · · · · · · · · 168
- ✝ 오수개 · · · · · · · · · · · · · · · · · · 169
- ✝ 오수면사무소 · · · · · · · · · · · · · · 170
- ✝ 버선밭, 춘향이고개 · · · · · · · · · · · 172
- ✝ 뒷밤재, 서남대학교 남원캠퍼스 · · · · · 173
- ✝ 남원 충렬사 · · · · · · · · · · · · · · · 174
- ✝ 남원향교 · · · · · · · · · · · · · · · · · 175

3.13 백의종군길 13일차 걷기 · · · · · · · 177
(남원 남원향교 ~ 남원 운봉초등학교)
- ✝ 이백면사무소 · · · · · · · · · · · · 179
- ✝ 여원치 마애불상 · · · · · · · · · · 185
- ✝ 여원재 · · · · · · · · · · · · · · · 185
- ✝ 남원 서천리 당산 · · · · · · · · · · 186

3.14 백의종군길 14일차 걷기 · · · · · · · 191
(남원 운봉초등학교 ~ 남원 지리산유스캠프)
- ✝ 남원 백의종군로 · · · · · · · · · · 193
- ✝ 지리산둘레길 운봉–주천구간 · · · · 194
- ✝ 우암공가족묘원 · · · · · · · · · · 196
- ✝ 개미정지 – 서어나무 쉼터 · · · · · 200

3.15 백의종군길 15일차 걷기 · · · · · · · 205
(남원 지리산유스캠프 ~ 순천 구례구역)
- ✝ 왜적침략길 불망비, 밤재 정상 · · · 207
- ✝ 남도 이순신길 탐방 안내 비 · · · · 210
- ✝ 산수유 시목 · · · · · · · · · · · · 211
- ✝ 운흥정 · · · · · · · · · · · · · · · 213
- ✝ 구만제, 구례석비 · · · · · · · · · · 215
- ✝ 서시천 둑길 · · · · · · · · · · · · 216
- ✝ 손인필 비각 · · · · · · · · · · · · 218
- ✝ 구례현청 터 · · · · · · · · · · · · 219
- ✝ 섬진강 자전거 길 · · · · · · · · · 219

3.16 백의종군길 16일차 걷기 · · · · · · · 223
(순천 구례구역 ~ 순천 서면우체국)
- ✝ 조선수군 재건로 · · · · · · · · · · 224
- ✝ 황전면 행정복지센터 · · · · · · · 226
- ✝ 송치재 · · · · · · · · · · · · · · · 228
- ✝ 학구마을회관 · · · · · · · · · · · 231

3.17 백의종군길 17일차 걷기 · · · · · · · 234
(순천 서면우체국 ~ 구례 구례공설운동장 정자)
- ✝ 순천자연휴양림 · · · · · · · · · · 237
- ✝ 동해마을 입구 주막집 · · · · · · · 241
- ✝ 섬진강과 두꺼비다리 · · · · · · · 242

3.18 백의종군길 18일차 걷기 · · · · · · · · · · · · · 245
(구례 공설운동장 정자 ~ 구례 운조루 앞 오미정 정자)
✝ 용호정 · 247
✝ 구례 운조루 고택 · · · · · · · · · · · · · · · · · 250

3.19 백의종군길 19일차 걷기 · · · · · · · · · · · · · 252
(구례 운조루 앞 오미정 정자 ~ 하동 흥룡마을회관)
✝ 구례 석주관성, 칠의사묘 · · · · · · · · · · · · · 256
✝ 은어마을 펜션단지, 피아골 · · · · · · · · · · · · 258
✝ 화개장터 · 260
✝ 섬진강 100리 테마로드 · · · · · · · · · · · · · · 261
✝ 슬로시티 하동 악양 · · · · · · · · · · · · · · · · 262
✝ 최참판댁 토지세트장 · · · · · · · · · · · · · · · 264

3.20 백의종군길 20일차 걷기 · · · · · · · · · · · · · 269
(하동 흥룡마을회관 ~ 하동 주성마을회관)
✝ 하동 두곡마을회관 · · · · · · · · · · · · · · · · 272
✝ 갈녹치재 · 273
✝ 하동군 고전면민 만세 운동 기념비 · · · · · · · · 274

3.21 백의종군길 21일차 걷기 · · · · · · · · · · · · · 279
(하동 주성마을회관 ~ 하동 옥종불소 유황천)
✝ 하동읍성 · 281
✝ 고전역사탐방로 · · · · · · · · · · · · · · · · · 282
✝ 하동 레일바이크 · · · · · · · · · · · · · · · · · 285
✝ 서황리 중촌마을회관 · · · · · · · · · · · · · · · 287

3.22 백의종군길 22일차 걷기 · · · · · · · · · · · · · 289
(하동 옥종불소 유황천 ~ 산청 신안파출소)
✝ 강정(江亭) · 292
✝ 원계리 손경례 고택 · · · · · · · · · · · · · · · · 293
✝ 이충무공진배미유지 · · · · · · · · · · · · · · · 294
✝ 산청 이사재 · 296
✝ 남사예담촌, 사효재의 향나무 · · · · · · · · · · · 297
✝ 산청 목면시배 유지 · · · · · · · · · · · · · · · · 298

3.23 백의종군길 23일차 걷기 · · · · · · 302
(산청 신안파출소 ~ 합천 삼가면사무소)
- ✝ 적벽산 · · · · · · · · · · · · · · · · · · 304
- ✝ 산청 안곡서원 · · · · · · · · · · · · · · 304
- ✝ 단계천변 – 쉼터, 충무공 이순신 추모탑 · · · · · 306
- ✝ 산청 단계리 석조여래좌상 · · · · · · · · · 307
- ✝ 합천구평윤씨신도비(의병장 윤탁) · · · · · · 310
- ✝ 삼가 기양루 · · · · · · · · · · · · · · · 311
- ✝ 삼가현 · · · · · · · · · · · · · · · · · · 312

3.24 백의종군길 24일차 걷기 · · · · · · 315
(합천 삼가면사무소 ~ 합천 율곡 낙민2구 마을회관)
- ✝ 대양면사무소 · · · · · · · · · · · · · · · 318
- ✝ 애국지사 청송 심공재현 기적비 · · · · · · · 319
- ✝ 정양늪 생태공원 · · · · · · · · · · · · · 320
- ✝ 모여곡(毛汝谷) · · · · · · · · · · · · · · 321

제4장 외전
- 4.1 백의종군길 사전 답사 · · · · · · · · · 326
- 4.2 완보증 및 와펜 수령 · · · · · · · · · · 330
- 4.3 충무공 이순신 백의종군길 완보자 전당 게시판 제막식 332
  - ✝ 이어해의 집 – 유숙지 · · · · · · · · · · 333

제5장 부록
- 5.1 준비물 · · · · · · · · · · · · · · · · · 338
- 5.2 백의종군길 구글지도 · · · · · · · · · · 340
- 5.3 백의종군길 코스 · · · · · · · · · · · · 341
- 5.4 이정표 · · · · · · · · · · · · · · · · · 342
- 5.5 거리 & 시간 & 걸음 수 & 경비 · · · · · · 347
- 5.6 숙박 · · · · · · · · · · · · · · · · · · 348
- 5.7 참고사이트 · · · · · · · · · · · · · · · 349

참고문헌

축사

　윤승진 박사님의 충무공 이순신 백의종군길 완보와 《한국의 역사 순례길 – 충무공 이순신 백의종군길 걷기여행》 발간을 진심으로 축하합니다.

　지난 2019년 4월 윤 박사님께서 걷기 원정대를 설립하면서 이순신 백의종군길을 걷는다고 했을 때 저는 2017년 8월 이 길을 24일간의 강행군으로 완보했던 경험을 돌이켜 보면서 걱정이 되어서 주요한 몇 곳의 난코스는 동행을 해야겠다고 마음을 먹었습니다. 그런데 그런 걱정은 기우에 불과했다는 것을 곧 느끼게 되었습니다.

　윤 박사님은 충분한 시간 여유를 두고 세부 일정 계획을 작성하여 사전에 공지하고 트랙 앱을 상세하게 만들어서 오차 없이 진행하기 때문에 트랙을 벗어날 수가 없고 안전하다는 것을 알았습니다.

　특히 가장 난코스인 천안, 공주 간 개티재와 남원 연재(여원재), 하동 살티재 등을 혼자서 풀숲을 헤치면서 주파하는 담력과 투지를 보여 주었습니다.

　일기 예보와는 다르게 폭우를 만나는 경우도 있었지만 때로는 굳은 의지로 정면 돌파하고 그러면서도 고집하지 않고 유연하게 대처하는 현명함을 보여 주었습니다.

　정보를 교환하고 실시간 협력 및 지원을 하면서 걷는 혜지가 돋보였습니다.

　무엇보다 게스트하우스를 잘 활용하여 재미있고 경제적으로 큰 부담 없이 걸었고 쉴 때는 충분히 쉬면서 사진에 동영상까지 촬영하여 다음 걷는 이들을 위한 상세한 길 정보와 자료들을 기록으로 남겼습니다.

　봄 여름 가을 겨울 사계절의 맛과 멋을 두루 섭렵하면서 항상 뛰어난 유머 감각으로 직면하는 어려움들을 털어 버리고 벗어나는 재능을 발휘하였습니다.

전 구간에 〈난중일기〉 기록들을 수록하여 당일 걷는 구간의 역사적 사실들을 알고 걸을 수 있도록 하였으며 평소에 접하기가 어려운 많은 역사 유적들과 기록 및 구전 내용들을 유익하고 재미있게 엮어서 이해를 돕도록 함으로써 처음 걷는 분들에게 좋은 참고 자료를 제공하면서 가이드북 역할을 할 수 있도록 하였습니다.

이렇게 교육적이고 유머와 재치가 넘치는 기행문을 처음 접하는 저에게는 이 모든 것들이 경이로웠고 한편으로 저를 돌이켜 보는 계기가 되었습니다. 윤 박사님께서는 본인 한 사람이 걸으면서 수많은 분들에게 누구나 걸을 수 있다는 가능성을 심어 주었고 걷고자 하는 의욕을 불러일으켰다고 확신합니다. 저 혼자만의 축하가 아닌 많은 분들이 찬사를 보내야 할 경사라고 생각합니다.

다시 한번 《한국의 역사 순례길 – 충무공 이순신 백의종군길 걷기여행》 발간을 축하드리며 앞으로 많은 분들이 이순신 백의종군길 위에서 만날 수 있기를 기원드립니다.

감사합니다.

2020년 3월 31일
한국체육진흥회
충무공이순신 백의종군정신앙양 걷기회 회장
(예)해군제독 배 준 태

제1장

백의종군길

1.1 이순신[1]

이순신(李舜臣) - 1545년 4월(인종 1년)~1598년 12월(선조 31년)
본관은 덕수, 자는 여해, 시호는 충무이다.
아버지는 이정이며, 어머니는 초계 변씨로 변수림의 딸이다.
묘는 충청남도 아산시에 있으며, 충무의 충렬사, 여수의 충민사, 아산의 현충사 등에 사당이 있다.

1565년(21세) - 온양 방씨인 방진의 딸과 혼인
1572년(28세) - 훈련원 별과에 응시했으나 낙방
1576년(32세) - 식년시 무과에 병과로 급제
1587년(43세) - 녹둔도 전투에서 패전 후 투옥(1차 백의종군)
1588년(44세) - 2차 녹둔도 정벌에서 여진족 장수 우을기내를 꾀어내어 잡은 공으로 사면 받아 복직
1589년(45세) - 관직 정읍현감
1590년(46세) - 선조 23년, 도요토미 히데요시 일본 전국 통일
1591년(47세) - 관직 전라좌도 수군절도사(정3품)
1592년(48세) - 선조 25년, 일본군 조선 침략(임진왜란)
           선조 피난(한성 → 개성 → 평양 → 의주), 일본군 한성, 평양 함락
           옥포 해전(이순신 첫 승전), 사천 해전(거북선 첫 출전)
           견내량 해전(임진왜란 3대 대첩 중 하나인 한산도 대첩), 부산 해전
1593년(49세) - 평양, 한성 탈환, 웅포 해전, 삼도수군통제사 임명, 강화 회담

1597년(53세) - 일본군 조선 재침략(정유재란)
　　　　　　　2월 25일 왕명거역죄로 삼도수군통제사 해임(원균 직책 인계)
　　　　　　　3월 4일 한성 압송 후 투옥
　　　　　　　4월 1일 출옥하였으나, 선조의 명으로 백의종군(2차 백의종군),
　　　　　　　13일 모친상
　　　　　　　7월 16일 칠천량 해전(삼도수군이 패하고 원균 등이 전사)
　　　　　　　7월 23일 삼도수군통제사 재임명
　　　　　　　9월 16일 명량 해전(13척으로 적선 130여 척 격파)
1598년(54세) - 8월 18일 도요토미 히데요시 사망, 일본군 철수
　　　　　　　11월 19일 노량·관음포 해전에서 총탄을 맞고 전사
1643년 인조 때 '충무' 시호를 내려 충무공이 되었다.

1.2 백의종군길 소개[2]

　백의종군*길이란 이순신이 간신배들의 모함에 의해 1597년 3월 4일 투옥되었다가 동년 4월 1일 27일 만에 출옥한 후 의금부를 출발하여 동년 6월 8일 권율 도원수를 만나고 8월 3일 수군통제사로 재임명 받을 때까지의 행로를 의미한다. 그러나 여기서 말하는 백의종군길은 후반부를 제외하고 4월 1일 의금부를 출발하여 6월 4일 율곡 도착하기까지의 행로를 의미한다.

　해군의 고증과 각 지방자치단체, 향토사학회가 함께 고증해 주신 길과 일부 이미 만들어 놓은 길을 근간으로 2017년 8월 15일부터 9월 7일까지 (총 24일) 사단법인 한국체육진흥회가 "백의종군길 전 구간 이음 도보 대행군"을 실시하였다. 2019년까지 총 17명이 완보하였다.

　다음 카페 '백의종군로 걷기'에는 670km의 길이 총 46개의 트랙으로 나누어 정리되어 있다. 중간 경유지를 합치면 총 56개의 트랙이다.

　개인마다 차이는 있으나 보통 20~30일 걸린다. 다음 카페 '백의종군로 걷기'에 24일간의 코스가 잘 정리되어 있으며, 구글지도, 트랭글, 오룩스맵을 통하여 다운로드 받을 수 있다.

　전 구간의 여러 곳에 안내리본이 달려 있고, 지역별 지자체 또는 향토사학자들이 설치한 이정표가 있다. 체크포인트 지점에는 스탬프함이 설치되어 있다.

---

*　백의종군: 일체의 관직과 벼슬 없이 평복으로 참전하는 처벌

백의종군길 걷기 인증 체크포인트 지도

1-1) 탄생지(명보아트홀)
1) 의금부 터
2) 남태령옛길입구
3) 갈산동행정복지센터
4) (구운초등학교) GS25 수원서둔점
5) 용주사 입구
6) 진위면사무소
7) 평택역(TMO)
7-1) 팽성객사
8) 이순신묘소 정문
9) 아산현충사 정문
10) 게바위 정자(해암리마을)
11) 창제귀선카페(은행나무길 끝)
12) 보산원초등학교
13) 정안면사무소

14) 공주예비군훈련장 정문
15) 계룡면행정복지센터
16) 노성면사무소
17) 부적농협 앞 다오정 식당
18) 여산파출소
19) 익산보석박물관
20) 삼례역
21) (전주풍남문) GS25 한옥광장점
22) 슬치리고개 백산식당
23) 임실읍사무소
24) 오수면사무소 본관건물
24-1) 덕과초교 앞 농협하나로마트
25) 남원향교
26) 이백면사무소
27) 운봉초등학교 정문

27-1) 주천면지리산둘레안내센타
28) 지리산유스캠프 굴다리 밑
28-1) 밤새정상 정자
28-2) 산수유시배지 위 정자
29) 구례 손인필 비각 구국정
30) 구례구역
30-1) 황전면사무소
31) 학구마을회관 앞
32) 순천선평삼거리 서면우체국 앞
33) 동해마을입구 주막집
34) 구례종합운동장 건너편 정자
34-1) 운조루앞 오미정 정자
35) 석주관
35-1) 화개장터하동관광안내센터

36) 하동악양최참판댁 전
     파란들빵카페
37) 하동흥룡마을회관
38) 하동두곡마을회관
39) 주성마을회관(하동읍성)
40) 서황리(중촌마을회관정자)
41) 손경례가 입구 정가
41-1) 남사마을박호원농가 앞
42) 신안마출소 정문
43) 단계삼거리 이순신쉼터
44) 삼가면사무소
45) 대양면사무소
46 낙민2구마을회관(FINISH)

제1장 백의종군길 17

1.3 충무공 이순신 백의종군길 패스포트[2]

　패스포트는 자신이 그 길을 실제로 걸었음을 증명하기 위한 것으로, 트랙을 걸으면서 체크포인트 지점에 설치된 스탬프를 찍으면 된다.

　패스포트는 다음 카페 '백의종군로 걷기'에서 신청서를 다운로드 받아 한국체육진흥회에 신청한 후 5000원을 송금하면 수령할 수 있다.

　완보 후 패스포트를 제출하면 완보증을 수령할 수 있고, 완보자 클럽에 가입할 수 있는 자격이 된다. 사단법인 한국체육진흥회에서 완보 기록을 관리 보존한다. 또 완보자는 낙민리 모여곡(율곡) 백의종군길 완보자 전당 게시판에 헌액된다.

충무공 이순신 백의종군길 패스포트

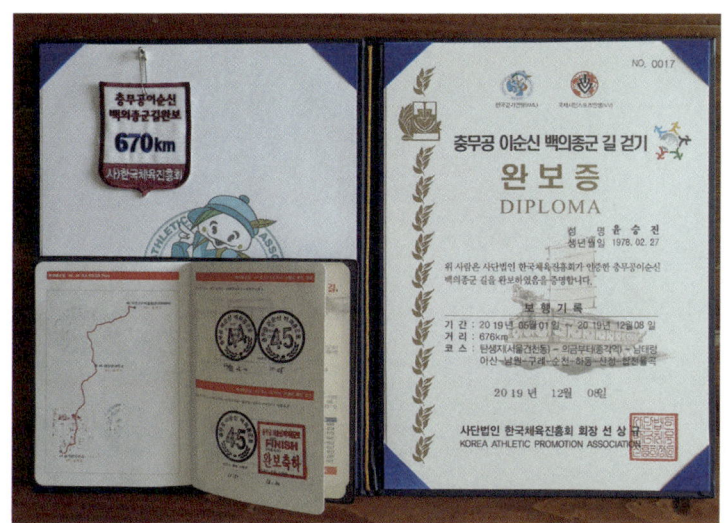

백의종군길 완보증 및 와펜

백의종군길 완보당 전당 게시판

제1장 백의종군길 19

제2장

백의종군길 동행

2.1 동행이야기, 첫 번째

길이란 걸어야 길이고, 살아 숨 쉬고 있어야 하고, 혼이 있어야 한다고 한다. 널리 알려진 스페인 산티아고 길을 그 예로 들 수 있겠다. 많은 유럽인들이 평생에 한 번은 그 길을 걷는다고 한다.

그러면 우리나라에는 그런 길이 없는 것일까?

내가 지금 걷고 있는 이순신 백의종군길이 바로 그러한 조건을 충분히 갖춘 길이라고 생각한다. 산티아고 길처럼 유네스코 세계기록문화자산으로 등록된 〈난중일기〉 속의 백의종군길, 민족의 한과 얼이 스며 있는 길, 책 속에서 잠자고 있던 길, 이 길을 이제 우리들이 책 밖으로 끌어내서 누구나 걸을 수 있는 길, 걸으면서 나의 내일을 생각하고 고민하는 길, 국가의 장래를 생각하며 번민하는 길로 승화시켰으면 하는 바람이다.

670km 장거리를 한 번에 걷기란 쉽지가 않다. 직장인은 주말을 이용하고 학생들은 방학 기간을 활용한다면 일 년이면 충분히 완보하고도 남을 것이다.

우리 모두가 평생에 최소한 한 번은 이 길을 걷자고 말한다면 너무 지나친 나의 개인적인 욕심일까?

그런데 걷기에 좋은 길이란 갖추어야 할 필수 조건들이 있다고 생각한다. 지속적으로 관리해서 안전하게 걸을 수 있도록 하는 것은 기본이고 가장 중요한 것은 숙식 문제이다. 시골에는 숙박 시설이 거의 없는 우리의 현실을 고려하여 민박이나 게스트하우스 또는 마을회관 등을 활용할 수 있는 제도적 뒷받침이 있었으면 좋겠다. 안전 문제와 재정적 부담이나 불편이 따른다면 어떻게 마음 놓고 걸을 수 있겠는가?

운이 좋아서 이 길을 두 번이나 걸으면서 느낀 소감을 말한다면,
젊은이들이여! 젊었을 때 이 길을 걸어 보라!
그리고 사회 활동을 마칠 무렵 다시 한번 걸어 보라!
결코 후회하지 않을 것이다.
걸으면서 이 길에 혼을 심자! 후손들을 위하여!

(예)해군제독 **배 준 태**

2.2 동행이야기, 두 번째

　글쓴이와는 개인적인 친분이 있어 이 길을 걷기 전부터 걷기에 관련된 이런저런 이야기를 나눴던 게 기억이 난다. 아마도 시작은 글쓴이가 아들과 다녀온 태국 트래킹 여행이었던 것으로 기억이 난다. 그 여행을 다녀오고 나서 태양빛에 검게 그을린 얼굴로 나에게 경험담을 신나게 이야기를 했었다. 이후에도 크고 작은 걷기 행사에 종종 참석하며 걷기에 관심을 계속 보이더니 어느 날 백의종군길에 대한 이야기를 나에게 꺼내어 놓았다. 그러면서 그는 백의종군길의 역사와 의미, 세부 일정, 장비 준비 등을 내게 이야기하며 갑작스럽게 참여를 독려하기 시작했었다. 이것은 무방비 상태의 적에게 공격이라고나 할까, 전혀 마음의 준비가 되지 않은 상태에서 얼떨결에 승낙을 하고 말았다. 단 내게 시간이 허락되는 한에서 말이다.

　원래 계획은 1일차 코스부터 같이 시작할 계획이었지만 갑작스러운 개인적인 사정에 의해 2일차 코스부터 시작하게 되었다. 시작 시점에서 미리 준비해 둔 패스포트에 첫 도장을 찍고 보니 백의종군길에 대한 어떠한 사명감이 생기는 기분이 들었다. 그렇게 스탬프함을 뒤로하고 걷기를 시작하였고 우리는 시시콜콜한 개인적인 이야기, 업무와 관련된 이야기 등 이런저런 이야기를 나누며 계속 걸어갔다. 걸으면서 주변을 살펴보니 그동안 내가 운전하면서 무심코 지나갔던 길들이라는 것을 새삼 깨닫게 되었다. 아마도 이 길들을 나는 수십 번이나 지나쳤을 것이고 나에게는 목적지를 가기 위한 수단이 되는 길이었을 것이다. 하지만 그날은 길이 수단이 아닌 길 자체가 목적이 되는 날이 되다 보니 내 눈과 마음에서 받아들이는 느낌이 많이 달랐다. 길에 집중하니 길옆의 이름 모를 꽃과 나무도 반가웠고 각 도로가 가진 지명의 유래를 표시한 게시물들, 곳곳의 유적들도 세심하게 볼 수 있었다. 그리고 장시간 걸으니 사색의 시간이 충분해 여러 가지 생각들을 정리할 수도 있었다.

나는 백의종군길을 완보할 계획이 없다. 그냥 기회가 되면 걸을 것이고 시간이 나면 걸을 것이다. 아마 이 길을 완보하면 나는 또 다른 길을 찾게 될 것이고 또다시 이 길을 찾기 어려울 것이라는 생각이 든다. 내게 걷는 의미를 준 이 길을 내가 언제든 찾아올 수 있는 길로 남기고 싶다. 어쩌면 나는 내년, 내후년에도 2일차, 3일차 코스를 걷고 있을지도 모르겠다.

김혜현

2.3 동행이야기, 세 번째

하늘에서 내리는 눈꽃송이도 다 내려야 할 자리가 마련돼 있다고 한다. 인연의 법칙이란 우리 인생에서 감히 예측할 수도 없는 일이 아닌가 한다. 공박님과의 인연 또한 내 인생에서 전혀 예상치 못했던 만남이다.

나는 평소 등산을 즐기고 나름 걷기에 관심이 많았다. 인생 최대의 버킷리스트가 산티아고 순례길이라 우연찮게 걷기 밴드를 검색하다 '함께걷기 원정대'라는 밴드를 알게 되어 가입하게 되었다. 이순신 장군의 발자취를 뒤따르는 백의종군길이라는 것이 있다는 것도 그때 처음 알았다.

백의종군길 21일차, 22일차 걷기 계획이 밴드 공지에 올라와 있었고, 마침 휴가가 잡혀 참석하기로 마음먹고 공박님께 연락을 하였다. 난생처음 1박 2일로 백의종군길을 걷는다는 설렘에 밤새 잠을 설치고 대전, 진주를 거쳐 하동 버스터미널에 도착하였다. 내가 늦게 도착하는 바람에 계획된 시간이 지체되어 대합실 식당에서 아침 겸 점심을 먹고 출발하였다. 처음 만난 사이지만 어색하지 않게 밥을 먹고 21일차 걷기 출발지인 주성마을 회관으로 이동했다.

이렇게 하여 백의종군길 걷기에 내가 동참하는 첫길이 시작되었고, 하동읍성까지 34.5km를 걸었다. 거의 7시간이 걸렸다.

하루를 마무리하려고 계획했던 숙소를 찾아 밤길을, 그것도 차도를 걷는 것은 매우 위험했지만 앞에서 차가 오면 손전등을 열심히 흔들어 주는 공박님을 보면서 오늘 걷기에 온 것은 내 인생의 새로운 도전이며 참 잘 왔다고 혼자 속으로 흐뭇해했다는 것을 공박님은 모르셨겠지요?

생전 와 보지도 않은 낯선 곳에서 하루를 묵고 다음 날 아침 7시부터 다시 걷기 시작했다. 다행히 어제 묵었던 곳이 온천이라 뜨거운 물에 목욕을 한 후 잠을 자서 그런지 어제의 피곤함은 싹 사라지고 상쾌한 몸과 마음으로 2일차 걷기를 시작할 수 있었다. 걷다 보니 해가 뜨기 시작했고 뜻하지 않게 기막힌 일출을 볼 수 있어서 행복해하며 어제보다는 공박님과 많이 친근해졌음을 느낄 수 있었다.

나는 공박님 뒤만 따라 걸으면 되니까 걷는 것에 부담은 없었지만 공박님은 길도 찾아야지, 기록도 해야지, 내가 잘 따라오나 챙겨야지, 걷는 것이 많이 힘들었을 거다. 어제는 산길이 많아 걷기가 힘들었는데 오늘은 평지 도로라 덜 힘들게 걸었다. 날씨가 춥고 바람이 많이 불어서 공박님이 고생을 했다.

걷고 또 걸어서 점심 먹을 남사예담촌에 도착하였다. 도착해 보니 얼마 전에 산악회에서 다녀간 곳이어서 반가웠다. 그때는 버스를 타고 왔었는데 걸어서 와 보니 신기하고 자랑스러웠다. 산악회 밴드에 사진을 찍어서 올리니 다들 "언니, 누나 자랑스러워요"라고 댓글을 달아 주었다.

사진을 잘 안 찍는다는 공박님도 한 장 찍고 점심을 먹으러 식당으로 가서 비빔밥을 주문하고 앉아 있으니 주인아저씨가 걷기에 관심이 많은지 이것저것 물어보셨다. 처음 본 밴드에서 함께 동참해서 걷는다고 하니까 두 분 다 대단하다고 하신다. 나올 때는 응원한다고 용기를 주셨.

계속 산길과 차도를 걸어서 최종 목적지인 신안 파출소에 도착하였다. 공박님은 스탬프를 꺼내 직인하고는 22일차 걷기가 마무리되었다고 했다. 오늘은 27.6km를 8시간 넘게 걸었다.

백의 종군길 21일차, 22일차를 밴드를 통해 알게 된 공박님과 둘이서 걸으면서 많은 걸 배우고 느꼈다. 둘이 걷지만 생각은 각자! 보고 느끼는 것도 다르고 걷는 목표도 다를 것이다. 나는 백의종군길이라는 처음 접해 본 것에 대한 신비함에 많이 설레며 걸었다. 집에 도착해서도 이틀 동안 새로운 도전을 한 것에 대해 피곤함을 잊을 정도로 행복하고 나 자신이 대견했다.

공박님 또한 낯선 60대 아줌마와 동반해서 걸으면서 고충도 있었겠지만 내색 한 번 안 하고 잘 이끌어 주고 많은 배려를 해 준 것에 대해 고마움을 전한다.

공박님은 23일차, 24일차까지 마무리하여 백의종군길 17번째 완보자로 명예의 전당에 이름을 올렸다 한다. 축하!

2019년 12월 29일 일요일에 '일요걷기'에서 백의종군길 1일차를 걷는다 하여 또 도전을 하였다. 남태령역 앞에서 이순신 탄생지까지 역으로 걷는다고 하여 청주에서 아침 7시에 출발하여 또 전혀 가 보지 못한 새로운 길 위에 도착하였다. 백의종군길 패스포트도 받아서 스탬프로 직인도 하였다.

많은 사람들이 물어본다. 어떻게 서울에 일요걷기까지 참석하게 되었느냐고. 그러면 나는 또 말합니다. 함께걷기원정대의 밴드 리더인 공박님을 통해서 백의종군길이 있다는 것을 알아서 백의종군길 21일차, 22일차를 함께 걸으면서 관심이 생겨서 2020년에는 백의종군길을 완보하여 명예의 전당에 이름을 올리고 싶어서요.

전혀 예기치 않았던 공박님과의 인연으로 나는 새로운 인생의 활력소를 찾았다. 스탬프 직인을 안 찍어서 내년에 21일차, 22일차를 다시 걸어야 하니 그때 다시 걸으면서 공박님과 함께했던 순간들이 어떻게 기억될지 지금부터 기대된다.

조성옥

2.4 동행이야기, 네 번째

  몇 년 전, 섬진강 둘레길을 2.5토(2토, 5토, 걷기 모임) 회원들과 1년에 걸쳐 걸었던 아름다운 추억을 갖고 있던 차에 백의종군길 23일차를 공박님과 발바닥에 물집이 잡힌 것도 모른 채 함께했다.

  아침 7시에 만나 점심 전까지 걸으면서 개울가에 서서 사냥하는 백로도 물오리 가족도 수천 살은 되어 보이는 큰 바위도 멋있게 보였다. 하지만 보신되는 한방 갈비탕까지 먹었는데도 발바닥 통증을 이길 수는 없었다. 요리조리 돌려 디뎌 보았지만 점점 더 아파만 왔다. 아무 생각도 나지 않았다. 출발 전 다짐과는 달리 24일차는 이미 포기해 버렸다.

  집으로 돌아와 사흘 정도 절뚝였다. 그래도 지금 유채꽃 피는 봄에 올레길에 서 있는 나를 기다린다.

백은하

제3장

24일간의 백의종군길 걷기

3.1 백의종군길 걷기 1일차

〈난중일기〉[3]

이순신
1545년 4월 28일 한양 건천동에서 3남으로 태어나다.

1597년(선조 30년, 53세 때) 백의종군(白衣從軍)
(4월 1일) (28일간의 옥고를 치르고) 의금부에서 나와 윤간의 종의 집 이틀 유숙하다. 친지를 만나고, 영의정 유성룡을 비롯하여 많은 지인들이 인편 문안
(4월 2일) 여러 조카들 만남, 방업이 성찬 접대
(4월 3일) 한양 출발 인덕원 휴식, 신복룡 주안상 접대, 수원부사 유영건 만남

🚩 **코스 (총 29.5km)**
트랙#1-1 (약 1.7km) 이순신 생가터(명보아트홀) → 의금부 터 (SC제일은행 본점)
트랙#1 (약 16.7km) 의금부 터 → 남태령 옛길 입구
트랙#2 (약 11.1km) 남태령 옛길 입구 → 갈산동 주민센터

백의종군길 1일차 코스

🛍️ 준비물

물 500ml, 발가락양말, 바세린, 물집방지패드, 얼굴가리개, 모자, 액션캠(배터리 4개+듀얼충전기), 보조배터리 3개, 셀카봉, 백의종군길 패스포트

> 내가 살아 보니까 내가 주는 친절과 사랑은 밑지는 적이 없다. 무심히 또는 의도적으로 한 작은 선행은 절대로 없어지지 않고 누군가의 마음에 고마움으로 남아 있다.
>
> — 장영희 교수 에세이 《살아온 기적 살아갈 기적》中

04:00 – 전날 함께 걷기로 한 김혜현님에게서 '갑작스러운 집안일로 함께 걷지 못할 것 같다'는 연락을 받았다. '혼자 걷겠구나'란 씁쓸한 생각에 그만 음주를 하고 잠이 들었다. 그 때문일까? 일정의 첫 시작에 대한 마음 때문일까? 새벽에 눈이 떠졌는데 잠이 오지 않았다. 그래도 눈을 감고 어떻게든 잤어야 했는데 후회스러운 행동을 하게 될 줄이야.

걷는 길을 기록하기 위해 '내 노선'이란 앱을 다운로드했었는데 잠도 안 오고 해서 다른 앱이 있을까 찾아보다가 '루가'란 앱을 알게 되었다. 괜찮은 것 같아서 이후 걷기를 시작할 때부터 끝날 때까지 계속 플레이를 시켰다.

다 걷고 난 다음, 중지를 누르고 스토리 저장을 하려고 했는데 데이터랑 와이파이가 켜져 있는데도 인터넷 연결이 안 된다는 에러가 계속 발생하였다. 메일로 문의를 남겼지만 답변이 오지 않았다. 심지어 홈페이지도 들어가지질 않았다. 인터넷을 다 뒤져서 찾아보니 2019년 4월 30일부로 서비스를 종료했다고 한다. 그럼 앱으로 다운이 안 되어 있어야 하는 거 아닌가? 잘 알아보지 않았던 내 잘못인지라 하소연할 곳도 없고 2일차부터는 무조건 '내 노선' 앱을 사용해야겠다.

09:00 – 대중교통을 이용해서 이순신 생가터 앞에 도착했다.

명보사거리 바닥에 이순신 장군의 출생 기록이 있었고, 그 옆 명보아트홀 앞에는 이순신 장군의 생가터임을 알려 주는 비석도 있었다.

충무공 이순신 생가터[4]

이순신(1545-1598)은 조선 중기의 명장이다. 선조 25년(1592) 임진왜란 당시 옥포, 한산도 등에서 해전을 승리로 이끌어 국가를 위기에서 건져내었다. 선조 31년(1598) 노량에서 전사하였으며, 글에도 능하여 〈난중일기〉를 비롯하여 시조와 한시 등을 많이 남겼다.

커피더캠프 을지로명보아트홀점 벽면에 스탬프함 #1-1이 있었다. 스탬프함에서 스탬프를 꺼낸 후 백의종군길 패스포트에 첫 직인을 하였다.

충무공 이순신 생가터 안내비

백의종군길 스탬프함 #1-1

모자를 눌러쓰고 얼굴가리개로 눈만 나오게 얼굴을 가렸다. 가방을 둘러메고 왼쪽 가슴에는 액션캠을 달고 오른쪽 손에는 구글지도가 켜진 핸드폰을 들었다.

드디어 백의종군길 걷기 출발이다.

09:40 – 롯데시티호텔 앞 나를 반겨 주는 듯 인사를 하고 있는 동상을 지나 의금부 터인 SC제일은행 본점 앞에 도착했다. 의금부 터 안내 비석이 있었고, 맞은편 대로변 쪽에 백의종군길 출발지 이정표가 있었다.

출발지 이정표 뒤쪽에 있는 스탬프함 #1에서 스탬프를 꺼낸 후 백의종군길 패스포트에 직인을 하고 출발하였다.

의금부 터 비석과 충무공 이순신 백의종군길 출발지 이정표

의금부 터

의금부(義禁府) 터는 조선조(朝鮮朝) 관리 양반 윤리에 관한 범죄를 담당하던 관아 자리이다.[5]

이곳은 1597년 4월 1일 충무공 이순신이 선조의 명을 받고, 출옥하여 백의종군길을 떠난 출발지이다. 백의종군로는 충무공 이순신이 한성(서울)을 출발하여 초계(합천 율곡)까지 간 행적로와 동년 8월 3일 삼도수군통제사로 재임명되기 전까지의 행적로이다.[6]

횡단보도를 건너 종각역 5번 출구를 지나는데 녹두장군 전봉준 동상이 보였다.

조금 더 걸어가니 한국은행 화폐박물관이 나왔다. 휴일이여서 그런지 거리에는 유독 일본인, 중국인 등의 외국인과 관람을 온 학생들이 많았다.

빌딩들 사이에 위치해서인지 유독 돋보이는 남대문로 한옥상가를 지나 숭례문 교차로에서 좌회전하였다.

숭례문

숭례문[7]

조선시대 한양도성의 정문으로 남쪽에 있다고 해서 남대문이라고도 불렀다. 현재 서울에 남아 있는 목조 건물 중 가장 오래된 것으로 태조 5년(1396)에 짓기 시작하여 태조 7년(1398)에 완성하였다.

2008년 2월 10일 숭례문 방화 화재로 누각 2층 지붕이 붕괴되고 1층 지붕도 일부 소실되는 등 큰 피해를 입었으며, 5년 2개월에 걸친 복원공사 끝에 2013년 5월 4일 준공되어 일반에 공개되고 있다.

『지봉유설』의 기록에는 '숭례문'이라고 쓴 현판을 양녕대군이 썼다고 한다. 지어진 연대를 정확히 알 수 있는 서울 성곽 중에서 제일 오래된 목조 건축물이다.

 서울역 방향으로 우회전하니 1970년 처음 만들어진 서울역 고가도로를 개조 공원화하여 2017년 개장한 서울로 7017이 나왔다. 서울로 7017 중간중간에는 여러 종류의 꽃들과 피아노가 있었다. 아빠와 아들이 피아노 앞에 앉아 연주를 하는데 너무 잘 쳐서 깜짝 놀랐다. 체코에서 경찰관이 거리에 있는 피아노로 이루마의 피아노곡을 쳐서 유튜브에서 굉장히 화제가 된 것을 본 적이 있었다. 액션캠이 지워져서 아쉽다.

액션캠은 걷는 길을 모두 촬영하기 위해 야심차게 준비했다. 고프로는 너무 비싸서 짭프로로 샀는데 생각보다 화질이 괜찮았다. 단점은 1시간 만에 배터리가 방전된다는 것. 그래서 3개를 더 구입했다. 보조배터리 3개는 핸드폰과 액션캠 충전용으로 하루 동안 모든 기기를 충전하고 사용하는 데 문제가 없었다.

완벽하다고 생각했는데 그게 아니었다. 액션캠 화질을 높게 하다 보니 점심때 32GB 메모리가 다 차서 다른 곳에 저장하고 비워야 했는데 준비를 못해 갔다. 급하게 블루투스 기능을 이용해 핸드폰으로 옮겼지만 점심을 다 먹을 때까지 10%도 채 옮기지 못했다.

고민 끝에 그냥 계속 녹화를 진행했다. 집에 와서 확인해 보니 용량이 다 차면 이전 녹화를 지우고 새롭게 녹화되는 기능 때문에 오전에 녹화한 게 다 없어져 버렸다.

서울로 7017에서 바라본 서울역

서울로 7017의 피아노

10:50 - 남영역 사거리를 지났다. 거리에 등을 맞대고 있는 동상이 있었는데 누군가와 같이 걸었으면 이렇게 한번 따라 해 봤을 듯하다.

용산역 앞, 울타리가 쳐진 잔디 안에는 비둘기들이 옹기종기 모여 모이를 먹고 있었다. 용산역 앞 사거리에서 좌회전한 후 국립중앙박물관을 지나는데 입장이 무료여서 화장실도 이용할 겸 잠시 쉬어 갔다.

국립중앙박물관 옆에는 국립한글박물관과 용산가족공원이 있었다.

용산가족공원[8]
용산가족공원은 조선시대 때 일본군의 병참 기지, 청나라 군대의 주둔지로 사용되었던 곳이다. 일제 강점기에 다시 일본군이 사용하였고, 한국 전쟁 이후로는 주한 미군의 용산 기지로 사용되었다.
1992년에 서울시에서 부지를 인수하여 공원으로 꾸몄다. 인근에 국립중앙박물관과 국립한글박물관이 있다.

용산가족공원 앞에서 동작대교 방향으로 우회전하였다.

동작대교를 오르는 길 찾기가 조금 애매했지만 백의종군길 구글지도상의 내 위치와 비교하면서 따라 걸으니 어렵지 않게 찾을 수 있었다. 태어나서 서울의 대교를 걸어서 건너가 본 적은 처음이다.

바람이 시원하게 불어왔지만 12시가 넘어가면서 배가 고파 오기 시작했다. 그때 발견한 생명의 전화기. 수화기를 들고 "배가 고파요~"라고 외치고 싶은 마음이 굴뚝같았다.

동작대교 생명의 전화

동작역 1번 출구를 지나는데 허밍웨이(humming way) 이정표가 보였다. 《노인과 바다》로 노벨문학상을 수상한 미국의 소설가 어니스트 헤밍웨이와는 상관없고 단어 그대로 콧노래 부를 수 있는 경치 좋은 산책로였다.

허밍웨이(Humming way)

홈플러스 남현점 대로 맞은편 길에서 백의종군길 안내 표시인 빨간리본을 처음 발견하였는데 왠지 반가웠다.

과천대로에 있는 백의종군길 빨간 리본

동작대로를 지나 과천대로를 따라 걸었다. 걸어오면서 '길에 연등이 많구나' 생각했는데 아니나 다를까 정각사란 절이 있었다. 절 입구에 "깨달음의 문"이란 문구가 적혀 있었다. 저 문을 지나면 뭔가 깨달을 수 있을까? 하지만 배가 고파서 아무 생각도 나지 않았다. 다음부터는 무조건 점심은 12~13시 사이로 정해야겠다.

14:00 – "안녕히 가십시오. GOOD BYE. 서울특별시"라고 새겨진 비석과 남태령 안내 비석을 지났다. 출발한 지 5시간 만에 드디어 서울을 벗어났다.

5분 정도 더 걸어 남태령 옛길 비석과 스탬프함 #2가 있는 지점에 도착하였다. 스탬프함에서 스탬프를 꺼낸 후 백의종군길 패스포트에 도착 직인을 찍고 출발하였다.

그런데 순간 아차! 이전에 걷는발님의 블로그에서 도착 직인만 찍고 출발 직인을 안 찍었다는 글을 봤었는데 나도 실수할 뻔했다. 바로 뒤돌아서 출발 칸에도 직인을 찍고 출발하였다.

백의종군길 스탬프함 #2 - 남태령 옛길 입구 비석

남태령 옛길[9]

남태령(南泰嶺) 옛길은 한양에서 삼남(三南)(충청·전라·경상도)으로 통하는 유일한 도보 길이었다.
원래 이 고개는 "여우고개(狐峴)"로 불리었는데 정조대왕이 사도세자의 능원으로 행차할 때 이 고개에서 쉬면서 고개 이름을 묻자, 과천현 이방 변씨가 임금께 속된 이름을 아뢸 수 없어 남태령(남행할 때 첫 번째 나오는 큰 고개)이라 아뢴 이후 남태령이라 부르게되었다는 전설이 있다.

남태령을 올라오면서도 느꼈지만 남태령 길은 참 깨끗하고 조용하다. 그래서 전원 마을이 많은 건가? 보안 때문에 일부러 사진을 찍지는 않았는데 맞은편에 있는 군부대 때문에 시끄럽지는 않나?

그냥 이런저런 생각을 하다 보니 점심을 먹기로 한 봉평메밀막국숫집에 도착하였다. 근데 이게 웬일. 〈동상이몽〉이란 TV프로그램에서 한고은이 남편이랑 와서 먹었던 곳이었다. 나도 그 장면을 봤는데 의도하지 않았지만 맛집에 찾아온 건가? 배가 고파 막국수 한 그릇을 후딱 처리한 후 커피 한 잔을 마시며 잠시의 휴식을 취하고 다시 출발하였다.

점심때 오래 쉬어서 그런지… 오래 걸어서인지… 다리가 조금 저리기 시작했다. 그때 눈에 띈 갈산동 이정표. '와! 다 왔다~'라고 생각하고 지도를 봤는데 아직 많이 남아 있었다. 다시 확인해 보니 갈산동이 아니라 갈현동이었다. 힘이 들어 헛것이 보이기 시작하는 시점이었다. 허무한 나머지 오히려 더 힘이 빠져 길옆 버스 정류장에서 조금 쉬다가 다시 출발하였다.

16:30 – 인덕원역 7번 출구에 도착했다.

목적지까지 3.6km를 남겨 두고 1일차 걷기 최대의 위기가 왔다.

어제 먹은 술과 점심때 급하게 먹은 막국수 때문인지 배가 부글거리기 시작했다. 급하게 인덕원역 안으로 화장실을 찾아 들어갔다. 그런데 화장실 문을 여는 순간… 쪼그려 앉는 화식 변기였다. 배가 너무 부글거려서 다른 곳으로 이동하기는 어려울 것 같아서 일단 급한 볼일부터 해결하기로 결정했다.

일처리가 끝나고 일어서려는데 무릎이 펴지지 않았다. 화장실이 울릴 정도로 기합을 주면서 겨우 일어는 났는데 그다음이 문제였다. 도저히 걸을 수가 없었다. 겨우겨우 화장실 밖에 있는 의자에 가서 앉았다. 10분 넘게 다리를 주물러 봤지만 절뚝거리면서 걸을 수밖에 없었다.

2시간 넘게 남았으면 아마 포기했을 수도 있었을 것이다. 목적지까지 1시간도 안 남은 거리여서 참고 걸어 보기로 했다. 다행히 10분 정도 걸으니 다리가 정상으로 돌아와서 목적지까지 무사히 도착할 수 있었다.

이번 일로 '걷기 전날은 음주를 하지 말아야겠다'는 깨달음을 얻었건만 세상일은 참 마음대로 되지 않는다.

11일에 3일차 걷기가 계획되어 있는데 갑자기 회사 회식이 10일로 잡혔다. 11일에 걷는 계획이 먼저 잡혔는데, 회식으로 걷는 계획을 수정한다면 앞으로 작은 일만 생겨도 마음이 쉽게 변할 것 같았다. 마음대로 될지는 모르겠지만 '최대한 술을 적게 먹고 일찍 들어와 자면 괜찮을 것'이라는 판단하에 11일 3일차 걷기는 계획대로 진행할 생각이다.

'쪼그려 앉는 화식 변기가 다시 나타나지는 않겠지?'란 긍정의 마인드를 가지고 좋은 생각만 하기로 했다.

인덕원역 6번 출구 골목길에 있는 인덕원 터 안내비를 지나 학의천 징검다리를 건넌 후 흥안대로로 걸었다.

> **인덕원 터**[10]
> 인덕원이라는 지명은 조선시대에 환관들이 한양에서 내려와 살면서 주민들에게 어진 덕을 베풀었다 하여 인덕이라는 말에 마침 이곳에 관리들의 숙식처였던 원이 있어 인덕원이라 칭하게 되었다. 원의 정확한 위치는 알 수 없으나 마을 원로들에 의하면 이곳 주변으로 추정하고 있다.

17:45 – 1일차 최종 목적지인 안양시 갈산동 주민센터 도착했다. 스탬프함 #3은 주민센터 입구에 있는 정자에 매달려 있었다. 스탬프함에서 스탬프를 꺼내 백의종군길 패스포트에 직인하였다.

백의종군길 스탬프함 #3- 안양시 갈산동 주민센터 입구 정자

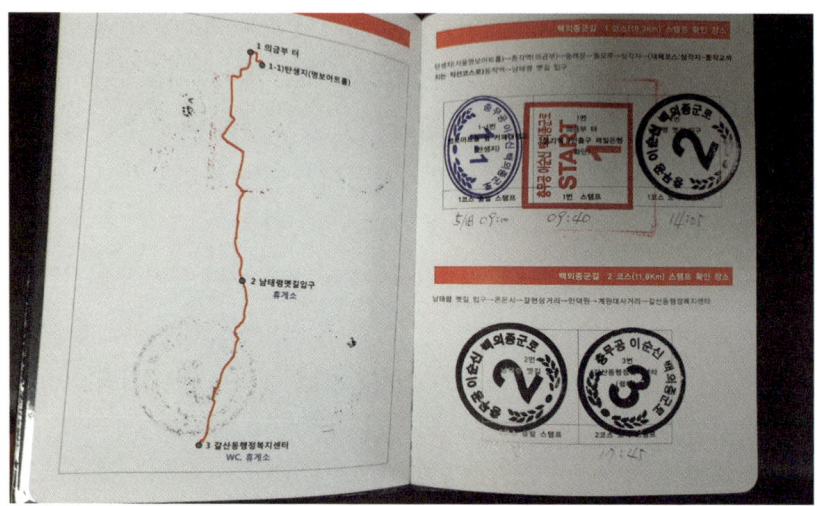

백의종군길 패스포트 - 1일차 직인

에필로그

백의종군길 1일차 걷기를 완료하였다. 준비를 많이 한다고 했는데 시행착오도 많았고, 힘들었지만 차로 이동할 때는 몰랐던 많은 부분들을 보고 느낄 수 있었던 재미있는 경험이었다.

- 일자: 2019년 5월 1일 수요일 (근로자의 날)
- 날씨: 맑음. 최고기온 22도
- 걸은 길: 이순신 생가터 → 의금부 터 → 갈산동 주민센터 (29.9km)
- 걸은 시간: 09:00 ~ 17:45 (8시간 45분)
- 걸음 수: 49,441
- 경비: 교통비 4,850원 + 점심 8,000원 = 12,850원

3.2 백의종군길 2일차 걷기

〈난중일기〉[3]

(4월 3일) 수원부에서 경기관찰사 수하의 집에서 유숙

🚩 코스 (총 23.2km)

트랙#3 (약 13.8km) 갈산동 주민센터 → GS25 수원서둔점 (구운초등학교)
트랙#4 (약 9.4km) GS25 수원서둔점 → 용주사

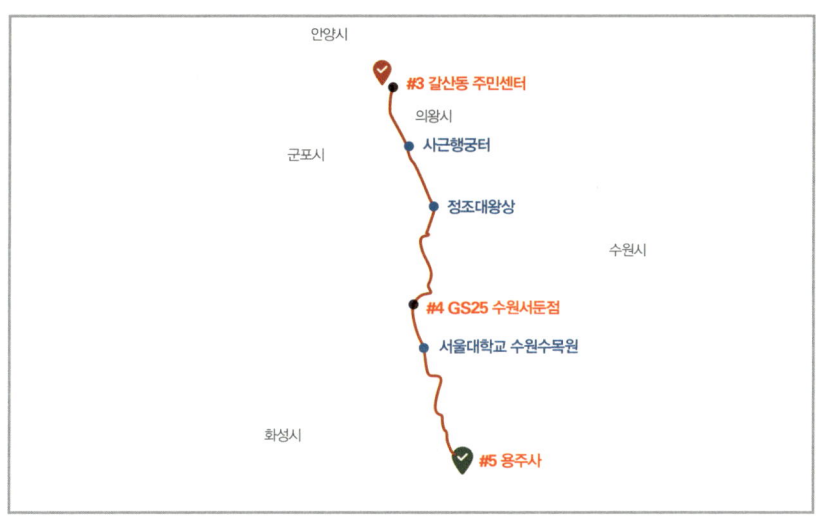

백의종군길 2일차 코스

빨리 가고 싶으면 혼자 가라. 하지만 멀리 가고 싶다면 함께 가라.

― 아프리카 속담

나는 당신이 할 수 없는 일을 할 수 있고, 당신은 내가 할 수 없는 일을 할 수 있다. 따라서 우리는 함께 큰일을 할 수 있다.

― 마더 테레사 수녀

05:00 – 오늘도 새벽에 눈이 떠졌다. 전날 음주도 안했는데 왜일까?

1일차의 안 좋은 경험 때문에 누운 상태 그대로 다시 눈을 감았다. 당연히 잠이 올 리가 없었다. 그래도 눈을 뜨지 않았다. 얼마가 지났을까 눈을 뜨고 다시 핸드폰을 보니 6시 정도 되어 있었다. 그렇게 오늘은 아무 잘못도 하지 않았다.

08:05 – 안양까지 가는 시외버스가 일찍 와서인지 생각보다 일찍 갈산동 주민센터에 도착했다. 대체공휴일이라 갈산동 주민센터는 셔터가 내려져 있었다. 오늘 함께 걷기로 한 김혜현님은 8시 45분 정도 되어야 도착을 한다고 했다.

아침을 안 먹고 나와서 그런지 파리바게뜨에서 나는 빵 냄새에 배가 살짝 고파 왔다. 근처에 있는 편의점에 들어가서 500ml 생수 한 통을 사면서 컵라면의 유혹을 이기지 못하고 결국 하나 사 먹었다. 다 먹고 나니 8시 40분 정도가 되었기에 서둘러 밖으로 나왔다.

주민센터를 쳐다봤는데 스탬프함이 있는 정자에 웬 여자분이 서 있는 것이 아닌가? 순간 은미님이 보낸 '갈산동 주민센터가 집이랑 가까워서 약속만 아니었으면 참석했을 텐데'라는 메시지가 떠올랐다. 천천히 가까이 가 보니 학원 버스를 기다리는 학생이었다.

50분 정도 되니 김혜현님께서 오셔서 같이 스탬프함 #3에서 스탬프를 직인하고 출발하였다.

09:00 – 1일차처럼 모자를 눌러쓰고 얼굴가리개로 눈만 나오게 얼굴을 가렸다. 가방을 둘러메고 왼쪽 가슴에는 액션캠을 달고 오른쪽 손에는 구글지도가 켜진 핸드폰을 들었다. 2일차 출발이다.

의왕시 효행로를 지나는데 외할배보쌈집이라는 음식점이 있었다. 원할머니 보쌈, 외할머니 보쌈은 봤어도 외할배 보쌈은 처음 봤다. 아이디어가 좋은 것 같다.

의왕시청 별관 앞에는 정조가 사도세자의 묘로 행차할 때 임시로 머물 수 있도록 만들었다는 사근행궁터 안내비와 고천리 3.1운동 만세 시위지였음을 알리는 안내판이 있었다.

사근행궁터, 고천리 3.1 운동 만세 시위지 - 의왕시청 별관 앞

고천리 3.1운동 만세 시위지[11]

고천리 3.1운동 만세 시위지는 의왕면 고천리 주민 800여 명이 독립 만세 시위를 전개했던 곳이다. 1919년 3월 31일 밤 의왕면 고천리 주민 이봉근, 이복길 등 800여 명이 의왕면사무소와 경찰 주재소를 포위하고 독립 만세를 외쳤다. 일본 경찰은 군대를 불러 시위대를 해산시켰으며 시위대 2명이 총상을 입고 46명이 체포되었다.

횡단보도에서 아무리 기다려도 신호가 바뀌지 않아서 봤더니 신호 버튼을 눌러야 신호가 바뀌는 곳이었다. 이런 방식의 횡단보도가 몇 군데 더 있었는데 신호 버튼을 눌러도 오래도록 신호가 바뀌지 않는 곳도 가끔 있었다. 의왕시 고합삼거리 전, 골사그내(沙斤川-음역하면 사근천) 교차로에서 오늘 처음으로 백의종군길 안내 표시인 빨간 리본을 발견하였다.

수원시 진입 직전, 지지힐 카페 간판이 크게 있었는데 처음 보는 솔라 피데(sola fide)란 단어가 적혀 있었다. 어떤 음료 종류일까? 궁금해서 찍어 놨었는데 나중에 집에 와서 찾아보니 '오직 믿음만으로'란 종교적인 말이었다.

10:30 – 출발한 지 1시간 30분 만에 안양시와 의왕시를 벗어나 수원시에 진입하였다. 지지대비를 지나 프랑스군 참전기념비가 있어서 잠시 둘러보았다.

지지대비[12)]

지지대비는 조선 제22대 정조대왕의 지극한 효성을 추모하기 위해 1807년(순조 7년) 화성 어산 신현(申絢)의 건의로 세워졌다.
정조대왕은 생부인 사도세자 능인 현륭원(현재 화성시 융릉)에 참배를 마치고 서울로 돌아가는 길에 이 고개만 넘어서면 멀리서나마 능을 볼 수 없게 되므로, 언제나 이곳에서 행차를 멈추었다고 한다.
능을 뒤돌아보며 떠나기를 아쉬워했기 때문에 이곳에 이르면 왕의 행차가 느릿느릿하였다고 하여 한자의 "느릴 지(遲)" 두 자를 붙여 지지대(遲遲臺)라고 부르게 되었다고 전해지고 있다.

프랑스군 한국전쟁 참전 기념비

프랑스군 한국전쟁 참전 기념비[13]
정의와 승리를 추구하며 불가능이 없다는 신념을 가진 나폴레옹의 후예들!
세계의 평화와 한국의 자유를 위해 몸 바친 288명의 고귀한 이름 위에
영세무궁토록 영광 있으라.
A LA GLOIRE DES 288 COMBATTANTS FRANCAIS TOMBES POUR LA PAIX DU MONDE ET POUR LA LIBERTE SUR LES CHAMPS DE BATAILLE DE LA GUERRE DE COREE. QUE REPOSENT LES AMES DE CES EMULES DE NAPOLEON POUR QUI RIEN NE FUT IMPOSSIBLE AU SERVICE DE LA JUSTICE ET DE LA VICTOIRE!

효행공원길에 들어서니 정조대왕상이 있었다.

효행공원의 정조대왕상

　천주교 수원교구청 정자동 주교좌 성당을 지나는데 성당의 규모가 정말 컸다. 어머니의 종교가 불교여서 절은 자주 다녔지만 성당은 가 본 적이 없었다. 해외여행할 때 구경한다고 몇 번 들어가 봤지만 우리나라에도 이렇게 큰 성당이 있었나 싶다.

천주교 정자동 성당

11:20 – 율목교 밑 서호천 산책로로 진입하였다. 서호천 산책로를 걷는 중간에 꽃뫼버들교 교량 공사로 인해 산책로를 5월 19일까지 통제한다고 되어 있어서 도로로 올라온 뒤 화산지하차도-화서 2동 행정복지센터 방향으로 우회하였다.

12:40 – 구운초등학교 앞 GS25 수원서둔점에 도착하였다.
 GS25 입구에 백의종군길 안내 표시인 빨간 리본이 있었고 스탬프함 #4는 GS25 편의점 안에 있었다. 들어가는데 조금 눈치가 보여서 스탬프를 직인하고 뭐라도 살까 고민하다가 생수가 아직 많이 남아 있어서 그냥 나왔다.

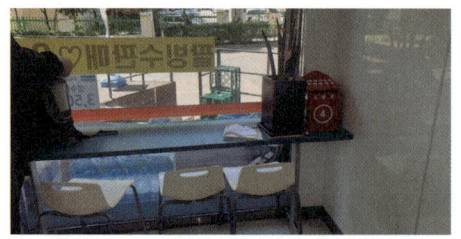

백의종군길 스탬프함 #4 - GS25 수원서둔점 안

점심을 먹기 위해 계획에 있던 시골집을 찾아 들어갔는데 오늘 휴일이라 장사를 하지 않는다고 했다. 원래 월요일에 쉬는 걸까? 아님 대체공휴일이라 쉬는 걸까?

나와서 주위를 둘러보니 다행히 맞은편에 삼계탕집이 있었다. 가격이 조금 비쌌지만 몸보신도 할 겸 먹기로 했다.

식당에서 핸드폰과 액션캠 배터리를 충전시켰다. 액션캠에서 SD카드를 뺀 다음 리더기에 장착하고 들고 온 태블릿으로 촬영된 동영상을 옮겼다. 조금 느렸지만 잘 옮겨지고 있었다. 점심을 먹다 중간에 태블릿을 확인했는데 동영상이 3개만 옮겨져 있는 것이었다. 확인해 보니 태블릿 용량이 16GB밖에 되지 않아서 3개만 옮겨진 것이었다. 왜 128GB로 착각하고 확인을 안 했을까?

집에 와서 확인해 보니 결국 또 오전에 촬영된 동영상은 다 없어졌다.

13:30 – 충전 시간도 필요하고 해서 삼계탕을 천천히 먹었다. 그렇게 점심을 다 먹고 핸드폰을 확인했는데 밴드 메시지가 와 있었다. 한국체육진흥회 배준태 (예)해군제독님께서 밴드에 올린 계획을 보고 함께 걷기 위해 오셨다고 했다.

전화번호를 남기셔서 연락을 드리니 GS25 편의점 직원에게 30분 전에 우리가 왔다 갔다는 얘기를 듣고 따라잡기 위해 식사도 안 하시고 계속 걷고 계신다고 하셨다.

우리보다 앞서 계시기에 근처 식당에서 식사하고 계시면 우리가 찾아가기로 했다. 문자로 회신 온 식당의 위치는 15분 정도의 거리였다. 식사 시간을 고려해 편의점에서 커피를 사 마시면서 조금 쉬다가 제독님이 계신 식당으로 출발하였다.

모자와 배낭을 옆에 두고 식사를 하셔서 바로 알아볼 수 있었다. 마침 식사를 다 하신 것 같아 다가가 인사를 드렸다. 우리를 보시고는 생각하신 것보다 젊었는지 "젊으시네~"라고 하셨다. 그렇게 합류가 되어 셋이서 다시 길을 나섰다.

서울대학교 수원수목원 입구를 지나 공군 예비군 훈련장 이정표에 달려있는 백의종군길 빨간 리본을 보고 좌회전한 후 서호천 둑길을 나란히 걸었다.

걸으면서 백의종군길에 관한 많은 얘기뿐 아니라 곳곳의 옛 지형 등에 관한 내용도 들을 수 있어서 자료를 인터넷으로 수집한 나에게는 아주 좋은 현장 경험이었다. 백의종군길을 2번 이상 완보하셔서 그런지 구글지도를 들고 있는 나보다 경로를 더 정확하게 알고 계셨다.

산티아고 순례길도 2번이나 갔다 오셨단다. 국내 최장길인 해파랑길도 갔다 오셨다는 얘기도 들었다. 걷기에 관한 열정에서는 정말 누구보다 대단하다고 생각되었다.

계속 어디서 뵌 분 같다는 생각이 들었는데 어느 순간 번쩍하면서 기억이 났다. 한국체육진흥회에서 진행했던 3.1절 무박 걷기 행사에서 당시 처음 걷기 행사에 참여한 나는 길을 제대로 몰라서 걷는 속도가 비슷한 한 분을 계속 따라간 적이 있었다. 사진을 계속 찍으면서 가서서 나중에 다른 분을 따라가기는 했지만 처음 따라다녔던 그분이 분명했다.

당시 있었던 상황에 대해 설명을 드리니 맞다고 하셨다. 이렇게 또 인연이 될 줄이야. 정말 신기했다.

16:10 – 용주사 입구에 도착했다. 스탬프함 #5는 용주사 입구 옆 문화관 광해설사의 집에 있었다. 스탬프함에서 스탬프를 꺼내 백의종군길 패스포트에 직인하였다.

백의종군길 스탬프함 #5 - 용주사 입구 옆 문화관광해설사의 집

함께 걸으면서 이런저런 얘기를 나누다 보니 지루하지 않았다. 점심을 오래 먹어서 예상 시간보다 늦을 줄 알았는데 속도를 조절해 주신 제독님 덕분에 많이 늦지는 않았다. 걷기 경험이 풍부해서 페이스 조절이 되는 분이 옆에 계시니 중간에 계획이 늦추어져도 생각했던 시간에 맞추어 도착할 수 있는 것 같다.

용주사 앞에서 지나가시는 분께 부탁해서 기념 촬영을 하였다.

용주사[14]
용주사(龍珠寺)는 조계종의 절로 경기도 화성시에 있다. 신라 말기에 염거화상이 지었고, 처음 이름은 갈양사(葛陽寺)였다.
병자호란 때 소실된 후 1790년 조선 정조 때 아버지인 사도세자를 기리기 위해 병자호란 때 소실된 갈양사터에 절을 새로 지어 용주사라 이름 붙였다.

용주사에서의 첫 만남

에필로그

　용주사 앞 정류장에서 마을버스를 기다리고 있는데 제독님께서 우리에게 줄 선물이 있다며 가방을 뒤적이시더니 프로스펙스 티셔츠를 주셨다.

　병점역에서 제독님은 손녀들 마중 때문에 먼저 가시고 남은 우리는 병점역 근처 민속주점에서 막걸리에 미나리전을 간단히 먹고 다음을 기약하며 헤어졌다.

　집에 도착해서 책상 위에 백의종군길 패스포트를 펼쳐 놓고 오늘 걸은 길의 스탬프가 찍힌 면을 사진 찍었다. 옆에서 보고 있던 꼬맹이가 "아빠~ 달리기 잘하잖아. 근데 4등 했어?"라고 한다. 작년 유치원 운동회날에 아빠들 달리기에서 1등 한 걸 기억하고 한 얘기 같았다. 이걸 어떻게 설명해야지 고민하다가 그냥 "다음부턴 잘할게~"라고 얘기해 주고 넘어갔다.

- 일자: 2019년 5월 6일 월요일 (어린이날 대체공휴일)
- 날씨: 맑음. 최고기온 20도
- 걸은 길: 갈산동 주민센터 → GS25 수원서둔점 → 용주사(24.3km)
- 걸은 시간: 09:00 ~ 16:10 (7시간 10분)
- 걸음 수: 40,164
- 경비: 컵라면&생수 1,900원 + 교통비 8,100원 + 점심 13,000원 + 커피 3,200원 = 26,200원

3.3 백의종군길 3일차 걷기

〈난중일기〉[3)]

(4월 4일) 수원부 출발, 독성에 이르러 수원판관에게 술대접 받고 취함. 오산 황천상의 집에서 점심 먹고 말 제공

🎏 코스 (총 32.5km)

트랙#5 (약 18.4km) 용주사 → 진위면사무소
트랙#6 (약 14.1km) 진위면사무소 → 평택역

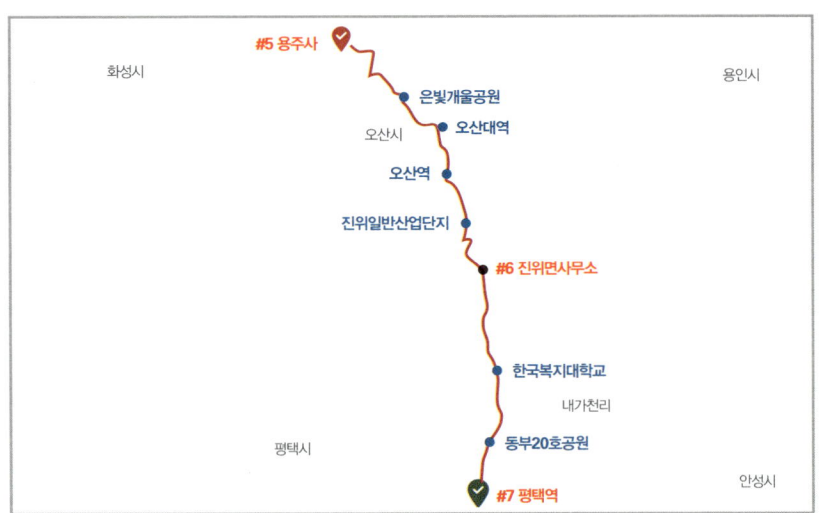

백의종군길 3일차 코스

그냥 걸어라. 첫 걸음마 하는 아이처럼
내 영혼이 부르는 길을 그냥 걸어라

- 박노해 시인 《걷는 독서》 중에서

정말 주위에서 안 도와주는 것 같다. 평소에는 술 한잔하려고 연락해도 약속이 잘 안 잡히는데 꼭 '술자리가 없었으면…' 하고 생각하면 술 약속이 잡힌다. 3일 연속 빠지기 어려운 술 약속이라 피할 수 없었다. 즐겨야 했다.

1일차 수요일, 적당하게 1차만 끝내고 들어왔다.

2일차 목요일, 중요한 자리여서 얘기도 길어지고 3차까지 술자리가 이어졌다.

3일차 금요일, 다행히 퇴근 시간 전부터 회식이 시작되었다. 2차가 끝나갈 무렵 3차까지 가면 다음 날 절대 못 걸을 것 같았다. 나름 주당 중 한 사람이었지만 결국 배신자라는 누명(?)을 쓰고 도망 나왔다. 다행히 9시 이전에 잠이 들었고 다음 날 일찍 일어날 수 있었다.

액션캠과 관련해서 3번의 실수는 할 수 없어서 여러 방법을 찾던 중 핸드폰에 바로 동영상을 옮길 수 있는 C type(Male) - USB A type(Female) 젠더를 구입하고, SD카드 리더기도 구입하였다. 동영상 촬영 후 액션캠의 SD카드를 빼서 리더기에 삽입 후 젠더를 이용하여 핸드폰에 연결하였다. 동영상 10GB가 몇 분 안에 핸드폰으로 이동되었다. 핸드폰 저장 공간도 충분하고 이 정도면 더 이상의 실수는 없을 것 같았다.

06:00 - 알람이 맞춰진 시간에 일어났다.

약간 피곤했지만 푹 자서 그런지 다행히 숙취는 없었다.

08:40 - 용주사 입구에 도착했다.

같이 걷기로 한 김혜현님은 9시 조금 넘어 도착할 것 같다고 연락이 왔다. 시간이 조금 남아서 용주사 안으로 들어가 보았다.

내일이 석가탄신일이다. 아침 일찍이어서인지 관람객은 많지 않았지만 스님들과 몇몇 분들이 행사 준비를 하느라 바쁘게 움직이고 계셨다.

석가탄신일의 용주사

09:10 – 김혜현님이 도착하여 길을 나섰다.

언제나처럼 모자를 눌러쓰고 얼굴가리개로 눈만 나오게 얼굴을 가렸다. 가방을 둘러메고 왼쪽 가슴에는 완벽하게 준비된 액션캠을 달고 오른손에는 구글지도가 켜진 핸드폰을 들었다. 옆에서는 김혜현님이 모자에 선글라스를 쓰고 있었다. 3일차 출발이다.

출발한 지 10여 분이 지났을까? 오산역에 도착하면 점심을 먹으려고 했던 큰맘할매순대국집이 눈에 들어왔다. 체인점인 줄 몰랐네.

10:30 – 한신대 입구와 벌말교차로를 지나 은빛개울공원에 도착하였다. 은빛개울공원은 주위 아파트를 따라서 구간별로 잘 나누어져 있었다. 구간 안내 이정표 및 애완견 위생봉투함도 곳곳에 설치되어 있었다.

우리는 도로변 인도를 걷지 않고 은빛개울공원 6구간까지 산책로를 따라 이동하였다. 깨끗하고 조용하고 길도 잘 되어 있어서 걷기에 아주 편했다.

다정하게 걸으시는 노부부가 보였는데 뒷모습에 세월의 흔적이 겹쳐 보이는 건 나만의 착각인가?

은빛개울공원의 노부부

    수청초등학교, 오산대역과 궐동지하차도를 지났다.
    오산대교는 '대교'라고 해서 동작대교처럼 큰 다리인 줄 알았는데 생각보다 크지는 않았다. 진위면사무소를 지나면 나오는 봉남교가 오히려 더 큰 것 같다.
    오산역 진입 전 3.1운동 만세 시위지였음을 알려 주는 안내판이 있었다. 남태령 옛길, 의왕시를 지나오면서도 몇 개 보긴 했는데 최근에 설치된 것 같다.

성호면 경찰 주재소 3.1운동 만세 시위지

성호면 경찰 주재소 3.1운동 만세 시위지[15]
성호면 경찰 주재소 3.1운동 만세 시위지는 오산 시장에서 시작된 성호면 독립 만세 시위의 중심시였던 성호면 경찰 주재소가 있었던 곳이다.
1919년 3월 29일에 안낙순, 유진흥 등이 태극기를 들고 시위를 전개하였다. 이들은 면사무소로 향했으며, 규모도 500여 명에서 7~800여 명으로 늘어났다. 이들은 면사무소에 돌을 던져 건물 창문과 유리 등을 파괴하고, 성호면 경찰 주재소 앞에서도 시위를 전개했다.

12:10 – 오산역 앞 큰맘할매순대국집 도착했다.

짬뽕 순대국을 시켰는데 매워서인지 갑자기 숙취가 올라와서 결국 다 못 먹었다. 다음부터는 국밥류 같은 메뉴는 좀 피해야겠다.

점심을 먹으면서 촬영된 동영상을 핸드폰으로 이동시켰다. 다행히 빠른 시간 안에 잘 되었고, 남는 시간에 핸드폰도 충전하였다.

원동 사거리를 지나니 밀머리길 안내 비석이 있었다. 그런데 사진을 정리하다가 발견했는데 뒤에 큰맘할매순대국집이 또 있다. 나는 처음 발견한

집이라고 생각했었는데 꽤 유명한 체인점인가 보다.

13:40 – 출발한 지 4시간 30분 만에 오산시를 지나 평택시에 진입하였다. 수원시처럼 안내 비석 같은 것은 별도로 보이지 않았다.

　진위일반산업단지를 가로질러서 도로 끝에서 좌회전하였다. 견산2교차로 갈림길에서 엉켜 있는 백의종군길 빨간 리본을 발견했다. 2일차 때 제독님이 걸으면서 저렇게 엉켜 있는 빨간 리본은 펴 주면서 걸으셔서 나도 살짝 흩날리게 펴 주고 갔다.

14:50 – 진위면사무소에 도착했다. 정면에 보이는 정자에 가서 스탬프함을 찾았지만 보이지가 않았다. 면사무소 출입문 쪽에도 보이지 않았다.

　정자에 앉아 계시는 분들이 우리가 정자 주위를 돌면서 계속 무엇인가를 찾고 있는 걸 보시더니 면사무소 입구 우측에 정자가 하나 더 있다고 얘기해 주셨다. 가 보니 거기에 스탬프함 #6이 있었다. 스탬프함에서 스탬프를 꺼내 백의종군길 패스포트에 직인하였다.

백의종군길 스탬프함 #6 - 진위면사무소 입구 정자

봉남교를 지나 마산사거리에 도착하니 공사가 한창이었다. 인도가 없어서 건너기가 조금 위험하였다. 우측 향토매운탕 방향이 지나기가 조금 괜찮은 것 같아서 우측 도로로 걸었는데 나중에 공사가 끝나는 구간부터는 좌측에 인도가 있는 것이 아닌가? 중앙선 안전 펜스가 설치되어 있어 반대편으로 넘어가지 못한 우리는 결국 도로변을 걸어야 했다.
한국복지대학교를 지나 송탄동 주민자치센터 길로 진입하였다.

한국복지대학교

집에 와서 사진을 정리하다 보니 사진마다 우측 상단에 검은 막대기가 나왔는데 자세히 보니 다름 아닌 셀카봉 손잡이였다. 편집한다고 했는데 사진 밸런스 때문에 어쩔 수 없이 몇 장의 사진에는 들어가야만 했다.
평택칠원동광아파트 앞 CU평택칠원점에서 음료수를 먹으면서 조금 쉬었다. 다시 출발하여 100m 정도 갔을까? CU평택갈원점이 또 있었다. 편의점이 많다지만 같은 체인점이 이렇게 가까이 있을 줄이야.
법원사거리 가기 전 동부20호공원 내 모산저수지가 있었다. 분수가 예뼈 보여서 막 사진을 찍으려는데 분수가 꺼져 버렸다. 분수가 꺼지고 나니 저수지가 조금 깨끗하지 않게 보였는데 공원 내 저수지는 원래 이런 건가?

동부20호공원 내 모산저수지

18:40 – 출발한 지 9시간 30분 만에 오늘 목적지인 평택역에 도착하였다. 지금까지 걸은 백의종군길 중 최장 시간인 것 같다. 걸을 때마다 느끼는 거지만 목적지까지 1~2시간 남았을 때가 가장 힘든 것 같다.

김혜현님은 발목이 저려 왔고, 나는 오른쪽 무릎 뒤쪽이 당겨 왔다. 그래서인지 많이 쉬지는 않았지만 걷는 속도가 늦어 시간이 오래 걸린 것 같다. 늦게 도착하니 의도치는 않았지만 노을이지는 평택역 사진이 찍혔다.

스탬프함 #7은 평택역 2번 출구 쪽 국군장병라운지 평택 TMO(Transportation Movement Office)에 있었다. 스탬프함에서 스탬프를 꺼내 백의종군길 패스포트에 직인하였다.

백의종군길 스탬프함 #7 - 평택역 TMO

평택역[16]

평택역(平澤驛)은 경기도 평택시에 있는 철도역으로 처음 건립되었을 때는 진위군 병남면 통복리(지금의 원평동)에 있었으나, 한국전쟁 때 폭격으로 인해 역사가 파괴되고 1953년에 경부선 동쪽인 현 위치에 새로 신축하였다. 현재의 역사는 민자역사로서 2009년 4월 24일에 준공하였다.

에필로그

평택역 근처 주점에서 저번처럼 막걸리 각 1병에 해물파전을 간단히 먹고 다음을 기약하며 평택공용버스터미널에서 헤어졌다.

버스를 타고 가고 있는 도중 김혜현님이 진위면사무소에서 도착 직인만 찍고 출발 직인을 안 찍었다며 연락을 했다. 확인해 보니 나도 안 찍었다. 나중에 한국체육진흥회에 제출할 때 이 밴드 후기라도 보여줘야 하나?

- 일자: 2019년 5월 11일 토요일
- 날씨: 맑음 (최고기온 28도)
- 걸은 길: 용주사입구 → 진위면사무소 → 평택역TMO (33.0km)
- 걸은 시간: 09:10 ~ 18:40 (9시간 30분)
- 걸음 수: 53,131
- 경비: 생수 850원 + 점심 7,000원 + 음료 1,400원 + 교통비 8,400원 = 17,650원

3.4 백의종군길 4일차 걷기

〈난중일기〉[3]

(4월 4일) 수탄을 지나 평택현 이내은 손의 집 유숙
(4월 5일) 선산 절 곡, 조카 뇌의 집 사당방문
(4월 6일) 친척 친구 모임
(4월 7일) 금오랑 이사빈 아산현 접대. 홍찰방, 이별좌, 윤호원 만남
(4월 8일) 변홍백의 집에서 도사접대. 동네사람들이 접대
(4월 10일) 변홍백의 집에서 도사와 환담

코스 (총 28.7km)

트랙#7 (약 3.7km) 평택역TMO → 팽성읍객사
트랙#7-1 (약 16.7km) 팽성읍객사 → 이충무공 묘소
트랙#8 (약 8.3km) 이충무공 묘소 → 현충사

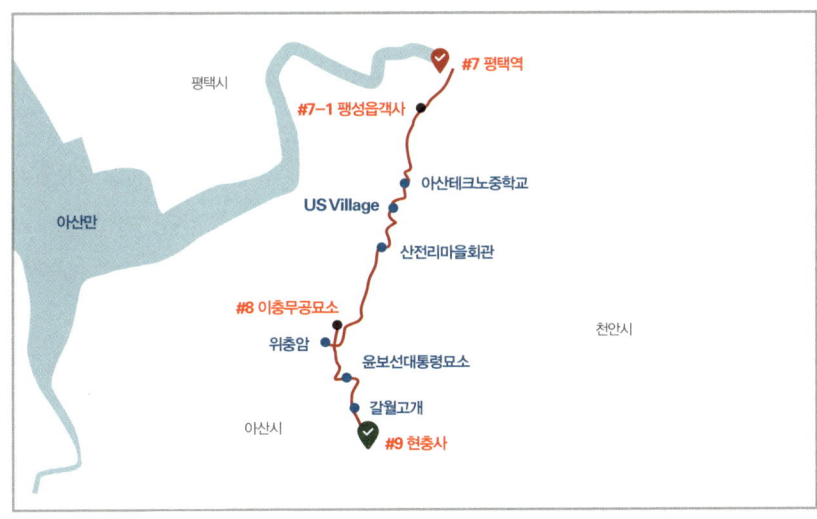

백의종군길 4일차 코스

06:00 - 어제 많이 걸었고 다리도 약간 저려서 걱정을 했는데 다행히 자고 일어나니 괜찮았다. 와이프가 성남종합버스터미널까지 데려다주었지만 7시 차를 놓쳐 버렸다. 그 바람에 7시 40분 차표를 다시 끊었다. 이번엔 시간이 남아서 잔치국수와 김밥을 먹었다.

08:35 - 평택역에 도착했다.

2번 출구 방향으로 나가니 배준태 (예)해군제독님께서 먼저 도착하셔서 꽃을 찍고 계셨다. 이번 4일차는 이충무공 묘소와 현충사를 들러야 하기 때문에 다른 코스보다 조금 특별하다. 아마 제독님께서도 이 특별한 코스를 함께 걷기 위해 오신 것 같았다.

다가가 인사를 드리고 TMO에 있는 스탬프함에서 스탬프를 꺼내 백의종군길 패스포트에 직인하였다. 직인하는 중간에 스탬프함이 좌우로 약간 흔들렸다. 제독님께서 TMO 내부로 들어가셔서 명함을 주시고는 스탬프함 고정을 부탁하셨다. TMO는 제대 후 처음 들어가 보았는데 적당한 휴식 시간도 있고, 자리마다 과자도 제공되는 등 많이 좋아져 있었다.

08:45 - 제독님이 혹시 더 올 사람이 있냐고 물어보셔서 "아마 없을 것 같습니다"라고 말씀드리니 그럼 바로 출발하자고 하셨다.

언제나처럼 모자를 눌러쓰고 얼굴가리개로 눈만 나오게 얼굴을 가렸다. 제독님이 주신 백의종군길 빨간 리본을 가방 한쪽에 묶었다. 가방을 둘러메고 왼쪽 가슴에 액션캠을 달고 오른손에는 구글지도가 켜진 핸드폰을 들었다.

2일 연속 걷기는 처음이라 약간 긴장도 되었지만 걷기의 고수분이 옆에 계셔서 크게 걱정하지는 않았다. 4일차 출발이다.

2번 출구에서 직진 방향으로 500m 정도 간 후 교차로에서 좌회전을 하는데 백의종군길 안내 표시인 빨간 리본이 벌써부터 달려 있었다. 그런데 자세히 보니 끝부분에 누군가의 안경이 달려 있었다. 그 때문인지 다른 빨간 리본들처럼 바람에 날려 엉키지 않고 잘 펴져 있었다. 누가 했을까? 한국체육진흥회에서 했을까?

군문교를 지나는데 아침 일찍부터 강태공 두 분께서 안성천에서 낚시를 하고 계셨다. 요즘 케이블방송, 정규방송 등에서 낚시에 관한 프로그램이 인기를 끌면서 낚시를 가는 사람들이 더욱 많아진 것 같다. 군문교를 지나니 도로변에 인도가 없어서 걷는 데 조금 위험했다.

출발한 지 얼마 되지도 않았는데 이번 코스에는 유독 빨간 리본이 많이 있었다. 난 잘 보질 못했는데 제독님은 엉켜진 빨간 리본을 잘 찾아서 풀면서 걸으셨다.

그렇게 걷고 있는데 갑자기 배가 부글거리기 시작했다. 오늘 차 시간을 기다리면서 먹었던 잔치국수와 김밥 때문인 것 같았다. 평소 아침을 안 먹고 다니다 보니 탈이 난 모양이다. 제독님께는 팽성읍객사에 먼저 가시라고 말씀드리고 난 급하게 근처 주유소에 들렀다.

09:45 – 팽성읍객사에 도착했다. 팽성읍객사 입구 안내판 옆 김밥집에 스탬프함 #7-1이 설치되어 있었다. 제독님은 먼저 스탬프 직인을 하신 후 김밥을 사시고 난 스탬프함에서 스탬프를 꺼내 백의종군길 패스포트에 직인하였다.

백의종군길 스탬프함 #7-1 - 팽성읍객사 입구 김밥천국

팽성읍객사 안으로 들어가 보았다. 제독님 말씀으로는 평소에는 팽성읍객사가 안 열려 있는데 오늘은 어떤 일인지 문이 열려 있다고 하셨다. 덕분에 객사라는 것을 처음 볼 수 있었다.

팽성읍객사

팽성읍객사[17]
조선 후기의 전형적인 객사 형식을 잘 보여 주고 있는 팽성읍객사는 옛 현의 주산인 부용산 남쪽에 자리 잡고 있다.
개가란 지방관아의 중심 건물로 고을 수령이 매월 초하루와 보름에 임금을 상징하는 전패를 놓고 절하는 의식인 망궐례를 행하고 중앙에서 파견된 관리들이 머물렀던 시설이다.
일제 시대에는 양조장으로 바뀌었다가 주택으로도 사용되었던 것을 1994년 해체 수리하여 옛 모습을 되찾았다.

오늘은 오전부터 날씨가 더웠다. 제독님과 나는 팽성읍객사에서 입고 있던 점퍼를 벗고 출발하였다.

석근1리 마을회관을 지나니 백의종군보존회에서 세운 충무공이순신 백의종군길 비석이 보였다. 백의종군길을 걸으면서 만난 첫 안내 비석이였다.

충무공 이순신 백의종군길 안내 비석

삼사로 밑 굴다리(운용삼거리)를 지나 논길로 접어들었다. 빨간 리본들이 갈림길 곳곳에 설치되어 있었다. 리본이 2개 연속 달려 있으면 회전하고 하나만 달려 있으면 리본을 따라 직진하면 된다는 것을 제독님이 알려주셨다.

빨간 리본 2개가 있어 우회전하려는데 논 중앙에 둑같이 불쑥 솟아 나온 게 있었다. 논 주인은 왜 저걸 그냥 두고 농사를 짓는 걸까?

11:05 - 아산테크노중학교 - 염작초등학교를 지났다.

조금 더 걸어가니 네이버지도를 이용하여 경로를 확인할 때 길 연결이 되지 않았던 곳에 도착했다. 거기에는 새로 짓고 있는 미군 마을이 있었다. 제독님 말씀으로는 미군 마을이 들어서기 전에 가로질러서 갈 수 있었는데 미군 마을이 들어서면서 우회하여야 한다고 했다.

우회하는 길 중간쯤에서 비포장도로로 내려가야 해서 길이 애매했다. 내려가야 하는 지점에 빨간 리본 2개를 달아 회전 표시를 하였다. 내려가서는 파이프를 박아서 빨간 리본을 달려고 했는데 바닥 흙이 좋지 못해서 포장도로 옆 나무에 달았다.

 운교길에 접어드니 2번째 충무공이순신 백의종군길 안내 비석이 있었다. 옆에 조그만 바위 조각이 있었는데 벼락바위라고 적혀 있었다. 제독님 말씀으로는 운교리 앞 냇가에 있던 바위에 벼락이 떨어져서 큰 바위가 여러 조각으로 나누어졌다 하여 '벼락바위'라고 부르는데 현재 벼락바위 자리에는 공장이 들어서면서 벼락바위를 없애 버렸다고 했다. 그래서 그 일부 조각을 여기다 가져다 놓은 것이라고 하셨다.

아산 PINE HILL TOWN 우회 경로

아산시 둔포면 운교리의 벼락바위

11:50 – 산전리 마을회관에 도착했다. 마을회관 앞에 3번째 충무공이순신 백의종군길 안내 비석이 있었다.

　제독님께서 팽성읍객사 김밥집에서 샀던 김밥을 먹고 가자고 하셔서 정자에 앉았다. 2줄씩 나눠서 먹고 있는데 마을회관에서 한 할머님이 나오셨다. 정자에서 김밥을 먹고 있는 우리를 보시고는 할머님이 말을 걸어오셨다. 제독님께 여러 가지를 여쭤보셔서 두 분이 이런저런 얘기를 나누셨다. 난 들고 온 물이 다 떨어져서 눈치를 보다가 할머님께 먹는 물 좀 얻을 수 있냐고 여쭤봤더니 흔쾌히 떠다 주셨다. 들어가서 기다리는데 눈에 확 들어오는 문구가 아주 의미심장해 보였다.

　"함께 걷기. 걸으면 살고 누우면 죽는다."

　"암보다 더 무서운 병이 운동 부족이다. 평생 모은 재산을 의사에게 주지 말자."

　그렇게 점심을 먹고 휴식을 취한 후 다시 길을 나섰다. 행복요양원 옆에서 4번째 충무공 이순신 백의종군길 비석을 보았다. 한 구간에서 이렇게 많은 백의종군길 비석을 보다니, 아산 백의종군보존회의 열정이 정말 대단하다는 것을 느낄 수 있었다.

더 나아가니 인도가 없는 위험한 45번국도(충무로) 길이 계속되었다. 백의종군보존회 회장님께서 이 때문에 관대초등학교에서 봉재저수지 길로 갈 수 있게 추후에 길을 변경하고 백의종군길 비석도 옮기신다고 하셨다.

13:45 – 음봉면 행정복지센터 앞에서 백의종군보존회 박승운 회장님을 만났다. 제독님께서 소개해 주셔서 인사를 드렸다. 젊은 사람이 이렇게 백의종군길을 걷는다고 하니 많이 좋아하셨다.

이번에 새로 출시될 장군주 막걸리를 소개시켜 주신다며 3대째 이어져 내려오고 있는 음봉양조장으로 안내하셨다. 양조장 사장님과 인사를 하고 막걸리 한 병을 선물받았다. 근처 편의점에 들러서 간단한 마른안주를 사서 먹었는데 달달하니 맛이 괜찮았다. 그렇게 얘기를 나누고 이충무공 묘소로 이동하였다.

14:30 – 이충무공 묘소 입구에서 조금 더 들어가니 관리소가 보였고, 거기에 스탬프함 #8이 있었다. 스탬프함에서 스탬프를 꺼내 백의종군길 패스포트에 직인하고 안쪽 묘소로 향했다.

백의종군길 스탬프함 #8 - 이충무공 묘소 관리소

이충무공 묘소 내부 잔디가 깨끗하게 잘 정리되어 있었다. 우측 길로 우회하여 이충무공 묘에 가서 제독님과 머리 숙여 참배하였다.

아산시 음봉면의 이충무공 묘소

이충무공의 묘

아산 이충무공묘(山 李忠武公墓)[18]
아산군 금성산에 무덤을 만들었다가 16년 후인 광해 6년(1614)에 지금의 자리로 옮겼다. 무덤 주위에는 제사 지낼 때 음식을 차려 놓는 상석과 혼이 놀다간다는 혼유석·향로석이 있으며, 동자상 1쌍·망주석 1쌍·석상 1쌍·문인석 1쌍·광명등·묘비석이 있다. 무덤 앞에는 정조 18년(1794)에 세워진 어제비(御製碑)와 비각이 있다.

15:05 – 묘소 참배를 끝내고 나오는데 박승운 회장님께서 코스에 있지 않아 다들 지나치는 위충암이 있는 곳으로 안내하였다. 원래 넝쿨에 싸여 아무도 모르고 있다가 근래 발견되었다고 한다. 바위 가까이 가서 보니 진짜 희미하게 위충암이란 한자가 새겨져 있었다.

위충암

위충암[19] - 충남 아산시 음봉면 산정리 283

충무공 이순신 장군이 1598년 음 11월 19일 돌아가신 후 남해충렬사로 시신을 옮겼다가 당시 삼도수군통제영이 있던 고금도에 모셨고, 다음 해 1599년 음 2월 11일 선조 32년 아산 금성산으로 모셔질 때 이곳 위충암에서 노제를 지내고 가신 곳으로 아산지역의 선비들이 장군의 죽음을 애통해하며 이 비석을 세웠다고 한다.

장군은 유해는 15년이 지난 후 지금의 어라산으로 이장하였다.

박승운 회장님과는 위충암에서 헤어지고 제독님과 나는 현충사를 향해서 출발하였다. 현충사까지 가는 길목에는 한국체육진흥회에서 고증한 고갯길이 있다. 제독님께서 길을 아셔서 지도를 이용하지 않고 따라나섰다.

동천2교를 지나서 충무로604번길 방향으로 좌회전하니 승마클럽이 보였다. 조금 더 걸어가니 윤보선 대통령 묘소 안내 표지판도 있었다. 나와 본관은 다르지만 묘소가 여기 있는지 처음 알았다. 시간상 들르지는 못했다.

윤보선(尹潽善)[20]
1897년 8월 26일 충청남도 아산(牙山) 출생으로, 본관은 해평(海平), 호는 해위(海葦)이다.
1960년 8월 13일부터 1962년 3월 23일까지 대한민국 제4대 대통령을 역임하였다. 대통령으로 취임한 후 일제강점기 총독 관저였고, 해방 후 대통령의 집무실이었던 경무대(景武臺)를 청와대(靑瓦臺)로 이름을 변경하였다.

첫 번째 넘어야 할 고개가 저 멀리 보였다. 갈월고개였는데 진짜 무지하게 헉헉거리며 힘들게 넘었다. 그러나 쉴 틈이 없었다. 내려오자마자 바로 두 번째 고개인 쇠일고개가 나왔다. 안 그래도 마지막이 가장 힘든데 왜 마지막에 고개가 있을까? 울고 싶었다.

고개를 넘으면서 제독님께서 백의종군 보존회에서 정비 작업을 잘해 놔서 그래도 우리는 편하게 넘은 것이라고 하셨다. 그전에는 길도 제대로 안 되어 있어서 더 힘들었다고 하셨다.

힘들어서 그런지 발이 느려지기 시작했고 제독님은 안 보일 정도로 점점 멀어져 갔다. 도저히 다리에서 따라잡을 힘이 나질 않았다. 걷다가 뒤에 내가 안 보였는지 나중에는 기다려 주셨다.

힘들어도 웬만하면 먼저 얘기하는 스타일이 아닌데 현충사 들어가기 전 제독님께 시원한 음료수라도 마시고 가자고 말씀드렸다. 그렇게 카페에서 겨우 조금 쉬었다가 현충사로 들어갔다.

현충사는 처음 와 봤다. 현충사 주차장에 이순신 장군이 명량대첩에서 필승의 신념으로 말씀하신 유명한 문구가 새겨진 비석이 있었다.

필사즉생필생즉사(必死則生必生則死) 비

"필사즉생필생즉사(必死則生必生則死) - 반드시 죽고자 하면 살 것이요, 반드시 살고자 하면 죽을 것이다."

17:05 – 오늘의 최종목적지인 스탬프함 #9가 있는 현충사 주차장 안내소에 도착했다. 스탬프함에서 스탬프를 꺼내 백의종군길 패스포트에 직인하였다.

현충사 입구에서 백의종군보존회 박승운 회장님께서 기다리고 계셨다. 현충사까지 왔는데 관람을 하고 가라고 안내하실 관리소장님을 소개해 주셨다. 그렇게 관리소장님을 따라 현충사 내부를 관람하였다.

내부가 정말 넓고 깨끗하게 잘 관리되고 있었고, 힘든 게 잊힐 정도로 경치가 정말 좋았다.

현충사 내부

현충사 사당

충무공 이순신 고택

아산 이충무공 유허(牙山 李忠武公 遺墟**)**[21]
충무공 이순신이 무과에 급제하기 전까지 살았던 곳으로, 지금의 현충사이다. 임진왜란 때 큰 공을 세운 이순신을 기리기 위해 숙종 32년(1706)에 사당을 세우고, 1707년 숙종이 직접 '현충사'라 이름 지었다. 그 뒤 200년간 사당을 잘 운영해 오다가 한때 일제의 탄압으로 쇠퇴하였다. 광복 후 1967년 국가에서 현충사 성역 사업을 마치면서 지금의 모습을 갖추었다.
주요 시설로는 이순신의 초상화를 모셔 놓은 현충사를 비롯하여 이순신이 자란 옛집, 활을 쏘며 무예를 연습하던 활터, 정문인 홍살문, 셋째 아들 이면의 무덤이 있다.
충무공이순신기념관에는 국보76호 9점(〈난중일기〉 7권, 임진장초 1권, 서간첩 1권), 보물 326호 6점(장검 2병, 요대1구, 옥로1구, 도배구대1쌍), 보물 1564호 16점 (선무공신교서, 기복수직교서 등) 등이 소장되어 있다.

현충사 내부를 걸어가다 보면 중앙에 크게 있는 반송에 대한 설명, 현충사 사당 내부에 있는 이순신 장군의 생애를 표현한 10개의 그림에 대한 설명, 현충사 사당 내부 천장에 있는 발톱 3개를 가진 용의 그림에 대한 설명, 고택 내부의 방 안에 있는 또 하나의 방에 대한 설명 등 짧은 시간이었지만 관리소장님으로부터 현충사에 대한 자세한 설명을 들으며 여기저기 잘 둘러보았다.

중간에 백일홍에 대해 설명해 주시면서 나무를 한번 간지럽혀 보라고 했다. 그리고 나뭇가지를 보라고 해서 봤더니 흔들렸다. 바람 때문인가? 한번 더 간지럽혀 보니 나뭇가지가 또 흔들렸다. 백일홍의 다른 이름이 간지럼나무라고 하셨다. 새로운 걸 또 알게 되었다.

관람 시간이 18:00까지여서 빠르게 둘러보고 나왔다. 관리소장님께 감사의 인사를 드리고 현충사를 나왔다. 박승운 회장님 차를 타고 이동해서 저녁을 먹고 온양온천역에서 감사의 인사를 드리고 헤어졌다.

- 일자: 2019년 5월 12일 일요일
- 날씨: 맑음 (최고기온 29도)
- 걸은 길: 평택역 → 팽성읍객사 → 이충무공 묘소 → 현충사 (32.0km)
- 걸은 시간: 08:45 ~ 17:45 (9시간)
- 걸음 수: 49,487
- 경비: 아침 7,500원 + 점심&저녁 0원 + 음료 9,500원 + 교통비 8,250원 = 25,250원

3.5 백의종군길 5일차 걷기

〈난중일기〉[3)]

(4월 13일) 흥찰방과 작별하고 변흥백의 집으로 갔다. 조금 있으니 종 순화가 배에서 와서 어머니의 부고를 전했다. 뛰쳐나가 가슴을 치고 발을 동동 굴렀다. 하늘의 해조차 캄캄해 보였다. 곧장 (게바위) 해암으로 달려가 보니 배는 벌써 와 있었다. 애통함을 글로 다 적을 수가 없다.
(4월 15일) 천안군수 내방, 모친 입관
(4월 16일) 해암에서 모친시신을 맞고, 중방포까지 배로 이동, 영구를 상여에 올려 싣고 귀가
(4월 17일) 금오랑의 서리 이수영이 공주에서 와서 남쪽으로 떠날 것을 재촉했다.

코스 (총 27.4km)

트랙#9 (15.4km) 현충사 → 게바위 정자
트랙#10 (약 12.0km) 게바위 정자 → 창제귀선 빵 카페

백의종군길 5일차 코스

07:00 – 아침에 일어나 보니 비가 약하게 내리고 있었다. 전날까지만 해도 같이 가기로 했던 차량 동승자가 나오지 않아서 집에서 바로 현충사로 출발하였다. 용인 죽전을 지나는데 비가 갑자기 많이 오기 시작해서 조금 걱정이 되었다.

08:35 – 현충사에 도착하니 다행히 비가 거의 그쳤다. 우비를 쓰지 않아도 될 정도여서 점퍼만 걸쳤다. 현충사 오픈 전이라 그런지 주차장에는 차들이 몇 대 없었다.

언제나처럼 모자를 눌러쓰고 얼굴가리개로 눈만 나오게 얼굴을 가렸다. 백의종군길 빨간 리본이 묶여 있는 가방을 둘러메고 왼쪽 가슴에 액션캠을 달고 오른쪽 손에는 구글지도가 켜진 핸드폰을 들었다. 5일차 출발이다.

아무 생각 없이 정문 쪽으로 향하다 구글지도를 보니 길이 현충사 뒤쪽 충무교육원을 거치게 되어 있었다. 가던 방향을 돌려 충무교육원 방향으로 나왔다.

출발한 지 20분 만에 송곡신일아파트 삼거리에서 전봇대에 달린 빨간 리본을 처음 발견하였다. 3일차와 4일차 사진에 셀카봉이 자꾸 출연해서 오늘은 안 나오게 하려고 방향을 뒤집었는데, 아~ 이번엔 밑에서 셀카봉이 찍혔다.

송곡초등학교를 지나는데 좌측 또는 우측으로 인도가 잘 되어 있어서 걷기가 편했다. 조금 지나니 빗줄기가 굵어지기 시작했다. '조금 있다 그치겠지?'라는 생각에 5분을 더 걸었는데 비가 계속 뺨을 때리기 시작했다. 어쩔 수 없이 가던 길을 멈추고 우비를 꺼내는데 빗줄기가 약해지기 시작하더니 비가 그쳤다. 약 올리는 것 같은 느낌은 뭐지?

금병산보문사를 지나서 한남프레시앙아파트로 우회전하였다. 인도를 걸어가는데 갑자기 눈앞에 거미줄이 나타났다. 사람들이 많이 지나다니지 않아서 그런가? 어떤 대담한 거미일까? 찾아봤지만 보이지는 않았다. 눈앞 정면 높이에 있지 않았더라면 내가 거미줄에 포획당할 뻔했다. 주위 나뭇가지로 거미줄을 처리하고 다시 길을 걸었다.

아파트 입구 쪽에 GS25 아산한남점이 있었다. 오늘 가는 게바위 주위에는 식당이 없어서 여기서 김밥을 살까 하다가 더 가면 휴게소 등이 나오니 거기서 사야겠다고 생각하고 생수 500ml만 샀다. 그러나 방수사거리 우측에 있는 충무휴게소에 도착했는데 폐업했는지 텅 비어 있었다. 식당도 더 이상 나오지 않아서 점심 걱정이 되었지만 일단 계속 걸었다.

석두교까지는 인도가 없어서 걸어가는데 조금 위험하였다. 그러나 석두2리부터는 좌측 또는 우측으로 산책로가 잘 형성되어 있어서 걷기가 편했다. 염성1리 마을회관을 지나는데 마을회관이 논 쪽에 홀로 서 있어서 조금 신기하게 보였다.

10:15 - 염티초등학교에 도착했다. 학교 안쪽에 이순신 장군 동상이 보여서 들어가 보니 금색의 이순신 장군 동상과 세종대왕 동상이 있었다.

염티초등학교의 이순신 장군 동상과 세종대왕 동상

염티초등학교를 지나니 염치읍 행정복지센터, 염치보건소, 염치치안센터, 염치교차로 등이 나와서 처음에는 염치초등학교를 잘못 봤나 했는데 염티초등학교가 맞았다. 옛 지명인가?

염치교차로를 지나니 중방리 안내 비석이 보였다. 조금 더 가니 중방리 마을 회관이 보였는데 안내판에 중뱅이라는 말이 적혀 있었다. 이것도 옛 지명인가?

중방리 안내판 옆 나무들 사이에 3.1운동 사적지를 나타내는 염치 중방리 봉화만세시위 현장 비석이 보였다. 마을회관을 다른 방향에서 찍으려다 우연히 봤는데 아무 생각 없이 걸었으면 못 볼 뻔했다.

기록으로 듣는 100년 전의 함성 3.1 운동[22)]

1919년 3월 31일 밤에는 아산군 염치면 백암리 북쪽 산 위에서 영신학교 교사 한연순(韓連順)과 학생 김복희(金福熙) 등은 주민 20명과 모닥불을 피우고 독립만세를 외쳤다. 이로 말미암아 한연순은 징역 3월, 김복희는 징역 2월에 처해졌는데, 당시 그들의 나이는 불과 22세와 17세였다.

봉화만세운동은 밤에 산 위에 올라가 불을 피우고 독립만세를 외치는 것으로, 비교적 온건하고 소극적인 방법의 만세운동이지만, 밤을 밝히는 불빛과 우렁찬 만세함성은 일제의 간담을 서늘하게 하였고, 인근 주민들에게 봉기를 촉구하는 강렬한 메시지를 전달할 수 있는 방법 중 하나이다.

중방리 마을회관과 봉화만세시위 현장 비

구글지도에는 중방리 마을회관을 지나서 S-OIL 주유소 전 좌회전하여 곡교천 둑길로 접어드는 것으로 나와 있었다. 그러나 좌회전 전 빨간 리본 표시가 없었다. 진짜 좌회전이 맞는지 약간 의구심을 가지면서 좌회전을 했더니 전봇대에 빨간 리본이 보였다. 나처럼 구글지도 화면을 켜고 걷지 않으면 모를 수도 있을 것 같았다.

논길을 지나 우회전하여 곡교천(제방) 둑길로 들어섰다. 둑길로 들어서니 바닥에 나를 맞이하는 친구들이 있었는데 노래기 같았다. 비가 와서 그런지 곳곳에 나타났는데 짧은 시간에 50마리는 넘게 본 것 같다.

노래기를 피해 가느라 바닥을 보면서 걷는데 속도가 느린 하나가 더 보였다. 가까이 가서 보니 달팽이였는데 달팽이치고는 엄청 빠른 것 같았다. 동영상으로 찍어서 나중에 집에 와서 다른 달팽이 속도와 비교해 봐도 역시나 빨랐다. 달팽이계의 우사인볼트랄까?

계속 둑길을 걷고 있는데 좌측 아래에 자전거 도로가 보였다. 곡교천이랑 가까워서 자전거 도로로 걸어 보려고 내려갔다. 조금 걸으니 두 갈림길이 나왔다. 오른쪽으로 걸을까? 왼쪽으로 걸을까? 곡교천이랑 가까운 왼쪽 길을 택해서 걸었는데 길이 아까 그 오른쪽 길로 돌아 나오는 막다른 길이었다. 할 수 없이 되돌아와서 다시 위쪽 둑길로 올라가서 계속 걸었다.

둑길을 걸어가는데 염성제라는 것을 알리는 비석만 보일 뿐 여기 둑길에는 정말 아무것도 없었다. 보이는 것이라곤 왼쪽은 곡교천, 오른쪽은 논, 이것밖에 없었다. 사전답사로 가 봤던 구례구간 백의종군길인 서시천 둑길은 양쪽으로 벚꽃과 살구꽃이 수 km에 걸쳐 있어서 좋았었는데 비교가 된다.

강청교차로를 지나 강청양수장에서 좌회전하여 다시 곡교천 둑길로 접어들었지만 아니나 다를까 산양제를 알리는 비석만 보일 뿐 왼쪽은 곡교천, 오른쪽은 논, 똑같았다.

아산시 곡교천 둑길

아산은 이때쯤이 모를 심는 시기인지 논에서 모를 심는 분들을 볼 수 있었고, 곡교천에서는 낚시를 하는 분들을 볼 수 있었다.

조금 가다가 왼쪽 곡교천 방향에 웅덩이(?)가 있었는데 거기에 홀로 앉아서 낚시를 하시는 한 분이 계셨다. 저런 곳에서 낚시를 하시는 분은 처음 봤는데 저런 분이 진짜 강태공같이 세월을 낚고 계신다는 느낌이 확 들었다. 그러다 갑자기 궁금증이 생겼다. 저분은 내가 게바위에 갔다가 돌아올 때도 여기 계실까? 11시 50분. 일단 시간을 기록해 뒀다.

"하천에 쓰레기 버리면… 궁금해유? - 하천법 46조에 따라 낚시금지구역으로 지정될 수 있습니다"라는 현수막이 걸어오면서 가끔씩 보이는 걸로 봐서 낚시꾼들이 아무 곳에나 쓰레기를 많이 버리긴 하는가 보다. 그런데 '궁금해유?'라고 충청도 사투리를 썼으면 끝말도 '지정될 수 있슈'라고 하는 게 더 좋지 않았을까? 라는 쓸데없는 생각을 하면서 하염없이 걸었다.

게바위 근처에 다 왔을 때 나무 한 그루가 보였고, 거기에 백의종군길 빨간 리본이 달려 있었다. 내가 생각해도 마땅히 달 곳이 없으니 저기라도 달았을 듯싶다.

    길이 하나여서 구글지도도 안 보고 정말 아무 생각 없이 앞만 보면서 걷다 보니 게바위를 조금 지나쳤다. 많이 지나치지 않은 지점에서 구글지도를 봐서 다행이었다. 다시 돌아올 때 보니 회전 구간에 빨간 리본이 달려 있었는데 못 보고 지나친 것이었다.

    둑길에서 논길로 우회전하여 조금 가니 정자가 보였는데 가까이 가서 보니 목적지인 게바위 정자였다.

12:30 – 게바위에 도착하니 스탬프함 #10은 정자에 있었다. 스탬프함에서 스탬프를 꺼내 백의종군길 패스포트에 직인하였다. 스탬프함에서 스탬프를 꺼낼 때 문짝이 떨어졌는데 경첩이 오래돼서 바꿔야 될 것 같았다.

백의종군길 스탬프함 #10 - 게바위 정자

    주위를 둘러보니 백의종군보존회 기념식수비와 한국체육진흥회 기념식수비가 보였고, 게바위와 게바위 안내판도 있었다. 백의종군로 안내판과 게바위 유래 안내 비석도 있었다. 그리고 이틀 전 금요일 이 자리에서 이순신 장군 어머니 정경부인 초계변씨 추모제가 진행되었음을 알려 주는 현수막도 보였다. 걷기 4일차 때 이에 대해 박승운 회장님께서 말씀하셨는데 아마 제독님께서도 왔다 가셨을 것 같다.

아산시 인주면 해암리 게바위

해암리 게바위[23)]
해암리 게바위는 82세의 노구를 이끌고 여수 고음내에서 배를 타고 아들인 이순신 장군을 만나려고 오다가 돌아가신 이순신 장군 어머니(정경부인 초계변씨)의 시신이 도착하였던 장소로 알려져 있다.
본래 2기였으나 1기는 일제강점기 때 갯벌에 묻혔으며, 남은 1기만이 지금의 위치에 있다. 본래 해암리도 "게 해(蟹)" 자에서 유래되었으나, 일제강점기 때 "바다 해(海)" 자로 바뀌었다.
2006년 3월 7일 향토 문화유산으로 지정되었다.

주위에 식당이 없어서 그냥 생수만 들이켜고 액션캠 동영상을 옮기면서 정자에서 쉬었다. 누웠다 앉았다 하고 있는데 주위가 약간 어두워지는 듯 하더니 갑자기 비가 내린다. 정자 중앙에 자리를 잡고 조금 있으니 다행히 비는 그쳤다.

13:00 – 이제 왔던 길을 되돌아가야 해서 짐을 정리하고 다시 출발했다. 다시 둑길에 들어서서 느끼는 거지만 정말 아무것도 없는 둑길이다. 올 때랑 다른 것은 이제 왼쪽이 논이고 오른쪽이 곡교천이란 거다.

13:40 – 거의 2시간이 지났는데 아까 그 웅덩이 그 자리에 그분이 계셨다. 달라진 거라곤 파라솔을 설치하고 다시 앉아 계신다는 것이다.

고기는 잡았을까? 궁금하긴 했는데 가까이 가지는 못했다. 천천히 지나가면서 유심히 관찰해 보니 정말 아무것도 안 하고 앞만 보고 있었다. 낚싯대가 3개인 걸 보면 낚시하러 온 게 맞는 것 같았다.

고기가 잘 안 잡히는 것 같은데 무슨 생각을 하면서 저기 앉아 있을까? 뭘 먹는 것도 아니고 음악을 듣는 것도 아니고 안 심심한가?

그러다 문득 이 상황이 조금 우스웠다. 왼쪽에는 모를 심는다고 바쁘게 움직이고, 오른쪽에는 낚시한다고 유유자적(?) 앉아 있고, 그 중간 둑길에는 가방을 메고 모자 쓴 사람이 걸어갔다가 걸어오고 있으니 말이다.

곡교천 강태공

다리 아프고 배가 고프니 더 이상 다른 생각이 들지 않았다.

그 와중에 갑자기 비가 오기 시작했다. 조금 있다 그치려니 생각하고 걸었는데 빗줄기가 점점 굵어지기 시작했다. 고속도로 공사가 진행 중인 다리 밑에서 조금 쉬면서 기다렸지만 비는 약해질 기미가 보이지 않았다.

마냥 쉴 수는 없어서 우비를 꺼내 쓰고 둑길을 다시 걷기 시작했다. 비가 정면으로 쏟아져서 걷는 중간중간 뒷걸음질로 조금씩 걷기도 했다. 한 시간 정도 걸으니 빗줄기가 조금씩 약해지기 시작했다. 덥기도 하고 이 정도 비는 맞으면서 걷는 것도 괜찮을 것 같아서 맹사성교 다리 밑에서 우비를 벗고 조금 쉬었다 다시 걸었다.

15:15 - 창제귀선까지 가는 경로 중 네이버지도에 길이 지정되지 않았던 곡교리1 마을회관 옆 음봉천-곡교천 교차 지점에 도착했다. 갈림길 사이 기둥에 빨간 리본이 2개 달려 있었다. 직진하지 말고 아래로 내려가라는 뜻이었다. 그렇게 쭉 자전거도로를 걸었다. 다행히 이번에는 막다른 길이 나오지 않고 잘 이어져 있었다.

아산대교 밑을 지나고 곡교천 시민체육공원을 지났다.

15:55 - 송곡사거리에 도착했다. 직진 신호를 기다리는데 좌측에 망향비빔국수집이 보였다. 보통 때는 배가 고프면 무조건 들어갔을 텐데 갑자기 왜였는지 짜장면이 먹고 싶은 생각이 들었다. 앞을 보니 음식점들이 좀 더 있을 것 같아서 일단 걷기로 했다.

사거리를 건너니 걷기 편하게 우측에 나무다리가 이어져 있었다. 그 길을 따라 조금 걸으니 충청남도 경제진흥원이 나왔다. 경제진흥원 정문 앞에 벤치가 있었는데 밑에 〈난중일기〉 내용이 적혀 있었다.

"나를 알고 적을 알아야만 백 번 싸워도 위태하지 않다고 하지 않았던가!"

- 〈난중일기〉, 1594년 9월 3일

이건 손자병법의 지피지기 백전불태?

16:05 – 오늘의 최종 목적지인 창제귀선 빵 카페에 도착했다. 점심을 안 먹어서 그런지 계획보다 1시간이나 일찍 도착했다.

스탬프함 #11은 창제귀선 입구 건물 벽에 달려 있었다. 스탬프함에서 스탬프를 꺼내 직인을 하려고 하는데 이건 또 뭘까? 살짝 열었는데 문 아래쪽 경첩이 떨어졌다. 오해 사기 전에 제독님께 이 사실을 미리 알렸다.

백의종군길 스탬프함 #11 - 창제귀선 빵 카페

에필로그

스탬프를 직인하고 차가 있는 현충사 주차장으로 이동했다. 현충사 주차장까지는 1.9km를 추가로 더 걸어야 했다.

가는 길에 곡교천 은행나무 길을 지났다. 은행나무 길도 괜찮았지만 아래쪽에 만발해 있는 유채꽃도 보기 좋았다.

곡교천 유채꽃

은행나무 길에 〈난중일기〉가 적힌 벤치 2개가 더 있었다.

"촛불을 밝히고 혼자 앉아 나랏일을 생각하니 나도 모르게 눈물이 흐른다."
- 〈난중일기〉, 1595년 1월 1일

"아침밥을 어머니 곁에서 모시고 올리니 기뻐하시는 빛이 가득했다."
- 〈난중일기〉, 1596년 8월 13일

마지막에 고양이를 한 마리 봤는데 사람을 보고도 도망가지 않고 천천히 옆으로 지나갔다. 길고양이 같지는 않아 보였는데 주인을 만나길 기대해 본다.

16:45 – 현충사 주차장에 도착해서 와이프랑 통화를 했는데 비가 와서 집에 잡채랑 김치전을 해 놨단다. 결국 짜장면은 못 먹고 집으로 향했다.
 걸을 때 신발이 미끄러운 것 같아서 평소보다 조금 더 꽉 조여 매고 걸었는데 그 때문일까? 빗길을 걸어서일까? 집에 와서 확인해 보니 백의종군길 걷기 5일 만에 처음으로 발에 물집이 잡혀 있었다.

'워크온'이란 앱을 알게 되어 설치했는데 걸음 수랑 걷기 속도가 시간별로 체크되었다. 10분 정도 쉬었던 적이 2번밖에 없었고, 쉬었다 걸었을 때 걷기 속도가 높게 나오는 것 같았다. 마지막에는 힘이 들어서 그런지 걷기 속도가 낮게 나왔다.

시간별 걸음 수와 걷기 속도

08:45~09:55 − 7,431걸음(시속 4.5km/h)
09:59~12:03 − 12,530걸음(시속 4.2km/h)
12:07~12:36 − 2,819걸음(시속 4.1km/h)
13:01~14:03 − 6,966걸음(시속 4.7km/h)
14:07~14:56 − 5,141걸음(시속 4.4km/h)
15:05~15:50 − 5,037걸음(시속 4.6km/h)
15:52~16:05 − 1,111걸음(시속 3.5km/h)
16:08~16:42 − 3,051걸음(시속 3.7km/h)

- 일자: 2019년 5월 19일 일요일
- 날씨: 비-흐림-비 (최고기온 22도)
- 걸은 길: 현충사 → 게바위 → 창제귀선 카페 (30.8km)
- 걸은 시간: 08:45 ~ 16:45 (8시간)
- 걸음 수: 44,467
- 경비: 생수 500ml 500원 + 통행료 8,400원 + 교통비 17,483원 = 26,383원

3.6 백의종군길 6일차 걷기

〈난중일기〉[3)]

(4월 19일) 영전에 하직 후 길 떠남. 조카 뇌의 집 조상 사당 하직, 보산원에서 천안군수, 임천군수 한술이 조문, 가족들 천안까지 배웅

🚩 **코스 (총 29.2km)**

트랙#11 (17.0km) 창제귀선 빵 카페 → 은행나무길 → 남동 복지회관 → 수철저수지 → 넙치고개 → 보산원초등학교

트랙#12 (약 12.2km) 보산원초등학교 → 개티골 → 소랭이마을 체험관 → 정안면사무소

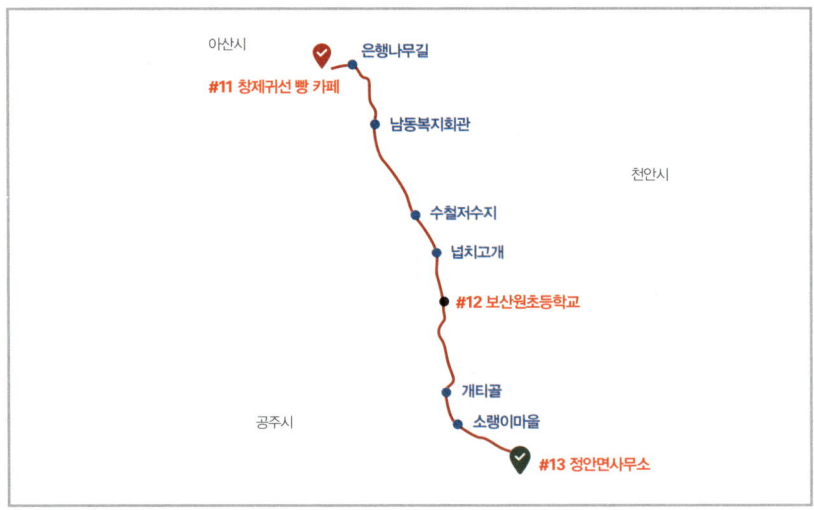

백의종군길 6일차 코스

걷기 전날 MBC에서 하는 시사교양프로그램 〈기억록〉을 시청하였다. 3.1운동부터 100년을 기억하여 기록하며 100인을 소개하는 캠페인 다큐

멘터리이다. 그중 가슴을 울렸던 〈기억록〉 19화 김상옥 편은 대략 이렇다.

1923년 1월 22일 새벽 경성, 김상옥은 종로경찰서 투탄의 범인으로 지목되어 추격당하면서도 1000여 명의 일제 경찰에 맞서 시가전을 벌인다. 결국 남은 단 한 발의 총알로 '대한독립 만세'를 외치고 34세의 나이로 순국한다. 그러나 이로 인해 희망을 잃어 가던 조선인들에게 누군가 끊임없이 싸우고 있다는 것을 보여 주었다.

배경음악으로 사용된 한충은의 〈좋은나라〉는 처음 들어봤는데 너무 좋았다. 그래서인지 6일차 백의종군길을 걷는데 하루 종일 이 노래가 계속 머릿속에서 떠나질 않았다. 걷다가 혼자 중얼거리기도 하고, 주택가를 지나 도로를 걸을 때는 핸드폰으로 노래를 찾아 틀기도 했다.

5일차의 경우 현충사에서 출발하여 게바위에 들렀다가 창제귀선으로 되돌아오는 코스여서 자가용을 이용할 수 있었다. 그러나 6일차는 창제귀선에서 출발하여 정안면사무소에 도착하는 코스이다.

자가용 또는 대중교통을 이용하여 출발지까지 가고, 도착지에서 집으로 돌아오는 경우 모두 6시간 정도 걸리는 것으로 나왔다. 자가용을 이용해서 창제귀선까지 가고 누군가 창제귀선에서 정안면사무소까지 차를 이동시켜 준다면 도착해서 다시 자가용을 타고 집으로 돌아오면 3시간 정도밖에 걸리지 않았다. 이동 시간이 반으로 확 줄어드는 것이었다. 이런저런 생각을 하며 집에서 고민하고 있는데 와이프가 왔다 갔다 하는 것이 보였다.

으흐흐흐….

작전은 이랬다.
1) 주말에 놀러가자고 꼬맹이를 꼬신다.
2) 현충사에 가 보니 경치가 기가 막혔다. 근처에는 유채꽃도 만발하더라. 그리고 외암민속마을에 볼 것이 많다더라면서 천안을 가자고 한다.
3) 오늘 걷는 코스 중간에 회사 부장님 펜션이 있는데 지나가다 들르면

점심 맛있는 거 해 준다고 가족도 같이 오라고 했다고 얘기한다.

실행에 옮겼다. 와이프가 눈치는 챈 것 같았지만 제안이 나쁘지 않았는지 좋다고 했다.

07:40 – 꼬맹이, 와이프, 나. 이렇게 셋이서 자가용을 타고 창제귀선으로 출발했다. 천안아산역에서 김혜현님을 픽업해서 이동해야 했는데 어제 갑자기 업체 사람과 식사 약속이 잡혀서 오늘 함께 걷기가 어렵다는 연락을 받았다. 일이 우선이다 보니 어쩔 수 없었다. 그래서 오늘도 혼자 걸어야 했다.

09:00 – 충청남도 경제진흥원에 도착해서 주차를 했다. 창제귀선 빵 카페가 바로 옆이라 걸어서 이동했다.

스탬프함 #11에서 스탬프를 꺼내 백의종군길 패스포트에 출발 직인하였다.

언제나처럼 모자를 눌러쓰고 얼굴가리개로 눈만 나오게 얼굴을 가렸다. 백의종군길 빨간 리본이 묶여 있는 가방을 둘러메고 왼쪽 가슴에 액션캠을 달고 오른쪽 손에는 구글지도가 켜진 핸드폰을 들었다. 6일차 출발이다.

와이프랑 꼬맹이는 배가 고프다며 근처 식당에서 밥부터 먹고 구경한단다. 그렇게 헤어지고 곡교천 은행나무 길을 걷고 있는데 꼬맹이가 나무 뒤에서 "짜잔~" 하면서 나타났다. 아빠 가는 거 보고 간다고 기다렸단다. 이래서 딸이 좋은 것 같다.

은행나무 길을 조금 같이 걷다가 진짜 "빠이빠이~" 하고 꼬맹이랑 헤어졌다.

곡교천 은행나무 길

  여기 곡교천 은행나무 길은 도로를 걸어도, 나무다리를 걸어도, 산책로를 걸어도 운치가 있었다.

  은행나무길 곡교천 제2주차장에서 아래 자전거 도로로 내려갔다. 조금 더 걸으니 곡교천을 건너는 교량이 나왔다. 교량 왼편에 빨간 리본이 달려 있어서 당연히 한국체육진흥회의 백의종군길 빨간 리본인 줄 알았는데 자세히 보니 아산문인협회에서 달아 놓은 충무공 백의종군길 리본이었다.

  교량을 건너서 좌회전하여 자전거 도로를 따라 걸었다. 계속 걷다가 구글지도를 보니 우측 도로변을 건너는 것으로 나와 있었다. 건널목이 보이지 않았는데 조금 더 걸으니 굴다리가 나와서 그 밑으로 건넜다.

  굴다리를 지나니 논길이 나왔다. 지난주에 모 심는 것을 봤는데 아니나 다를까 이번 주에는 논에 모가 거의 다 심어져 있었다.

  신동안길 마을로 들어섰는데 제비가 앞쪽으로 낮게 날았다. 지켜보니 그 제비는 집 근처를 날고 있었다. 아파트에 살면서 보지 못했던 처마 밑 제비를 여기서 오랜만에 보았다.

10:10 – 한국캔아트 연구소를 지나 장원석재산업 비석을 지났다.

온천대로를 건너서 남동 복지회관에 도착해서 액션캠 배터리도 교체할 겸 정자에서 잠시 쉬었다 다시 걸었다.

온양순환로 남리육교 밑에서 좌회전한 후 동천장로교회 입구 쪽으로 우회전하였다. 동천장로교회 입구를 지나 조금 더 걸어가니 사람들이 소나무를 심고 있었다. 소나무는 윗부분만 남겨두고 아랫부분은 모두 가지치기가 되어 있었고, 소나무마다 번호가 적혀 있었다. 수목형 자연장을 만드는 건가?

11:10 – 신흥리 마을회관을 지나 솔치로로 접어들었다. 5분 정도 도로변을 걷다가 빨간 리본을 보고 우측 작은 솔치로로 진입하였다. 계속 걸으니 623번지방도(고불로)와 만났다. 고불로에 진입하니 왼쪽 편에 진북대장과 방어대장 돌장승이 있었다.

고블로의 진북대장과 방어대장

11:50 – 조금 걸어가니 우측 편에 수철저수지가 나왔다. 저수지에 낚시터가 형성되어 있었다. 낚시는 잘 모르지만 방송으로 봤을 때는 저런 낚시

터에서는 1박도 가능할 것 같았다. 낚시하고, 술 한잔하고, 피곤하면 자고, 나쁘지 않은데?

얼마나 걸었을까? 가파른 길이 나오기 시작했다. 이게 넙치고개인가? 등산도 싫지만 이런 오르막길도 싫었다. 헉헉. 너무 힘들었다.

백의종군길을 걸으면서 가끔 묶여 있지 않은 개들 때문에 방어용으로 등산용 스틱을 사서 들고 왔는데 이게 이 길을 오르는 데 무지 도움이 되었다. 그러나 나중에 개티재를 넘을 때 알았다. 이 또한 아무것도 아니었다는 것을.

12:20 – 출발한 지 3시간 20분 만에 아산시 배방읍을 지나 천안시 광덕면에 진입하였다. 조금 지쳐서 앞만 바라보며 걷고 있는데 갑자기 푸다닥하는 소리가 나서 깜짝 놀랐다. 하수구 쪽에 색깔이 비슷해서 낙엽인 줄 알았는데 고라니가 한 마리 쓰러져 있었다. 나를 보고 도망가려고 했는데 일어서질 못하고 있었다. 자세히 보니 다리 한쪽이 부러진 것 같았다.

부상당한 고라니

일단 119에 전화를 했다. 위치가 그래서인지 전화를 하자마자 "119에서 긴급 구조를 위해 귀하의 휴대전화 위치를 조회하였습니다"란 문자가 3통이나 왔다.

전화가 연결되자 위치부터 설명을 하려고 하는데 내게 무슨 일이냐고 물어봤다. 고리니가 다쳐서 쓰러져 있다고 하니 그건 110으로 전화를 하라고 했다. 몰랐다고, 죄송하다고 말하고 얼른 끊었다.

110으로 전화를 했다. 다시 내용을 설명하니 담당 기관으로 연결해 드릴 테니 잠시만 기다리라고 했다. 전화가 연결될 때까지 콜센터 직원이 끊지 않고 친절히 안내해 주었다.

그렇게 연결된 직원에게 현재 상황과 위치를 설명해 주었다. 주말이라 시간이 조금 소요될 수 있다고 했다. 약속이 있어서 오래 못 기다린다고 하니 우선 출발하시고 혹시 출동 직원이 위치를 묻는 연락이 오면 잘 설명만 해달라고 했다.

결국 출동 직원이 도착하는 것을 보지 못하고 고리니가 놀라지 않게 우측 도로로 건너서 다시 출발하였다.

12:50 – 보산원에 있는 회사 동료인 김종화 부장님 펜션에 도착하니 와이프랑 꼬맹이도 도착해 있었다. 부장님은 날 보더니 더운 날에 고생했다면 손뼉 치며 반겨 주셨다.

스파게티, 샐러드, 고기, 빵 등 식사 준비를 많이 하신 것 같았다. 다 맛있었는데 특히 빵이 가장 맛있었다. 유명한 곳에서 가져온 거라고 하셨는데 정말 맛있었다.

이런저런 얘기를 하면서 맛있고 좋은 점심시간을 가졌다.

14:00 – 점심 식사를 마치고 부장님께 감사하다는 인사를 전하고 나는 다시 길을 나섰고, 와이프랑 꼬맹이는 부장님이 소개해 준 근처 계곡으로 갔다.

보산원로로 나와서 10분 정도 걸으니 백의종군길 안내 비석과 보산원 1리 안내 비석이 나왔다.

14:25 – 보산원초등학교에 도착했다. 운동장은 넓었는데 건물이 생각보다 크지 않았다. 분교 같다고나 할까?

　스탬프함 #12는 보산원초등학교 맞은편 보산원 보건진료소 앞 정자에 있었다. 스탬프함에서 스탬프를 꺼내 백의종군길 패스포트에 직인하였다.

백의종군길 스탬프함 #12 - 보산원초등학교 맞은편 정자

　지장교차로를 지나니 지장리 2구 왕승 비석이 있었다. 인조가 이괄의 난으로 피난하면서 여기서 쉬어 갔다고 한다.

> **이괄의 난**[24)]
> 이괄의 난은 1624년(인조 2년) 인조반정의 공에 대한 불만으로 이괄이 일으킨 반란이다. 조선 시대의 반란으로 한양을 함락시키고 왕을 도성으로 피난시킨 유일한 난이다. 그러나 이괄은 갈마대 전투에서 패배하고 도망가던 중 배반한 부하 장수들에게 살해되었다.

그렇게 왕승마을을 지나서 지장길을 계속 걸었다. 인도가 없는 도로라 조금 조심해서 걸을 필요가 있었다.

차가 많이 지나다니지 않아서 그런지 조용하고 경치도 좋았다. 음악 듣기 딱 좋아서 한충은의 노래 〈좋은나라〉를 또 들었다. 오늘만 10번은 넘게 들은 듯하다.

어느 정도 걸었을까? 공사하는 소리가 엄청 크게 났고 산이 깎이고 있었다. 저런 식으로 자연환경을 훼손하면서 도로를 건설하는 모습을 직접 보니 안타까웠다.

15:25 – 회개마을 비석에서 직진하여 도인사 비석을 지나니 도인사가 보였다. 도인사 입구를 지나니 제독님께서 문자로 알려주셨던 시내버스 정류장이 나왔다. 이때부터는 백의종군로 구글지도를 계속해서 보면서 걸었다.

시내버스 정류장에서 우측 길로 진입하였다. 처음 얼마까지는 도로가 생각보다는 잘 정비되어 있었다. 그러나 5분 정도 걸으니 비포장도로로 진입하라는 빨간 리본 표시가 있었고, 표시대로 우측 비포장도로로 진입하였다.

비포장도로에 진입해서 조금 더 걸으니 조립식 건물 한 채가 나왔다. 구글지도에 나와 있는 대로 좌측 숲길로 진입하였다. 숲길 중간중간에 빨간 리본이 잘 매달려 있어서 그걸 보며 계속 걸었다.

15:45 – 500m 정도를 넘게 걸었을까? 길이 나 있는 곳으로 걷는다고 걸었는데 구글지도상 내 위치가 백의종군길을 벗어나고 있었다. 앞에 길이 있기는 했지만 왠지 잘못 가고 있다는 생각이 들어서 제독님께서 보내 주신 문자를 보았다.

"단독주택에서 왼편으로 가다가 4~500m에서 우측으로 작은 도랑 건너서 리본 따라 오르면"이라고 되어 있었다. 구글지도상의 내 위치와 백의종군길이 교차되는 지점까지 다시 내려갔다. 거기서 우측을 보니 빨간 리본이 보였다. 길이 잘 되어 있어서 그걸 따라갔는데 아니었던 것이다.

이후부터는 길이 조금 좁게 나 있어서 수풀을 헤치면서 걸었다. '사람이 거의 지나다니지 않았구나'란 생각이 드는 곳도 여럿 있었다. 다행히 중간중간 빨간 리본이 보여서 믿고 계속 걸었다.

어느 정도 갔을까? 계속 앞으로 걸어 나갔는데 빨간 리본이 안 보이고 길이 막혔다. 구글지도를 보니 또 내 위치가 백의종군길에서 벗어나 있었다. 내 위치와 백의종군길이 교차되는 지점으로 다시 내려와서 좌우를 살펴봤다. 좌측에 빨간 리본이 보였다. 앞만 보고 가다 보니 좌측의 빨간 리본을 보지 못했던 것이다. 그렇게 좌회전한 길은 낙엽이 꽤 많이 쌓여 있어서 걸을 때 푹푹 꺼졌다.

16:00 - 그렇게 낙엽을 밟고 오르니 내리막길과 좌, 우측길이 있었다. 우측을 보니 제독님께서 보내 주신 문자대로 흰 로프가 보였다.

여기서부터다. '백의종군길이 진짜 맞나?'라고 계속 의심하면서 걸었다. 왜? 헉헉. 무지막지하게 힘들었기 때문이다. 로프가 괜히 있는 게 아니었다. 액션캠으로 찍은 동영상을 올려 얼마나 힘들었는지 보여 주고 싶은 마음이 굴뚝같다.

개티재

16:15 – 얼마나 걸었을까? 아니 기었을까? 숨이 깔딱깔딱 넘어갈 듯. 심장이 터질 듯할 때 앞에 테이프 리본 2개랑 빨간 리본 2개가 보였다. 회전구간 표식이 이렇게 반가울 수 없었다.

　모자와 얼굴가리개를 벗고 가방을 던져 버리고 그대로 바닥에 드러누웠다. 가지고 온 물을 다 마시며 10분 정도 쉬었다. 그렇게 누워 있으니 그제야 조용한 새소리가 귀에 들려왔다.

이제 내려가는 길만 남았으니 힘을 내서 걷기로 했다. 조금 내려가니 빨간 리본과 흰 로프가 보였다. 그러나 로프를 잡아도 낙엽이 많아서 그런지 자꾸 미끄러지기 일쑤였다. 안 미끄러지려고 로프를 꽉 잡아서 그런지 손바닥도 아파졌다. 이제 흰 로프만 보면 트라우마가 있을 듯하다. 그리고 7일차 걷기부터는 준비물이 하나 더 필요할 듯하다. 장갑. 그렇게 내려오다 낭떠러지를 봤다. 물론 로프가 조금 더 안쪽으로 있지만 정말 조심해야 했다.

나중에 제독님께서 백의종군길 정상 구간은 석산 채석자들이 망가트리고 복구를 안 해서 길이 끊긴 상태라 어쩔 수 없이 개티재로 우회할 수밖에 없다고 알려 주셨다. 빨리 복구돼서 다음 분들은 편하게 지날 수 있기를 기대해 본다.

16:40 – 겨우겨우 힘들게 내려왔는데 마지막 100m 정도는 아예 길이 없어 풀숲을 헤치고 도랑을 건넜다. 암자 앞 도로에 다시 드러누웠다. 이제는 정말 체력이 바닥을 보이기 시작했다.

개티재를 혼자 넘는다고 했을 때 제독님께서 약간 걱정하신 이유를 알 것 같다. 오늘이 백의종군길 걷기 중 가장 힘든 날인 것 같다.

'앞으로 더 이상 백의종군길에 이런 길은 없겠지?'란 긍정의 마인드를 가져 본다.

그렇게 휴식을 조금 취하고 다시 길을 걸었는데 참 걷기 편했다. 역시 평길이 좋았다. 산이랑 나랑은 안 맞아.

길바닥에 까만 게 보여서 자세히 봤더니 개미 떼들이 엄청 많았다. 베르나르 베르베르의 《개미》를 재미있게 읽었지만 지금은 아무 생각도 안 난다. 집에 가고 싶다는 생각밖에는. 이제 등산용 스틱 잡는 것도 힘들다.

개티재를 걸어 내려와 604번지방도(정안마곡사로)에 접어들었다. 대명

석재 비석이 보였고 좌회전 후 정안마곡사로를 계속 걸었다.

걷고 있는데 갑자기 고라니 생각이 났다. 아까 콜센터에 전화를 해 보니 확인해 보고 문자를 주겠다고 했다. 10분 후 "다친 노루 유일동물병원으로 이송되어 치료받았고, 회복 중이라고 합니다. - 천안시 콜센터"란 문자가 왔다. 다행이다.

나중에 회복되어 자유의 몸이 되면 박씨 하나 가져다주려나?

17:10 - 소랭이마을 체험관이 보였다. 그런데 자세히 보니 소랭이마을 글자 옆에 공주시 정안면이라고 적혀 있었다. 언제 공주시에 들어선 거지? 개티재를 넘으면서 공주시로 진입했던 모양이다.

공주 소랭이마을

대산리2구 비석을 지나고 류근창장군공덕비에서 우회전하였다.

18:10 - 정안면사무소에 도착했다. 와이프와 꼬맹이가 먼저 도착해서 기다리고 있었다. 스탬프함 #13은 정안면사무소 옆 건물 정안면 보건지소 정자에 있었다.

스탬프함에서 스탬프를 꺼냈는데 꼬맹이가 자기가 찍어 보고 싶다고 해서 찍어 보라고 했다. 두 번 다 번호가 안 찍혀서 내가 옆에 다시 찍었다.

공주 백의종군길 스탬프함 #13 - 정안면 보건지소 정자

에필로그

꼬맹이는 재미있었다고 했지만 와이프는 기다리는 시간에 비해 생각보다 할 것이 많지 않아서 지루했다며 다음부터는 같이 안 온다고 했다. 어찌 되었든 돌아오는 길은 편하게 왔다.

시간별 걸음 수와 걷기 속도

08:54~09:00 - 522걸음(시속 3.4km/h)
09:04~11:24 - 14,891걸음(시속 4.6km/h)
11:30~12:19 - 5,281걸음(시속 4.6km/h)
12:26~12:51 - 2,177걸음(시속 3.8km/h)
13:55~14:22 - 2,981걸음(시속 4.7km/h)

14:26~16:09 − 8,820걸음(시속 3.7km/h)

16:18~16:38 − 1,274걸음(시속 2.8km/h)

16:44~18:14 − 9,217걸음(시속 4.4km/h)

개티골 오르막 구간 속도가 2.8km/h. 걸어서 나올 수 있는 속도가 아닌 걸로 봐서 정말 기어서 올랐다는 표현이 맞는 듯하다.

- 일자: 2019년 5월 25일 토요일
- 날씨: 맑음. 미세먼지 나쁨 (최고기온 29도)
- 걸은 길: 창제귀선 → 보산원초등학교 → 개티재 → 정안면사무소 (30.7km)
- 걸은 시간: 08:55 ~ 18:15 (9시간 20분)
- 걸음 수: 45,925
- 경비: 점심 0원 + 통행료 9,900원 + 교통비 23,622원 = 33,522원

3.7 백의종군길 7일차 걷기

<난중일기>³⁾

(4월 19일) 일신역(공주 장기면 신관리)에서 유숙, 김덕장 만남, 도사가 와서 봄
(4월 20일) 공주청천동 조식, 저녁에 나성(공주군 나성면 읍내리) 도착, 고을원이 환대, 이산현에 도착 동헌에 유숙

🎏 코스 (총 33.1km)
트랙#13 (16.8km) 정안면사무소 → 공주예비군훈련장
트랙#14 (약 16.3km) 공주예비군훈련장 → 계룡면 행정복지센터

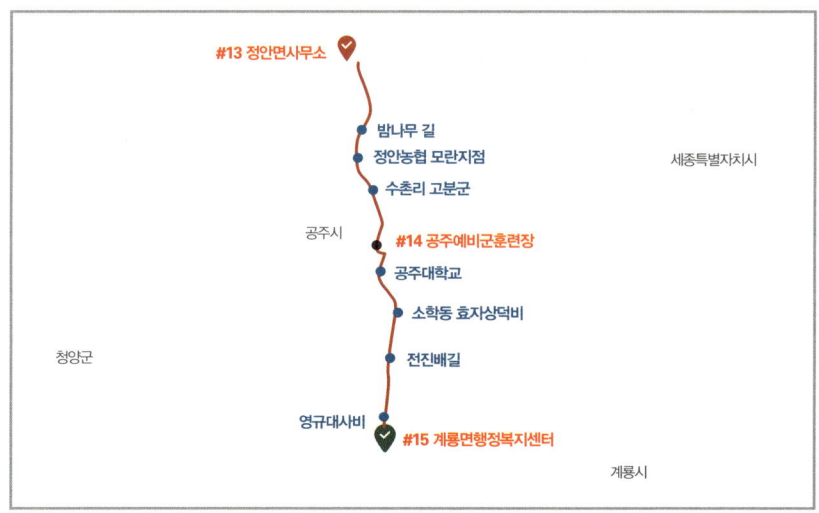

백의종군길 7일차 코스

적선지가필유여경(積善之家必有餘慶): 선행을 쌓은 집은 필히 경사가 따른다.
- 공자 <문언전(文言傳)> 中

A simple act of caring creates an endless ripple that comes back to you.
(사소한 도움의 손길이 끝없는 반향을 일으키고 그것이 당신에게로 돌아갑니다.)
- YouTube "Ripple-Produced by FOO XIUQI" 中

06:20 – 서울남부터미널에서 첫차를 타고 가야 해서 집에서 조금 일찍 출발했다. 와이프가 지하철역까지 데려다줘서 지하철을 타고 가고 있는데 제독님께 연락이 왔다. 6시 30분이 모이는 시간이었는데 출발 시간인 줄 알고 일찍 도착하셨다고 했다. 몇 정거장 안 남았으니 곧 가겠다고 말씀드리니 먼저 표를 끊어 놓고 있을 테니 천천히 오라고 하셨다.

06:55 – 서울남부터미널에 도착해서 제독님께 인사를 드리고 시간이 약간 남아서 김밥을 한 줄씩 사 먹었다. 이른 시각이어서인지 버스에는 승객이 많지 않았다.

천안까지는 1시간 정도 후에 도착하였다. 천안에서 10분 넘게 정차했는데 거기서 꽤 많은 승객이 탑승하였다.

08:50 – 목적지인 정안면사무소 앞 광정정류소에 도착하였다. 현충일이라 그런지 거리 곳곳에 태극기가 걸려 있었다. 정안면사무소에 도착하니 휴일인데도 직원이 나와서 태극기를 걸고 있었다.

스탬프함 #13에서 스탬프를 꺼내 백의종군길 패스포트에 직인하였다. 새로 산 등산용 반장갑을 끼고 모자를 눌러쓰고 얼굴가리개로 눈만 나오게 얼굴을 가렸다. 백의종군길 빨간 리본이 묶여 있는 가방을 둘러메고 왼쪽 가슴에 액션캠을 달고 오른쪽 손에는 구글지도가 켜진 핸드폰을 들었다. 7일차 출발이다.

제독님께서 이전에는 정안농협 옆길로 걸었다고 하셨는데 일단 우리는 구글지도에 나와 있는 경로대로 가기로 했다.

조금 걸어 나가 관골삼거리에 있는 한일고등학교 비석에서 좌회전하였다. 고등학교인데 안내 비석이 다 있네.

정안교를 건너서 어물천 표지판에 달린 빨간 리본을 따라 우회전하였다. 백의종군길 걷기를 하면서 보통 아침마다 하천에서 낚시를 하는 사람들을 볼 수 있었는데 오늘은 보이지 않았다. 거기에 조금 더 걸어가서 보이는 자연농원 낚시터에도 사람이 없었다. 낚시의 시대가 저물어 가는 것인가?

이번 길은 삼남길과 겹치는 코스가 많아서 삼남길 표시를 많이 볼 수 있었다. 거기에 백의종군길 빨간 리본 표시도 있어서 길 찾기가 더 쉬웠다.

서울에서 해남까지 이어졌던 삼남대로는 조선시대 10대 대로 가운데 가장 긴 길이었다.

삼남길 안내 표지

보물교에서 삼남길과 백의종군길이 갈렸다. 삼남길은 마을 길로 돌아가는 것으로 되어 있었고, 백의종군길은 둑길로 가는 것으로 되어 있었다. 어차피 장원보건진료소에서 다 만나는 길이라 우리는 구글지도에 나와 있는 대로 둑길을 따라 걸었다. 제독님께서 이전에는 건너편 차도로 지나갔는데 위험해서 둑길로 수정하였다고 하였다.

정안면이 밤이 유명하다고 했는데 그래서인지 둑길 곳곳에 밤나무가 많이 있었다. 그렇게 둑길을 걷다 공사 중인 우측 북계교와 신호등을 건너서 찐빵집에서 잠깐 쉬어 갈까 하다가 점심을 먹기로 했던 모란반점까지 20분 거리여서 조금 더 걷기로 하였다.

정안면 밤나무 길

11:30 – 정안농협 모란지점을 지나 모란반점에 도착했다. 생각보다 작고 메뉴도 옛날짜장, 옛날짬뽕, 콩국수, 탕수육 이렇게 4개밖에 없었다.

 콩국수가 마을에서 직접 재배한 서리태라고 적혀 있어서 그걸 시켜 먹었는데 정말 걸쭉하면서 진한 게 맛이 괜찮았다. 작은 가게인데 손님이 계속 들어오는 걸 보니 맛집이었나 보다.

 먹고 있는 중간에 사장님이 부족하면 짜장에 밥을 더 줄 테니 얘기하라고 했다. 인심이 좋은 가게인 것 같다. 그러나 밥은 그다지 먹고 싶지 않고 자리도 비워 줘야 할 것 같아서 콩국수만 먹고 나왔다.

12:10 – 오인리 비석을 지나고 오인어린이집을 지났다. 수촌리 고분군 입구를 지났다. 안이 어떤지 몰라도 들어가는 입구 길은 잘 되어 있었다.

공주 수촌리 고분군 입구

공주 수촌리 고분군[25]

공주 수촌리 고분군(公州 水村里 古墳群)은 공주 의당농공단지 조성 예정부지에 대한 지표조사에서 유적의 존재가 확인되었다.

이 유적에서는 청동기시대 주거지, 초기철기시대 토광묘, 백제시대 분묘(대형토광목곽묘, 횡혈식 석실분, 수혈식 석곽묘)등 고대의 다양한 시기의 유물과 유구가 조사되었다.

백제시대 분묘는 공주지역 백제고분의 변천과정을 파악하는 데 좋은 자료로서 출토된 유물이 백제의 웅진천도 이전에 조영된 것으로 짐작되어 가치가 크다.

수촌초등학교를 지나 의당길을 따라 계속 걸었다. 인도가 없는 차도라 제독님이 앞서 걸으시면 나는 그 뒤를 따라 걸었다. 그러다 제독님께서 사진을 찍는다고 멈추시면 내가 앞서 걷기도 했다. 사실 내가 걸음이 조금 느려서 따라 걷기도 힘들었다.

의당면보건지소에서 잠시 액션캠 배터리를 교체하기 위해 쉬었다 다시 걸었다.

13:10 – 의당면보건지소를 지나니 연꽃이 피어 있는 산책로가 나와서 따라 걸었다.

산책로를 따라 걸으니 중간에 차도로 올라가는 길이 없어서 공주시 예비군훈련장을 조금 지나게 되어 차도로 올라온 후 다시 왔던 방향으로 조금 되돌아 걸어갔다.

금홍교를 건너서 우측 공주예비군훈련장으로 갔어야 했는데 금홍교를 건너지 않고 우측 길로 잘못 들어섰다. 1km 넘게 걸었을까? 좌측에 교량이 나왔고 교량을 건너가니 공주교도소가 나왔다. 교도소 직원이 공주예비군훈련장은 왔던 길을 되돌아가야 한다고 했다. 어쩔 수 없이 되돌아가려고 했는데 제독님께서 기운 빠질 수도 있다고 해서 일단 공주지방법원까지 걸어가자고 하셨다. 그리고 거기서 우린 택시를 타고 공주예비군훈련장까지 되돌아갔다.

스탬프함 #14는 예비군훈련장 들어가는 입구 울타리 벽면에 있었다. 택시 기사님께 잠깐만 기다려 달라고 하고 후딱 스탬프함에서 스탬프를 꺼내 백의종군길 패스포트에 직인하였다.

직인 도중에 스탬프함이 벽면에 제대로 고정되어 있지 않아서 한 번 떨어졌다. 나중에 추가적으로 보완할 필요가 있어 보였다.

백의종군길 스탬프함 #14 - 공주 예비군훈련장 입구

직인을 마친 우리는 다시 택시를 타고 공주지방법원으로 되돌아왔다. 그렇게 내노선 앱에 최고 속도 64.6km/h가 찍히면서 처음으로 걷는 도중에 택시를 타게 되었다는 비하인드 스토리였다.

13:53 – 공주지방법원 및 검찰청을 지났다.

14:08 – 국립 공주대학교를 지났다.

공주대학교 담벼락에 역사 문화거리가 조성되어 있었다. 1968년부터 2018년까지 연도별로 우리나라 주요 사건들이 나열되어 있었다.

공주대학교 - 대학로 역사문화거리

1968년 12월 5일 – 국민교육헌장 선포.
1977년 12월 22일 – 수출목표 100억 달러 달성 그리고 위대한 탄생?
1997년 11월 21일 – 대한민국 정부가 국제통화기금(IMF)에 구제금융을 요청.
군 입대 전 "5년간의 군 복무를 왜 지원해서 가냐?"고 하셨던 분들이

IMF 구제금융 사태가 발생하고 나서는 "군대 잘 갔네. 제대하지 마라"고 했던 기억이 떠올랐다.

  2018년 4월 27일 – 판문점 남북정상회담 판문점선언 발표.

  2019년은 어떤 사건을 붙여 놓을까? 궁금해지기도 했다.

14:20 – 공주대교에서 제독님과 헤어졌다. 부여에 확인할 것이 있으시다고 토요일까지 계시다가 가신다고 하셨다.

  그렇게 공주대교에서부터 혼자 걷기가 시작되면서 전매특허인 거북이 걸음걸이도 시작되었다. 공주대교를 지나 좌회전하였다. 소학회전교차로까지 인도가 잘 되어 있었고 거기서 갑사 방향으로 우회전하였다.

15:00 – 소학동 효자상덕비를 지났다. 여기부터는 23번국도(차령로)를 따라서 쭉 걸으면 되었다. 다행히 차도 옆 작은 길이 계속 있어서 그 길을 따라 걸었다.

공주시 소학동 효자상덕비

15:40 – 다리도 약간 저리고 목이 상당히 말랐는데 다행히 휴게소를 만날 수 있었다. 음료를 산 후 의자에 앉았는데 고양이가 다가와 앉는 것이었다. 휴게소 고양이인 것 같았는데 둘이 같이 아무것도 안 하고 한 10분간 멍때린 것 같다.

16:30 – 향포 점골 비석 2개를 지났다.
걷다가 갑자기 유튜버 여행자 메이가 걷는 모습을 셀카로 찍었던 게 생각이 났다. 따라 해 보고 싶어서 사진이랑 동영상을 촬영해 보았다. 집에 와서 보니깐 '저런 걸 왜 찍었지?'라는 생각과 '어지간히 심심하긴 했나 보다'라는 생각이 들었다.

셀카 - 공주 전진배길

16:50 – 갑자기 천둥이 치기 시작했다. '설마?' 하면서 계속 걷고 있는데 점점 하늘이 어두워졌다. 그리고 임립미술관 간판에서 굴다리 밑으로 좌회전하자마자 비가 쏟아지기 시작했다.

'많이 오지는 않겠지?'란 생각으로 계속 걸었지만 100m도 못 가서 멈췄다. 폭우가 쏟아지면서 바람까지 세게 불어서 근처 버스정류장으로 들어갔다. 마치 태풍이 올 것 같은 분위기였다. 남은 거리는 한 시간 정도의 거리. 마냥 기다릴 수 없었다. 우비를 쓰고 다시 걷기 시작했다. 헤치고 갈 수 있다고 생각했는데 걸으면서 계속 생각이 바뀌었다. 비바람이 약해지지 않아서 버스정류장이 보이면 계속 쉬었다 걷곤 하였다.

18:00 – 우여곡절 끝에 계룡면 행정복지센터에 도착했다. 입구 쪽에 영규대사비가 있었다.

영규대사비

영규대사비[26)]
영규대사비(靈圭大師碑)는 임진왜란 당시 최초로 승병을 일으켜 전국 곳곳에 승병이 일어나는 계기를 만든 영규대사의 호국정신을 기리기 위해 세운 비이다.
영규대사(?~1592)는 서산대사 휴정의 제자로, 왜구들의 침략과 약탈에 분을 참지 못하여 스스로 승병장이 되었다. 승병 수백 명을 모아 관군과 더불어 청주성을 되찾고, 이어 의병장 조헌과 함께 금산 연곤평 전투에 참가하였다가, 이 전투에서 크게 다쳐 숨을 거두었다.

스탬프함 #15는 건물 입구 좌측 정자에 있었다. 스탬프함에서 스탬프를 꺼냈는데 비가 많이 와서인지 스탬프도 젖어 있었다. 패스포트에 스탬프를 직인하였다

백의종군길 스탬프함 #15 - 계룡면 행정복지센터 정자

에필로그

계룡면 행정복지센터 입구에 앉아서 고민을 하였다. 내일까지 비가 계속 온다는 날씨 예보 때문이었다. 그리고 오면서 물을 피한다고 피했지만 비가 너무 많이 와서 신발이 물에 다 젖었다. 이 상태로는 내일 걷기가 힘들 것 같아서 제독님께 상황을 설명하는 문자를 보냈다.

"시간은 많으니 절대 무리하지 말라"는 답변이 왔다. 그래서 8일차 걷기는 취소하고 집으로 돌아가기로 했다.

계룡면 행정복지센터 앞 버스정류장에서 버스를 기다리는데 서울로 가는 버스가 오는 것이었다. 세워 달라고 손을 막 흔들었는데 그냥 지나가 버렸다.

그걸 보고 표를 파는 아저씨가 어디로 가냐고 물어보셨다. 서울로 간다고 하니 여기서는 아까 그게 막차라고 했다.

"근데 왜 차가 안 섰어요?" 하니깐 "아마 못 보지 않았을까?"라고 하셨다. 우와~ 손을 막 흔들었는데 못 봤다니. 여하튼 지나갔으니 어쩔 수 없었다.

아저씨는 이제 서울로 가려면 공주종합버스터미널로 가서 고속버스를 타고 가야 한다고 했다. 그리고 19:15분에 청주 가는 버스가 오는데 그걸 타면 직행으로 갈 수 있다고 했다. 그래서 조금 기다려서 직행버스로 가겠다고 하고 표를 샀다. 기다리면서 아저씨랑 다른 버스 기다리는 아주머니랑 이런저런 얘기를 나누었다.

비가 와서 버스정류장 안에서 기다리고 있었는데 청주 가는 버스가 오는 게 보였다. 이번 버스를 놓치면 또 한 시간을 기다려야 했기에 차로를 막 뛰어나가서 차를 막다시피하며 세웠다. 그렇게 공주종합버스터미널로 가서 고속버스를 타고 집으로 돌아왔다.

- 일자: 2019년 6월 6일 목요일 (현충일)
- 날씨: 흐림/ 비 (최고기온 25도)
- 걸은 길: 정안면사무소 → 공주예비군훈련장 → 계룡면 행정복지센터 (36.1km)
- 걸은 시간: 09:00 ~ 18:00 (9시간)
- 걸음 수: 51,670
- 경비: 아침 7,000원 + 점심 0원 + 음료 4,900원 + 교통비 26,150원 = 38,050원

3.8 백의종군길 8일차 걷기

〈난중일기〉[3)]

이산현을 출발, 은원에 이르다.

🚩 코스 (총 25.4km)

트랙#15 (11.4km) 계룡면 행정복지센터 → 노성면사무소
트랙#16 (약 8.8km) 노성면사무소 → 부적농협 앞 다오정식당
트랙#17 (약 5.2km) 다오정식당 → 연무대 고속버스터미널

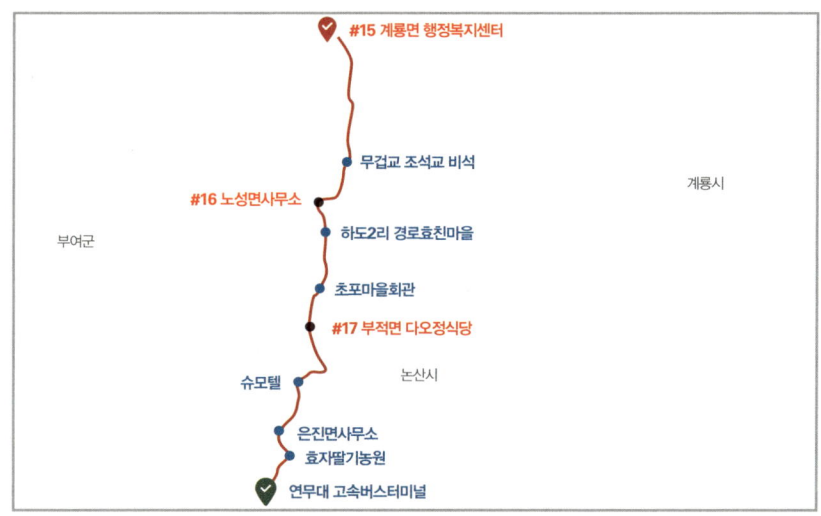

백의종군길 8일차 코스

    이번은 3명의 멤버분들이 함께 걷기로 해서 상당히 기대했었다. 그러나 8일차 걷기 당일 혼자 걷고 말았다. 사정은 이랬다.
    1) 청주에 살고 있는 신승찬님을 어렵게 영입했다.
    그러나 "공주시는 가까워서 꼭 함께 걷고 싶었는데…"란 말을 남기고 고

객사 대응 때문에 주말에 출근을 해야 한다고 했다.

  2) 치과 치료를 받아서 1주일간 술도 못 먹었던 김혜현님이 금요일에 치료가 끝나서 토요일에 함께 걸을 수 있겠다고 했다.

  그러나 금요일 저녁 "이가 계속 아파서 토요일에 치과를 가 봐야겠는데…"란 말을 남겼다.

  3) 아주 친절한 와이프는 그냥 한마디가 끝이었다.

"막상 가려니 귀찮네. 아침에 야탑까지만 태워다 줄게. 그리 알도록~"

  이런 이유로 굳이 남부터미널까지 갈 필요가 없어졌다. 인터넷을 검색해 보니 성남버스터미널에서 천안버스터미널까지 가서 버스를 갈아타면 계룡정류소까지 더 빨리 갈 수 있었다.

06:20 - 아주 친절한 와이프가 성남버스터미널까지 태워다 줘서 6시 20분 버스를 타고 천안버스터미널로 갔다.

07:20 - 천안버스터미널에 도착했다. 천안버스터미널에는 광정정류소 - 계룡정류소 - 노성정류소 - 논산정류소까지 버스가 아침부터 여러 대 있었다.

  7시 45분 버스를 타고 계룡버스정류장으로 갔다. 공주버스터미널에서 정차하는 시간이 있어서 1시간이 조금 넘어 계룡면 행정복지센터 앞 정류소에 도착했다.

  공주버스터미널에서 계룡까지 가는 버스 코스가 7일차에 걸었던 길이었다. 거의 반나절을 걸었던 거리를 20분도 안 돼서 지나오다니 살짝 허무했다.

09:00 - 오늘 출발지인 계룡면 행정복지센터 앞에 도착하였다.

  정자로 가서 스탬프함 #15에서 스탬프를 꺼냈다. 스탬프 뚜껑을 열어 보니 아직도 젖어 있어서 물기를 털고 패스포트에 직인한 후 뚜껑을 닫았다. 언제나처럼 등산용 반장갑을 끼고 모자를 눌러쓰고 얼굴가리개로 눈만 나오게 얼굴을 가렸다. 백의종군길 빨간 리본이 묶여 있는 가방을 둘러메고 왼쪽 가슴에 액션캠을 달고 오른쪽 손에는 구글지도가 켜진 핸드폰을 들었다. 8일차 출발이다.

버스정류장을 지나가다 혹시나 하고 안을 들여다보았는데 저번에 뵈었던 그 아저씨께서 의자에 앉아 계셨다. 나와 눈이 마주쳐서 반가워 가볍게 목례를 하고 지나갔다. 근데 지나오고 생각을 해 보니까 모자 눌러쓰고 마스크로 얼굴을 다 가렸는데 내가 누군지 알아봤을까?

선비가든 삼거리에서 좌회전하였다. 조금 걸어가니 계룡양조장이 나왔다. 제조 시설 같은 것이 안 보여서 간판이 없었으면 고풍스러운 전원주택 같이 보일 수도 있겠다.

계룡 양조장

바로 앞 월암교에서 삼남길 표시가 보였다. 백의종군길은 월암교를 건너서 우회전해야 하는데 삼남길은 건너지 않고 우회전하는 것으로 표시가 되어 있었다. 그러나 정확히 어딘지는 모르겠으나 동디교를 건너서 어사길 어딘가에서 다시 만났다.

장기정씨세천 비석과 장기정씨회관 비석을 지났다.

10:05 – 시골인데 교회가 꽤 크구나 생각했는데 뒤편에 있는 경천중학교는 더 크고 운동장도 잘 되어 있었다. 그냥 아무 생각없이 오~ 하고 감탄만 하고 사진도 안 찍고 지나왔다.

10:50 – 한참을 걸어 691번지방도(계룡산로)로 우회전해서 조금 걸어가니 무겁교 조석교 비석이 나왔다. 다른 한쪽 면에는 비석에 대한 내용이 적혀 있었다.

무겁교 조석교

무겁교(無怯橋) 조석교(朝夕橋)[27]
공이 부모를 봉양하기 위하여 어두운 밤 추운 겨울 눈비 오는 날에도 겁 없이 물고기를 잡았다 하여 무겁교.
아침저녁으로 물고기를 잡았다 하여 조석교.

상월교를 건너서 좌측 둑길로 좌회전하였다. 둑길을 걸으면서 느끼는 거지만 둑길은 걷기는 편해도 그늘이 없어서 아쉽다.

바닥에 삼남길 표시가 보였다. 백의종군길은 빨간 리본으로 길 안내 표시를 하다 보니 리본을 묶을 만한 곳이 없는 길에는 오랜 거리 동안 리본을 볼 수 없었다. 그러나 삼남길은 리본, 스티커, 페인트 등을 이용하다 보니 이렇게 묶을 만한 곳이 없는 길도 바닥에 표시를 해 놔서 걷는 곳곳에 자주 안내 표시가 눈에 띄었다.

11:40 – 노성주민자치센터에 도착했는데 앞에 비석이 되게 많았다. 그런데 목적지는 여기가 아니라 조금 더 들어가면 있는 노성면사무소였다.

노성면사무소에 도착하니 스탬프함 #16은 좌측 예비군중대본부 건물 계단 쪽에 있었다. 스탬프함에서 스탬프를 꺼내 백의종군길 패스포트에 직인하였다. 스탬프함 위쪽 경첩은 녹이 슬어서 또 떨어져 있었다.

백의종군길 스탬프함 #16 - 노성면사무소 예비군중대본부

점심은 노성흑돼지쌈밥집에서 먹으려고 계획했는데 혼자라 그냥 길가에 있는 교촌짜장집에서 짜장면을 사 먹었다. 배가 고파서 곱빼기를 시켰는데 서비스로 만두도 2개나 나왔다.

슈퍼 옆 읍내4길 골목길로 들어서서 조금 지났을까? 속이 메스꺼웠다. 목이 말라 물까지 많이 마셨더니 점심이 과했던 것 같다. 길가에 앉아서 조금 쉬었더니 속이 좀 진정되는 것 같아 천천히 다시 걷기 시작했다. 다행히 갈수록 많이 진정되었다. 다음부터는 걸을 때 면 요리를 먹게 되면 곱빼기 말고 보통으로 시켜 먹든지 해야겠다.

지도를 보니 근처에 둥덩골저수지가 있는 것으로 표시되어 있었다. 둘러봐도 보이지가 않았는데 논 쪽을 자세히 보니 논보다 작은 물웅덩이 같은 것이 있었는데 이게 둥덩골저수지 같았다.

굴다리를 지나서 우측 벼슬로로 접어들었다.

흑염소 농장을 지나니 차도 외에는 그늘도 없고, 날씨도 많이 더웠다.

13:15 – 광산김씨 수사공파 묘역이 보였다. 신경을 많이 썼는지 벤치도 있고, 정돈이 잘 된 상태로 유지되고 있었다.

벼슬로를 계속 걷고 있는데 하도2리 경로효친 마을 비석이 보였고 그 옆에 쉬어 갈 수 있게 정자가 있었다. 날씨도 덥고 조금 쉬었다 가려고 정자로 가서 가방을 풀고 신발을 벗고 잠시 누워서 눈을 감았다.

조금 지났을까? 옆에서 코 고는 소리에 깜짝 놀라서 깼는데 주위에는 아무도 없었다. 많이 피곤했을 때 간혹 코를 고는데 진짜 피곤하긴 했나 보다. 시간을 보니 20분이 지나 있어 다시 가방을 메고 출발했다.

하도2리 경로효친 마을 정자

14:00 – 지도를 보니 조금 가서 우측 초포마을회관으로 빠지는 것으로 나와 있었다. 초포마을회관을 지나니 새로 생긴 풋개다리가 보여서 건넜다.

우측에 작은 다리가 있었던 흔적이 보였다. 구글지도를 보니 현재 위치와 오차가 있는 것이 당시는 저 없어진 다리로 건넜나 보다.

풋개다리를 건너 우측 둑길로 우회전하였다. 윗길과 아랫길이 있었는데 아랫길에 빨간 리본 표시가 있어서 그길로 걸었다. 구글지도를 보고 좌회전하는 지점까지 걸은 다음 좌측 논길로 좌회전하였다.

논길은 좌우로 비닐하우스가 굉장히 많이 있었다. 논길 끝에 있는 철길을 지나서 구글지도를 따라 좌회전을 하였다.

14:40 – 부적면 주민자치센터에 도착했다. 다오정식당은 그 옆 건물에 있었고, 스탬프함 #17은 식당 입구 쪽 기둥에 있었다. 스탬프함에서 스탬프를 꺼내 백의종군길 패스포트에 직인하였다.

백의종군길 스탬프함 #17 - 부적면 다오정 식당

원래 8일차 걷기는 여기까지다. 그러나 아직 시간이 이르고 근처에 숙박업소도 없었다. 미리 계획했던 대로 9일차 걷기 경로를 걷다 보면 나오는 슈모텔까지 더 걷기로 결정했다. 큰길 사거리로 나가서 신호등 건널목을 지나 직진해서 부적로를 계속 걸었다.

14:55 – 아호2리 비석을 지났다.

논산시 부적면은 딸기가 유명한가 보다. 걸어가는데 딸기 조합, 딸기 농장이 많이 보였다.

거북정이 비석을 지나고, 신교2리 비석에서 우회전하였다.

작은 마을을 지나 계속 직진해서 신교길에 있는 또 다른 신교2리 비석을 지나고 골목길을 지났다.

15:30 – 성평리 지산동 이정표 방향대로 좌회전해서 신교교를 건넜다. 신교교를 건너니 우측에 버스정류장이 보여서 잠시 쉬었다. 시골길을 걸으면서 가장 편하게 쉴 수 있는 장소가 버스정류장인 것 같다.

휴식을 취한 후 구글지도에 나와 있는 대로 좌측 골목길(원앙로1348번길)로 진입하였다. 노란 간판의 우리들집이 보였고 거기서 우회전하였다.

16:00 – 그렇게 길을 따라 큰길로 나가니 슈모텔이 보였다. 이번에도 계획보다 너무 빨리 도착을 하였다.

어떻게 할까? 머릿속에서 천사와 악마가 이렇게 소곤대는 것 같았다.

(천사) 무리하지 말고 계획대로 쉬었다 내일 일찍 출발하자~

(악마) 시간이 많이 남았어. 오늘 조금 더 걸으면 내일 일찍 집에 갈 수 있어~

확실히 악마의 말이 더 달콤했다. 그래서 일단 은진면사무소까지 더 걷기로 결정했다. 은진면사무소 근처에 모텔이 검색되지는 않았지만 민박은 네이버지도에 안 나오니 희망을 가지고 가 보기로 했다.

643번 지방도(원앙로)에는 검은색 길이 하나 더 있었다. 이게 차도인지 자전거 길인지는 모르겠는데 길이 푹신한 게 걷기가 좋았다. 하지만 마주 오는 차들이 계속 흰 선을 넘어서 정차를 하였기에 아쉽지만 할 수 없이 우측 인도로 넘어가서 계속 걸었다.

한우내장탕 간판과 와야리 비석 사이의 와야길로 우회전하였다. 이후 구글지도에 나와 있는 대로 탑정로493번길에서 좌회전한 후 탑정로 길 방향으로 우회전하였다.

16:50 - 교촌1리 비석에서 좌측 은진감리교회 길로 좌회전하여 은진면사무소에 도착했다. 좌측에 있는 정자에서 잠시 쉬었다.

이제는 다리도 저려오고 근처에서 숙박을 해야겠다는 생각이 들었다. 조금 쉬었다가 길가로 나가 슈퍼에서 물을 한 통 사고 민박을 찾아봤지만 보이지 않았다. 일단 코스대로 조금 더 걷다가 숙박업소가 보이면 들어가기로 하고 다시 출발했다.

17:25 - 시묘4리 비석이 보일 때까지 매죽헌로를 따라 걸었지만 숙박업소는 보이지 않았다. 다리가 점점 저려왔다. 역시 달콤한 악마의 속삭임 뒤에는 대가가 따랐다.

조금 더 걸어가니 효자딸기농원 안내판이 보였고 거기에 묶여 있는 빨간 리본을 보고 연은로로 우회전하였다.

그때였다. 개 4마리가 짖으며 달려오는 것이었다. 어느 정도 거리에서 멈출 줄 알았는데 한 놈이 정말 내 다리를 물 정도의 거리까지 다가왔다. 진짜 놀라서 뒷걸음질 치며 들고 있던 등산용 스틱을 막 휘둘렀다.

"여기요~ 누구 없어요?"라고 고함을 쳤지만 아무도 나타나지 않았다. 그러다 생각하면 할수록 욱하면서 열이 받았다. 사람을 물려고 하는 개를 4마리씩이나 풀어놓고 나타나지 않는 주인이나, 머리수 믿고 사람을 물려고 짖으며 다가오는 개나, 너무 어이가 없었다. 그래서 '오늘 개값 물어준다~'라고 마음을 고쳐먹었다. 그리고 맨 먼저 달려와서 내 다리를 물려고 했던 개를 보았다.

"한 놈만 팬다~" 들고 있던 등산용 스틱을 꽉 잡고 그놈에게 다가가서 내려쳤다. 그런데 진짜 맞을 줄 알았는데 피하는 것이었다.

"요놈 봐라? 가만 안 둔다~" 고함을 지르며 쫓아가서 2번을 더 강하게 내리쳤는데 생각보다 빠르게 도망가면서 다 피해 버리는 것이었다.

"아오~ 다리만 안 저리고 괜찮았으면 맞출 수 있었는데"라고 생각하고 있는데 갑자기 개들이 거리를 두면서 물러나는 것이었다. 사정없이 달려드는 나한테서 진짜 살기를 느꼈나 보다.

그런데도 주인은 나타나지 않았고, 거리를 두고 개들은 또 짖고 있었다. "웍~" 하고 고함을 치니깐 개들이 이젠 물러서는 것이었다. 푸하하하하. 승자의 여유랄까? 웃음이 났다. 기싸움에서 이긴 것 같았다.

이제는 천천히 길을 걸으며 지나갈 수 있었다.

그나저나 여러 번 느끼는 거지만 시골길은 진짜 개들 때문에 위험하다. 묶여 있는 개들도 못 보고 지나가다 갑자기 옆에서 짖으면 깜짝 놀라는데 저렇게 안 묶여 있는 개들은 답이 없다. 등산용 스틱이 없었으면 오늘 나도 어떻게 되었을지 모르겠다.

18:00 – 이런저런 생각을 하다가 어느새 연무사거리까지 오고 말았다. 조금 더 걸어가니 연무대 고속버스터미널도 나왔다. 다행히 주위에 모텔이 있어 체크인하고 나와서 저녁을 먹은 뒤 모텔로 돌아와 쉬었다.

계획보다 많이 걸어서 힘든 하루였다.

- 일자: 2019년 6월 15일 토요일
- 날씨: 맑음 (최고기온 27도)
- 걸은 길: 계룡면행정복지센터 → 노성면사무소 → 부적농협앞 다오정식당 → 연무대고속버스터미널 (34.8km)
- 걸은 시간: 09:00 ~ 18:00 (9시간)
- 걸음 수: 50,784
- 경비: 점심 6,000원 + 음료 6,250원 + 교통비 13,800원 + 저녁 6,500원 + 숙박 40,000원 = 72,550원

3.9 백의종군길 9일차 걷기

〈난중일기〉[3)]

(4월 21일) 여산 관노의 집(익산시 여산면 여산리)에서 유숙

🚩 코스 (총 16.7km)
트랙#17 (7.9km) 연무대 고속버스터미널 → 익산경찰서 여산파출소
트랙#18 (약 8.8km) 여산파출소 → 익산보석박물관

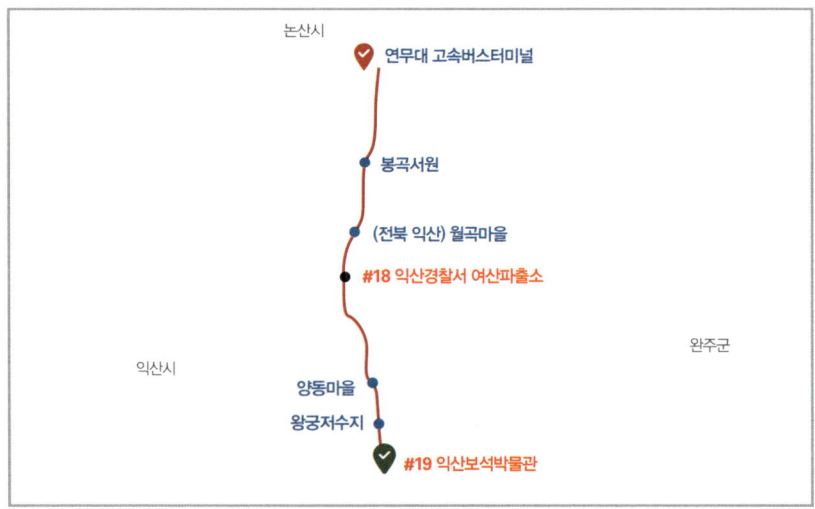

백의종군길 9일차 코스

새벽 1시에 남자 FIFA U-20 월드컵 결승전이 있었다.
축구 중계 TV를 켜놓고 누워 있다가 그만 잠이 들어 버렸다. 새벽에 비몽사몽 눈을 떴는데 준우승이라는 말이 들렸다.

07:20 - 알람이 울려서 눈을 떴다. 씻고 준비를 마치니 7시 50분 정도가 되었다.

어제 모텔 주인아저씨가 군인들이 휴일이면 아침 7~8시부터 대실을 하러 온다고 하셔서 8시가 되기 전, 모텔을 나왔다.

숙소 주위에 있는 김밥집을 지나는데 건물 전체의 벽을 뚫고 나오는 말이 그려진 벽화가 인상적이었다.

연무읍사무소를 지나 연무삼거리에서 1번국도(득안대로)로 우회전하였다. 연무초등학교를 지나니 좌측에 육군훈련소가 보였.

난 칠곡에서 신병교육을 받았고, 배웅해 줬던 친구들도 다른 곳에서 신병교육을 받아서 육군훈련소는 처음이었다.

맞은편에는 국토수호충성탑과 전차가 전시되어 있었다. 내가 기갑여단 출신이라 오랜만에 전차를 보니 감회가 새로웠다. 그래도 다시 군대 갈 생각은 전혀 없음.

육군훈련소

육군훈련소[28]
육군훈련소는 대한민국 육군의 가장 큰 육군 교육 훈련 부대이다. 1951년 11월 창설되었으며, 논산시 연무읍에 있기 때문에 논산훈련소라고 불리고, 창설 당시 이승만 대통령이 연무대(鍊武臺) 휘호를 부여하여 연무대라고도 불린다.

08:45 – 육군훈련소에서 계속 직진하다 황화교차로에서 마전리 방향으로 우회전하였다. 봉곡서원을 지나고, 야황마을 비석을 지났다.

봉곡서원

봉곡서원[29]
봉곡서원은 조선 후기 충청남도 논산시 연무읍에 있는 사원으로 논산시 향토문화유산이다. 1712년 (숙종 38년) 창건되었으며, 이계맹, 이순인, 남명한, 진극효, 남두건을 제향한 곳이다.

09:30 – 출발한 지 1시간 30분 만에 충청남도 논산시 연무읍을 지나 전라북도 익산시 여산면에 진입하였다. 호남의 첫고을 월곡마을 비석과 금곡마을 비석을 지났다.

여산삼거리에서 여산고가교 밑을 지나고, 여산교차로에 있는 유성마을 비석을 지나 가람로로 계속 직진하였다.

　여산파출소 가기 전 골목길이 길이 왠지 낯설지가 않다. 익산에서 12주 교육을 받기는 했었는데 유격 훈련을 받으러 갈 때 행군했던 길인가? 20년이 넘어서 다시 오니 사실 잘 모르겠다.

10:00 – 전북익산경찰서 여산파출소에 도착했다. 주위에 아무것도 없어서 처음엔 당황했지만 파출소 건물 뒤편에 정자가 보여서 가봤더니 거기에 스탬프함 #18이 있었다. 스탬프함에서 스탬프를 꺼내 백의종군길 패스포트에 직인하였다.

백의종군길 스탬프함 #18 - 여산파출소 뒤편 정자

　아침을 안 먹었더니 배가 약간 고팠다. 파출소 옆 버스터미널에 있는 보리밥 식당을 들어갔는데 식사를 하려면 조금 더 기다려야 한단다. 어쩔 수 없이 그냥 나올 수밖에 없었다.

조금 걸어나가니 소머리국밥집도 있었는데 그렇게 먹고 싶은 생각은 들지 않았다. 더 걷다가 맛있는 집이 나오면 먹어야겠다고 생각하고 길을 나섰는데 식당이 나오지 않았다.

반야교를 건너서 강경천 둑길로 좌회전하였다. 둑길에 나바위성지에서 천호성지까지 가는 아름다운 순례길이란 이정표가 있었다. 천호성지 방향으로 둑길을 따라 계속 걸었다.

나바위성지 - 천호 성지 순례길 이정표

천호 성지[30)]
천호 성지는 전라북도 완주군 비봉면에 있는 천주교 성지로 천호산 기슭에 있다. 이곳에는 전주 숲정이에서 순교한 이명서 베드로, 손선지 베드로, 경문호 바르톨로메오, 한재권 요셉 등의 순교자가 묻혀 있다.

숲정이[31)]
숲정이는 조선시대에 군사훈련 지휘소가 있던 곳으로, 천주교도들의 목을 베던 처형장이었다. 당시엔 숲이 칙칙하게 우거져 "숲머리" 혹은 "숲정이"라 불렀다.

나바위 성당[32)]

익산 나바위성당(益山 나바위聖堂)은 김대건(金大建) 신부가 중국에서 조선 헌종(憲宗) 11년 1845년에 사제서품을 받고 페레올주교, 다블뤼신부와 함께 황산나루터에 상륙한 것을 기념하기 위하여 1906년에 지은 건물로 한국전통양식과 서양양식이 합쳐진 점에서 주목할 만하다. 베르모레르 신부와 김대건 신부의 기념비가 있다.

여기 익산시 여산면은 양파가 아주 유명한가 보다. 둑길을 걷다 보이는 게 전부 양파였다. 그리고 오늘이 이 마을 양파를 수확하는 날이었는지 곳곳에 작업하는 인원이 많았다. 다 합치면 100명은 훨씬 넘는 것 같았다.

많은 트럭들이 왔다 갔다 했고 심지어 양파 길도 만들어져 있었다. 몇 망을 들고 도망가도 티가 하나도 안 날 듯하다.

익산시 여산면의 진사마을 양파 길

10:40 – 한참동안 둑길을 걷다가 좌측에 나오는 석교교를 건넜다. 그리고 석교마을 비석에서 가람로로 우회전하였다.

11:20 – GS여산주유소 앞 연명마을 비석을 지났다. 길을 따라 걷다 지도에 나오는 대로 799번지방도(호반로) 방향으로 좌회전하였다.

11:30 – 양동마을 입구에 있는 전주최씨경모재 비석을 지났다.

호반로는 차가 지나가면 섰다 가야 할 정도로 갓길이 좁았다. 그래서 우측 갓길이 넓으면 우측으로 갔다가 좌측 갓길이 넓으면 좌측으로 갔다가 하면서 걸었다.

연정마을 비석을 지나니 버스정류장이 나왔다. 덥기도 하고, 목도 마르고, 배도 고프고, 다리도 저리고, 피곤도 하고, 신발 벗고 싶기도 하고, 눕고 싶기도 했다. 버스정류장에서 짐을 풀고 드러누워서 눈을 감았다. 이번엔 잠들지 않았고, 10분 정도 쉬었던 것 같다.

걷다가 어제오늘 처음으로 누워서 쉬어봤는데 괜찮은 것 같다. 자주는 아니더라도 하루 한 번 또는 두 번 정도는 이렇게 쉬어야겠다.

그나저나 이런 길을 하염없이 계속 혼자 걷다 보면 장단점이 있는 것 같다.

장점

1) 눈치 안 보고 아주 크게 가스를 배출할 수 있다는 것이다.

이게 속이 정말 시원해지는 게 생각보다 진짜 좋다. 추진력도 생긴 달까? 그나저나 진짜 요새 배에 가스가 자꾸 차는 게 병원을 가 봐야 하나?

2) 걷는 속도를 내 맘대로 결정할 수 있다는 것이다.

천천히 걷다 보면 의외로 주위에 보이는 것들이 꽤 있다. 시간에 쫓기는 삶을 살고 있는데 여기서도 시간 때문에 빠르게 걷고 싶지는 않다.

3) 걷다가 아무 곳에서 드러누워 쉴 수 있다는 것이다.

사람이 솔솔 부는 그늘 밑 벤치 같은 곳에서 누워 있으면 맘이 정말 편해진다. 다리도 금방 좋아지는 것 같다. 물론 오래 쉬면 일어나 걸을 때 얼마간은 다리가 좀 저리기도 한다.

단점

1) 심심하다.

둑길이나 차도의 거리가 길고 주변에 아무것도 볼 게 없으면 그냥 아무 생각 없이 계속 걷게 되는데 무지 심심하다. 길을 걸을 때는 조심해야 하니깐 이어폰을 끼고 음악을 들을 수도 없다. 이럴 때는 일부러 속도를 조금 내 보기도 한다.

2) 뭔가의 어려움이 닥칠 때 도와줄 사람이 없다.

개티골에서 내려오면서 만약 내가 다쳤다면? 어제처럼 개가 덤비는데 스틱이 없어서 난처했다면? 물론 항상 안전을 우선적으로 생각하지만 나만 조심한다고 무조건적으로 안전하지는 않기 때문이다.

3) 항상 계획보다 늦다.

걸음이 원래 느린데다가 주위에 볼 게 있으면 자주 멈추다 보니 항상 계획보다 늦게 도착한다. 물론 요새는 적응이 돼서 많이 늦지는 않지만 그래도 여전히 늦다.

12:15 – 큰 저수지가 보였는데 지도를 보니 왕궁저수지라고 되어 있었다. 여기는 '낚시금지'라고 확실히 적혀 있어서인지 사람이 한 명도 없었다.

길이 아스팔트로 되어 있었는데 이게 처음에는 걷기가 괜찮았는데 자꾸 신발 바닥에 조그만 돌멩이가 끼어서 귀찮았다.

12:35 – 최종 목적지인 익산보석박물관에 도착했다.

스탬프함 #19는 관광안내소 옆 빨간 전화박스 안에 있었다. 스탬프함에서 스탬프를 꺼내 백의종군길 패스포트에 직인하였다.

백의종군길 스탬프함 #19 - 익산보석박물관 빨간 전화박스

에필로그

점심을 먹을까? 집에 갈까? 고민되었다. 머릿속 어딘가에서 '점심 먹고 더 걷자'라는 이상한 생각이 잠깐 들었지만 집에 일찍 가서 삼겹살에 소주 한잔하고 싶은 욕망이 더 컸다.

네이버지도를 검색하니 기차, 버스 등 여러 종류의 복귀 경로가 나왔다. 고민하다 전주고속버스터미널에서 성남종합버스터미널로 가기로 결정했다. 그리고 약 1km에 전주고속버스터미널로 가는 버스 정류장이 있었다.

걸어서 버스 정류장까지 가려고 익산보석박물관을 벗어나는데 동상이 하나 보였다. 서동왕자와 선화공주가 국경을 넘어 사랑을 이룬 곳이라는 동상이었다. 여기가 옛날 백제와 신라의 국경이었나?

네이버지도를 따라 약 1km를 걸어서 제촌경로당으로 갔는데 버스정류장이 보이지 않았다. 아니 정확히 말하면 버스정류장 안내판이 없었다.

근처에서 꼬맹이들이 뛰어놀고 있어서 "여기 버스 오니?"라고 물어보니 다행히 "네"라고 했다. "몇 시에 오니?"라고 다시 물으니 "그건 모르겠는데요"라고 했다.

결국 인터넷을 검색했다. 여기 오는 버스가 있긴 했는데 배차 간격이 112분이었다.

'어떡하지?' 고민하고 있는데 한 할아버지께서 자전거를 타며 지나가셨다.

"할아버지~~"라고 크게 외치니 "잉~?" 하면서 자전거를 세우셨다.

"혹시 여기 버스 오나요?"라고 여쭤보니 "당연하지"라고 하셨다.

"몇 시에 오나요?"라고 다시 여쭤보니 시계를 보시더니 "2시 5분~"이라고 하셨다.

"아~ 네 감사합니다~" 하고 인사를 드리니 "오이야~"라며 다시 자전거를 타고 가셨다.

시계를 보니 1시가 조금 넘어 있었다. 아직 버스가 오려면 시간이 많이 남아서 경로당 앞에 있는 정자에 가서 짐을 풀었다.

신발을 벗고 아주 편하게 누워서 핸드폰을 보며 이것저것 검색했다. 그늘에 바람도 선선하게 불어오는 게 오랜만에 여유를 느껴본다.

얼마나 됐을까? 큰 차가 오는 소리가 들렸다. 누운 채로 살짝 봤는데 버스가 오고 있는 것이 아닌가? 시계를 보니 1시 40분도 안 됐는데?

순간 '뭔가 잘못됐다. 이거 놓치면 2시간 기다려야 되는데'란 생각이 스쳐 지나갔다. 다리가 저리건 말건 신경 안 쓰고 진짜 번개같이 일어나서 짐을 들고 신발을 신다 말고 막 뛰어 내려오면서 버스를 향해 미친 듯이 손을 흔들었다.

미친 듯이 달려 내려오는 모습에 버스기사분이 더 당황해하시며 버스 창문을 열고선 나에게 "아니 왜 그러는겨?"라고 오히려 물어보신다.

난 당당히 "버스 타려고요"라고 했다.

기사분은 "아~ 거서 기둘려. 쩌 들어갔다 돌아 나와야 하니께. 기둘려~"

라고 말씀하시더니 창문을 닫고 지나가 버렸다.

그때서야 '아~ 그런 거였구나'라고 안심하고 다시 정자로 가서 쉬었다.

조금 지나니깐 할아버지 두 분이 경로당에서 나오셨다.

나에게 "버스는 지나간겨?"라고 물어보셨다.

"네. 쩌~기로 들어갔다 돌아 나온다고 하던데요"

가만히 나를 보시더니 "집이 어디여?"라고 물어보셨다.

"경기도인데요 서울 근처예요"라고 말씀드리니 "여 친척 집에 온겨?"라고 물어보셨다.

"아뇨. 걷는 여행하고 있는데요. 어제 공주시 계룡에서 출발했어요"라고 말씀드리니 놀라셨다.

옆에 계신 다른 할아버지께 "계룡이면 여기서 몇 리여?"라고 물어보셨다.

그 할아버지께서 "몰러. 하여튼 멀리서 왔구먼"이라고 하셨다.

다시 나에게 "어디까지 가는겨?"라고 물어보셔서 "경남 합천 율곡이요"라고 대답했다.

그때부터였다. 할아버지의 6.25 전쟁 당시 무용담이 시작되었다. 하루 최대 100리를 짐을 메고 걸으셨다는 것을 시작으로 스토리가 진주를 거쳐 남원쯤 얘기하실 때 다행히(?) 버스가 오는 것이었다.

지갑을 열어 보니 만 원짜리 하나밖에 없었다.

시골버스란 생각에 버스기사님께 "혹시 만원 거슬러 주나요?"라고 물어보니 "여긴 만 원짜리는 안 받는데…"라고 하신다.

'헉 어쩌지…' 고민하다 "혹시 교통카드 되나요?"라고 물어보니 "어디꺼여? 서울꺼?"라고 물어보길래 "네~"라고 하니 한번 찍어보라고 하신다.

다행히 카드가 찍혔다. 버스비는 1,300원. '생각보다 저렴하네?'라는 생각으로 버스를 타니 웬걸, 에어컨이 빵빵한 최신식 버스였다. 이 버스는 안쪽 마을까지 들어와서 그렇지 나름 시내버스였다. 그렇게 우여곡절 끝에 버스를 타고 40여 정류장을 더 지나 전주고속버스터미널에 무사히 도착할 수 있었다.

- 일자: 2019년 6월 16일 일요일
- 날씨: 맑음 (최고기온 27도)
- 걸은 길: 연무대고속버스터미널 → 전북익산경찰서 여산파출소 → 익산보석박물관 (18.2km)
- 걸은 시간: 08:00 ~ 13:00 (5시간)
- 걸음 수: 31,156
- 경비: 점심 2,600원 + 음료 1,140원 + 교통비 22,900원 = 26,640원

3.10 백의종군길 10일차 걷기

> 〈난중일기〉[3]
>
> (4월 22일) 전주 남문밖 이의신의 집 유숙, 판관 박근 만남, 전주부윤 박경신도 후대함.

🚩 코스 (총 28.4km)

트랙#19 (12.1km) 익산보석박물관 → 삼례역
트랙#20 (16.3km) 삼례역 → GS25 한옥광장점

백의종군길 10일차 코스

장마는 나이 많은 아내의 잔소리와 같다.

- 속담

아침부터 비가 왔다. 현충사에 갔을 때처럼 '도착하면 비가 좀 그치겠지'란 기대를 가지고 출발했다. 기대와 달리 남쪽으로 내려갈수록 비는 점점 더 거세졌다.

오늘은 익산보석박물관과 전주한옥마을을 구경한다고 와이프와 꼬맹이가 익산보석박물관까지 동행했다.

10:00 - 비가 와서 계획한 시간보다 30분 정도 늦게 익산보석박물관에 도착했다. 와이프와 꼬맹이는 보석박물관과 공룡박물관을 구경한다고 해서 여기서 헤어졌다.

날씨가 더워서 우비를 쓰지 않고 가방만 둘러메고 우산을 썼다. 관광안내소 옆 빨간 전화박스 안에 있는 스탬프함에서 스탬프를 꺼내 백의종군길 패스포트에 직인하였다. 10일차 출발이다.

지도상의 경로를 따라 익산보석박물관 뒤편으로 나와 금광마을 비석이 있는 사거리에서 우회전하였다.

굴다리를 지나 송선길을 걸을 때 옆에 논이 보였다. 지역은 틀리지만 모심는 걸 한 달 전에 봤는데 그새 많이 자라 있었다.

10:40 - 호남고속도로 옆 홍암길을 따라 쭉 걸었다. 차가 다니지 않아서 걷기는 좀 편했다.

11:00 - 3번째 나오는 굴다리에서 좌회전 후 통정경로회관 사거리에서 우회전하였다. 그렇게 이번에는 우주로를 따라 쭉 걸었다.

걸으면서 이전에 걷는발님의 블로그에서 본 글이 떠올랐다.

"우주로를 걸으면서 폐축사, 폐공장, 쓰레기들 때문에 시각적으로도 안좋고, 시끄럽고, 냄새까지 심하다"라고 했었는데 완전 공감할 수 있었다. 그냥 빨리 지나가야겠다는 생각만 나는 길이었다.

12:15 - 효행로와 만나는 삼거리에서 빨간 리본을 따라 효행로로 접어들었다.

　삼례톨게이트 옆길도 지났다. 삼례중앙초등학교를 지나 삼례 사거리에 접어드니 음식점들이 많았다. 삼례역을 지나면 음식점을 찾기가 어려울 것 같아서 근처에서 먹어야 했다.

　일정에는 소미김밥집에서 먹는 것으로 계획했었는데 코다리냉면집이 눈에 확 들어와서 거기서 점심을 먹었다. 원래 냉면을 많이 좋아하지는 않지만 안 먹어 본 거라 들어갔는데 왜 코다리냉면인지 알 수가 없었다. 뭔가 다른 줄 알았는데 내용물이나 맛이 일반 냉면과 전혀 다른게 없었다.

　그렇게 점심을 먹고 지나가다 본 소미김밥집은 깔끔하고 좋아 보였다. 역시 즉흥적인 것보다는 계획대로 했어야 했다.

13:15 - 삼례역 근처에 접어드니 거리가 깔끔하게 잘 꾸며져 있었다. 이쁜 카페들도 많고, 책마을도 있고, 삼례문화예술촌도 있었다.

삼례문화예술촌 거리

삼례문화예술촌 거리

걸으면서 가끔씩 느끼는 거지만 볼거리가 많은 곳이 나와도 시간이 부족하다 보니 슬쩍 주위만 보고 지나치는 경우가 많다. 언제 다시 여기를 와볼지도 모르는데 조금 아쉽다. 만약 다음에 기회가 된다면 하루 걷는 거리를 20~25km 정도로 나누는 것이 좋을 것 같다. 6시간 정도 걷고, 1시간은 점심 및 휴식, 또 1시간은 구경, 뭐 이렇게?

13:30 – 삼례역에 도착했다. 스탬프함 #20은 삼례역 정문 앞 택시정류장 벤치에 있었다. 스탬프함에서 스탬프를 꺼내 백의종군길 패스포트에 직인하였다.

최근 드라마 〈녹두꽃〉에서 11만의 동학농민군이 왜군을 치기 위해 삼례역(역참)에서 모이는 것을 봤는데 내가 마침 이곳을 지나네. 우연인가? 뭔가 해야 하나?

백의종군길 스탬프함 #20 - 삼례역 택시정류장 벤치

삼례역

삼례역은 전라북도 완주군 삼례읍에 있는 철도역이다. 고려 때부터 이 지역에 있던 역참인 기록이 있다.[33]

1894년 1월 고부농민봉기로부터 시작된 동학농민혁명은 한국의 근·현대사를 결정지은 역사의 일대 사건이자 봉건적 사회질서를 타파하고 외세의 침략을 물리치기 위해 반봉건·반외세의 기치를 높이 세운 우리 역사상 가장 최대이자 최초의 민중항쟁이었다.

1894년 2차 봉기 이후 전봉준을 중심으로 한 동학농민군 주력은 삼례를 출발하여 여산, 논산을 거쳐 공주 우금티에서 관군·일본군과 대대적인 전투를 벌이지만 화력과 조직력에서 부족하여 결국 패하였다.[34]

    삼례역 뒤쪽으로 길이 있을 줄 알았는데 없었다. 알고 보니 주차장을 돌아 나오면 보이는 샛길로 빠져서 삼례역 뒤편 비비정길로 가야 했다.
    비비정길을 따라 걷다 비비낙안 노랑 안내 표지판이 있는 사거리에서 우회전하였고, 조금 나아가 좌측 편에 보이는 비비정이야기 안내판에서 빨간 리본을 보고 골목길로 내려갔다.

14:00 – 비비정교를 건넌 후 우회전하니 삼례교가 크게 보였다. 비가 많이 와서 버스정류장에서 우의를 꺼내 입고 삼례교를 건넜다.

그렇게 출발한 지 4시간 만에 완주군 삼례읍을 지나 전주시 덕진구에 들어섰다.

삼례교를 지나자마자 좌측에 보이는 한내로로 좌회전하였다. 전주천을 따라 나 있는 한내로는 중앙차선이 없어서 양쪽으로 마주 달리는 차가 있을 때는 걷기를 멈추고 기다렸다 걷곤 하였다.

전주천교 굴다리를 지나 우회전하여 팔복동 공장지대를 지날 때쯤 와이프에게 전화가 왔다. 비가 너무 많이 와서 전주한옥마을은 못 갈 것 같고 그냥 집으로 돌아간다고 했다. 내가 있는 위치에서 별로 멀지가 않아서 기다려서 잠깐 만났다가 다시 출발하려고 하는데 갑자기 비가 거세지기 시작했다. 10분을 버스정류장에서 쉬었지만 빗줄기는 약해지지 않았다. 할 수 없이 우비를 조금 단단히 입고 우산도 꺼내 쓰고 다시 출발했다.

추천대교를 지나 우회전한 후 전주천 옆의 가리내로를 따라 걸었다. 비가 정말 정말 장난 아니게 내렸다. 결국 좁은 인도를 걷다 지나가는 차에 물대포를 한 방 맞았다. 그것도 정면으로. 어이가 없어서 한순간 멍하니 그 자리에 선 채로 있었다.

비 많이 올 거라고 걱정해 주는 분들 말 좀 잘 들을걸. 조금씩 젖어 가던 바지 아랫부분이랑 신발이 한 방에 다 젖어 버렸다.

17:45 – 우여곡절 끝에 차도가 없는 차이나거리에 들어섰다. 10여 분 정도 더 걸어가니 풍남문이 보였다.

풍남문

전주 풍남문(全州 豊南門**)**[35]
읍성은 지방행정의 중심지가 되는 고을을 둘러쌓았던 성을 말한다.
옛 전주읍성의 남쪽문으로 선조 30년(1597) 정유재란 때 파괴된 것을 영조 10년(1734) 성곽과 성문을 다시 지으면서 명견루라 불렀다.
'풍남문'이라는 이름은 영조 43년(1767) 화재로 불탄 것을 관찰사 홍낙인이 영조 44년(1768) 다시 지으면서 붙인 것이다. 순종 때 도시계획으로 성곽과 성문이 철거되면서 풍남문도 많은 손상을 입었는데 지금 있는 문은 1978년부터 시작된 3년간의 보수공사로 옛 모습을 되찾은 것이다.

18:00 – 우측으로 풍남문을 돌아 걸으니 최종 목적지인 GS25 한옥광장점이 나왔다. 스탬프함 #21은 편의점 들어가는 입구 기둥에 있었다. 스탬프함에서 스탬프를 꺼내 백의종군길 패스포트에 직인하였다.

에필로그
18:30 – 예약해뒀던 김PD게스트하우스에 도착했다.

김PD게스트하우스

사전에 가장 저렴한 6인실 도미토리를 예약했었다. 평일은 20,000원인데 주말은 25,000원이었다. 그래도 모텔에 비해 저렴한 가격이다.

도착해서 체크인을 하고 룸 위치와 게스트하우스 사용에 대해 들었다. 2층 침대 중 1층은 먼저 도착한 분들이 이미 자리를 잡고 있어서 2층으로 자리를 잡았다.

룸메이트들에게 대충 인사하고 급한 샤워를 먼저 했다. 씻고 나니깐 그제야 좀 살 만했다. 옷을 2벌씩 준비해 오길 잘한 것 같다. 신발은 내일까지 마르지 않을 것 같아서 깔창만 새로운 것으로 교체하고 걸어야겠다.

오늘 걷는 도중에 게스트하우스에서 카톡이 왔었다. 20시 30분에 막걸리 파티를 진행하는데 참석할지를 묻는 내용이었다. 비용이 15,000원이어서 참석한다고 했다. 내가 또 이런 자리는 무조건 안 빠지는 신조라. 게스트하우스에서 하는 파티는 처음 참석해 보는 거라 궁금하기도 했다.

19시가 조금 넘자 배가 고파와서 편의점에 가서 컵라면을 간단히 먹었다. 침대에 누워 파티 시간을 기다리면서 제독님께 내일 참석 여부를 묻는 문자를 보냈는데 김PD게스트하우스에 거의 다 도착하셨다고 답장이 왔다. 여기서 주무실 줄 모르고 남는 방을 확인하지 않았는데 전화를 끊자마자 나가서 확인을 해 보니 주말이라 그런지 벌써 만실이라고 자리가 없다고 하였다. 어쩔 수 없이 내일 오전 8시에 GS25 한옥광장점 앞에서 보기로 하고 제독님은 근처 다른 숙박 장소로 가셨다.

20시 30분이 되어서 같은 방에서 묵게 된 분들과 막걸리 파티 장소로 나갔다. 음식과 술이 세팅이 되어 있었다.

파티에는 총 27명이 참석했는데 남 12명에 여 15명이었다. 같이 온 동행 상관없이 무작위 자리를 배치해 줬다. 그렇게 막걸리 파티가 시작되었다.

전국적인 건배사를 하고 각 테이블 사람들끼리 술을 따라 주며 인사를 했다. 조금 어색하기는 했지만 술이 들어갈수록 자연스럽게 어울렸.

30분 정도 지나니 주인장이 자기소개를 먼저 하고는 한 사람씩 돌아가며 자기소개를 시켰다. 이름, 지역, 나이 등을 얘기하는데 대부분이 20대 후반 또는 30대 초반이었다. 40대는 나밖에 없는 것 같았다.

우리 테이블 차례가 되었다. 창원에서 온 30대 초반 경찰, 대전에서 온 20대 후반 간호사, 서울에서 온 20대 후반 취준생 등의 소개가 이어지고 내 차례가 와서 난 이름과 지역만 얘기하고 그냥 앉으려고 했는데 갑자기 주인장이 "나이가 어떻게 되세요?"라고 묻는다.

완전 뜨끔. '아오~ 왜 물어보는 거야?'라고 생각하면서 머리를 막 굴렸다.

"나이가 뭐 그렇게 중요한가요? ㅎㅎ" 멋쩍게 웃으며 또 막 머리를 굴렸다.

"제가 서울 명보아트홀에서 출발해서 10일 동안 걸어서 여기까지 왔어요~"

참석한 분들이 "오~~ 와~~~ 국토대장정 중이세요?"라고 물어왔다.

'아싸~ 화제 전환에 성공했군' 하고 속으로 생각하면서 "아~ 네 그 비슷한 거예요. 제가 외국에서 백팩커스나 게스트하우스에서 숙박할 때는 파티 같은 건 안 해 봤고, 한국 게스트하우스는 첨인데 분위기가 참 좋은 것 같습니다. 즐거운 시간들 되시길 바랍니다~" 그리고 자연스럽게 앉으니 다행히 다음 사람 소개로 넘어갔다.

그러나 나중에 우리 테이블에서 이런저런 얘기를 하다 결국 들통났다.

막걸리 파티지만 소주랑 맥주도 무제한 제공되었다.

23시 30분 다들 취기가 오를 때쯤 주인장이 파티 자리를 마무리하자고 했다. 대신 2차를 원하시면 장소를 안내해 준다고 했다. 다들 참석한다고 했는데 난 내일 걷기 때문에 참석을 하지 않았다. 조금(?) 아쉬웠지만 게스트하우스의 파티는 처음이었던 나에게는 여기까지도 나름 좋은 추억이었다.

- 일자: 2019년 6월 29일 토요일
- 날씨: 하루 종일 비 (최고기온 23도)
- 걸은 길: 익산보석박물관 → 삼례역 → (풍남문) GS25 한옥광장점 (28.5km)
- 걸은 시간: 10:00 ~ 18:00 (8시간)
- 걸음 수: 43,108
- 경비: 점심 7,000원 + 음료 및 컵라면 5,100원 + 저녁 15,000원 + 교통비 29,064원 + 숙박비 25,000원 = 81,164원

3.11 백의종군길 11일차 걷기

> 〈난중일기〉 3)
>
> (4월 23일) 오원역(임실군 오천면 선천리) 이르러 조식, 저녁 늦게 임실현에 도착 유숙, 현감 홍원순 환대.

🚩 코스 (총 31.1km)

트랙#21 (19.2km) GS25 한옥광장점 → 슬치리 백산식당
트랙#22 (11.9km) 슬치리 백산식당 → 임실읍사무소

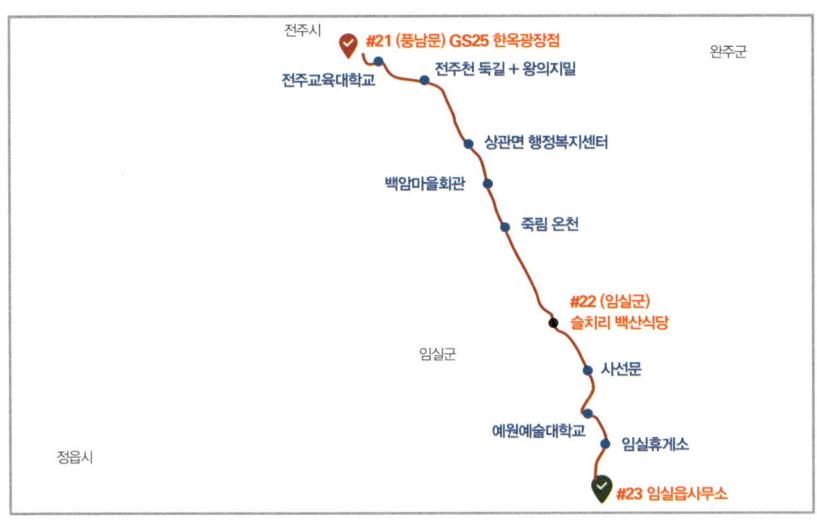

백의종군길 11일차 코스

07:00 – 알람을 듣고 일어났다.

막걸리에 소맥을 조금(?) 먹었더니 다행히 숙취는 많지 않았다.
새벽에 룸메이트들이 들어오는 걸 잠결에 듣긴 했는데 다들 아주 푹 숙

면을 취하고 있었다. 조용히 씻고 옷을 입고 짐을 챙겨서 나왔다. 나오면서 기념으로 게스트하우스 거울을 보면서 셀카 촬영을 해 봤다.

셀카 - 김PD게스트하우스

08:00 - 풍남문에 도착했다. 날씨가 맑지는 않았지만 그래도 비는 오지 않았다.

GS25 한옥광장점 기둥에 있는 스탬프함 #21에서 스탬프를 꺼내 직인하였다. 조금 있으니 제독님께서 도착하셔서 편의점에서 물 한 통을 산 다음 출발하였다.

싸전다리를 건너 싸전다리 교차로에서 서학로로 좌회전하였다. 좌측에는 서학동성당과 우측에는 전주교육대학교가 있었다. 전주교육대학교 앞에는 한글마당, 과학기구마당, 소리마당 등이 조성된 한글테마거리가 있었다. 한글마당은 세종어제훈민정음과 한글로 쓰인 콩쥐팥쥐전 그리고 훈민정음의 용자례, 합자해 등이 새겨져 있고, 바닥에는 훈민정음 서문, 용비어천가 호남가와 열녀춘향수절가, 심청전 일부 자음을 만드는 방식과 천지인을 활용한 모음을 만드는 방식도 새겨져 있었다.

과학기구마당에는 해시계, 측우대, 앙부일구, 수표, 혼천의, 천상열차분야지도 등 조선시대에 제작된 과학기구들이 실물 모형으로 제작되어 있었다.

전주교육대학교 한글마당

조금 걸어 나가 춘향로에서 우회전하였다.

춘향로를 따라 걷다 우측에 나오는 GS25 전주대성점에서 건널목을 건너 전주천 둑길을 걸었다. 자전거 길이었는데 걷기도 편했고 경치도 참 좋았다. 그래서인지 일요일 아침인데도 이 길을 따라 걷는 분들도 자주 볼 수 있었다.

그렇게 쭉 따라 걷고 있는데 우측에 전통한옥집이 나왔다. 안에 식당도 있었는데 나중에 집에 와서 확인해 보니 왕의지밀이라는 전통호텔이었다. 나중에 한번 와서 숙박을 해 보고 싶은 생각이 들게 만드는 곳이었다.

09:30 – 좌측 월암교를 건너 신리로로 접어들었다.

아주 친절한 와이프에게 꼭 보여주고 싶은, "바르게 살자"라는 글이 쓰인 비석을 지나 정여립선생 생가터 안내판이 있는 버스정류장에서 잠시 쉬다 다시 출발하였다.

상관면 행정복지센터를 지나가는데 물이 바닥이 났다. 벌써 물 한 통을 다 먹다니 확실히 숙취가 있긴 있나 보다. 근처 마트에 들러서 물을 2통 더 샀다. 제독님께서도 물 한 통과 강정을 사셨고 나에게 같이 먹자며 나눠 주셨다.

10:05 - 신리교를 건너서 신리삼거리를 지났다. 그리고 전북도로관리사업소 북부지소에서 다시 전주천 둑길로 접어들었다. 둑길이 확실히 걷기는 편했다. 그래도 습해서인지 숙취 때문인지 모르겠지만 땀이 많이 났다.

백암마을회관과 정자가 보였다. 정자에 가방을 풀어헤치고 냇가로 뛰어가 세수하고 머리도 좀 적시니 살 것 같았다.

우측에 나오는 공덕교를 건넌 후 좌회전하여 다시 전주천 둑길을 걸었다. 폐허가 된 건물들이 보였는데 죽림 온천 건물과 모텔이었다. 제독님 말씀으로는 현재는 사업주의 부도로 영업하지 않지만, 여기 죽림온천은 인근 지역 주민들 중 모르는 사람이 없을 정도로 유명했었다고 한다.

11:00 - 17번국도(춘향로) 밑 굴다리를 지나 좌회전하였다. 이제 여기서부터는 슬치리 백산식당까지 춘향로를 따라 걸어야 한다. 차도 옆으로 난 길은 사람이 걷기엔 폭이 좁았기 때문에 백의종군로 구글지도에 나와 있는 대로 우측 도로로 갈지 건널목을 건너 좌측 도로로 갈지 잘 확인하면서 걸어야 했다. 거기다 슬치재까지 넘어야 해서 굉장히 힘들었다.

제독님과 나는 아무 말도 안 하고 앞만 보면서 하염없이 걸었다. 걷다가 오르막 구간에서 안내판의 글귀가 보였다.

"여기에서 6km 구간은 슬치재입니다. 눈, 비올 때는 거북이처럼."

평소 거북이처럼 걷기를 좋아하는 나지만 여긴 진짜 빨리 벗어나고 싶었기도 하고 또 원래 청개구리 스타일이라 더 빨리 걸은 것 같다.

12:20 – 하염없이 앞만 보고 걸어 1시간 20분 만에 드디어 좌측에 슬치 휴게소가 보였다. 계획보다 40분이나 일찍 도착했다. 오르막이었는데도 무진장 빨리 걷긴 빨리 걸었나 보다.

그렇게 전주시를 지나 임실군 관촌면에 도착했고 건널목을 건너 슬치 휴게소로 갔다. 슬치백산식당은 슬치휴게소 안에 있었고, 스탬프함 #22는 슬치백산식당 입구 기둥에 있었다. 스탬프함에서 스탬프를 꺼내 직인하고 식당 안으로 들어갔다.

백의종군길 스탬프함 #22 - 슬치휴게소 내 슬치백산식당

제독님께서 사장님께 인사를 드리니 "이렇게 더운 날씨에 대단들 하십니다"라며 반갑게 맞아 주셨다.

주문한 장수버섯탕의 맛은 일품이었다. 거기다 물맛도 진짜 기가 막혔다. 동충하초와 여러 가지를 섞어서 만들었다고 했는데 혼자 2통은 먹은 듯하다. 들고 있던 물통을 비우고 거기다 그 물을 받으려는데 사장님께서 친절하게 더 시원한 물로 바꿔 주셨다. 그렇게 잘 먹고 잘 쉬었고, 사장님께 인사를 드리고 다시 출발했다.

13:05 - 슬치휴게소에서 건널목을 건너 슬치마을 비석과 천하대장군을 지나 사선4길을 따라 걸었다.

13:45 - 백의종군길 구글지도를 따라 걷다 좌측 춘향로 밑 굴다리를 지나 관촌파출소에서 우회전하였다. 관촌교차로를 가기 전 우측에 한옥이 보였는데 지붕에 십자가가 있어서 자세히 보니 관촌성결교회라고 적혀 있었다. 한옥 교회는 처음 봤다.

한옥 교회

관촌교차로를 지나 좌측 오원교를 건너니 사선문이 보였다. 낯설지가 않은 것이 여기를 한 번 지나간 것 같은데 기억이 나질 않았다.

사선문

사선대

사선대(四仙臺)는 신선 네 명과 선녀 네 명이 풍류를 즐겼다고 하여서 붙여진 이름으로 전라북도 임실군 관촌면에 있는 관광지이다.[36]

사선대 위에 위치한 운서정(雲棲亭)은 사선대의 울창한 수목에 둘러싸여 운치를 더하고 있으며, 일제시대 우국지사들이 모여 한을 달래던 곳으로도 유명하여 관광지 사선대의 빼놓을 수 없는 명소가 되어있다.

당대의 부호인 승지 김양근의 아들인 김승희가 부친의 덕을 추모하기 위해서 6년간에 걸쳐 세운 정각으로 1928년 당시 쌀 3백 석을 들여 세웠다고 한다.[37]

 춘향로를 따라 걷다 관촌역에서 창인로로 우회전하였다. 창인교를 건너니 마을이 나왔고 벤치가 있어서 앉아 잠시 쉬었다.

 오늘 출발 때 신발이 젖어 있어 새로운 깔창을 깔았다. 사이즈가 좀 작았지만 그냥 걸었는데 발가락 부분이 조금 아파 와서 제독님의 권유로 깔창을 버리고 걸었다. 양말을 벗어 확인해 보니 물집이 약간 잡히려고 하는 것 같았다. 조심해서 걸어야 했다.

14:25 – 예원예술대학교가 나왔다. 이런 곳에 대학이 있을 줄이야. 학교도 생각보다 크지는 않은 것 같았다.

예원예술대학교

조금 더 걸어 나가니 군 초소가 하나 나왔는데 거기서 우회전한 후 지도를 따라 걸었다. 산길이라고 하기는 좀 그런 산길을 넘어 두실교를 건너 우회전하였다.

14:50 – 임실휴게소에서 우회전하여 호반로로 진입하였다. 제독님께서 작년에 혼자 걸었을 때는 날씨가 덥기도 하고 힘들어서 여기까지 걷고 하루 쉬고 다시 걸으셨다고 하셨다. 오늘은 함께 걸으니 힘든지도 모르겠다면서 쭉쭉 걸어 나가셨다. 숙취와 젖은 신발 때문에 난 조금 힘들었지만 그래도 잘 따라 걷고 있었다.

걸으면서 느꼈지만 이 길도 쉬운 길은 아니었다. 무슨 고개 같기도 하고, 길이 오르막에 꼬불꼬불하고, 거리도 길고, 차는 많이 안 다녀서 그나마 다행이었다.

중간에 밭일하시는 아주머니께서 오이를 먹고 계셨는데 지나가는 우리를 보며 하나씩 먹으면서 가라고 오이를 주셨다.

마지막 부분은 내리막길이었는데 빨리 걸어서 그런지 발목이 조금 아팠다.

내리막을 다 내려왔을 때쯤 개 한 마리가 길을 막고 있었다. 검은색에 덩치도 있는 게 조금 무서웠다. 제독님은 호루라기를 꺼내시고 난 등산 스틱을 꺼내 한 손에 들었다. 다행히 개가 순해서 짖지는 않고 오히려 우리를 피했다.

15:30 – 최종 목적지인 임실읍사무소에 도착했다.

스탬프함 #23은 임실읍사무소 안쪽 정자에 있었다. 스탬프함에서 스탬프를 꺼내 백의종군길 패스포트에 직인하였다.

백의종군길 스탬프함 #23 - 임실읍사무소 정자

에필로그

정자에 앉아서 제독님과 얘기를 하면서 놀랐다. 걸은 거리가 거의 32km였는데 7시간 30분 만에 도착한 것이다. 점심시간을 제외하면 7시간도 안

돼서 주파한 것이다. 계획보다도 1시간 30분 일찍 도착했다.

그렇게 웃으며 11일차 걷기를 끝내고 집으로 가기 위해 임실시외버스터미널로 향했다.

임실시외버스터미널에 도착했다.

어떤 아저씨께서 "서울이요~ 서울 출발합니다~"라고 외쳤다.

가까이 가서 "서울 어디 가는 차예요?"라고 여쭤보니 "남부터미널이요. 지금 출발합니다~"라고 하셨다. 티켓팅하는 곳으로 뛰어가서 허겁지겁 지갑을 꺼냈다.

아저씨께서 따라오시길래 "저희 화장실도 갔다 와야 하는데요"라고 하니 표 대신 끊고 있을 테니 후딱 갔다 오라고 했다.

감사하다고 말씀드리고 화장실 들렀다가 무사히 버스를 탈 수 있었다.

임실읍사무소 도착했을 때 발목 근처가 살짝 아픈 느낌이 있었는데 아니나 다를까 다음 날 아침 일어나니 발목이 부어 있었다. 젖은 신발을 신고 내리막길에서 조금 무리하게 걸었더니 그런 것 같다. 다행히 치료하고 직장에서도 자리에만 앉아 있었더니 며칠이 지나 금방 괜찮아졌다.

- 일자: 2019년 6월 30일 일요일
- 날씨: 흐리다 맑음 (최고기온 28도)
- 걸은 길: GS25 한옥광장점 → 슬치백산식당 → 임실읍사무소 (31.3km)
- 걸은 시간: 08:00 ~ 15:30 (7시간 30분)
- 걸음 수: 47,609
- 경비: 점심 20,000원 + 음료 4,520원 + 교통비 11,450원 = 35,970원

3.12 백의종군길 12일차 걷기

〈난중일기〉 3)

(4월 24일) 남원 십리밖 이희경 종의 집 유숙, 전 우위장 정철 만남

코스 (총 28.0km)

트랙#23 (11.9km) 임실읍사무소 → 오수면사무소
트랙#24 (4.1km) 오수면사무소 → 남원농협 덕과지점
트랙#24-1 (12.0km) 남원농협 덕과지점 → 남원향교

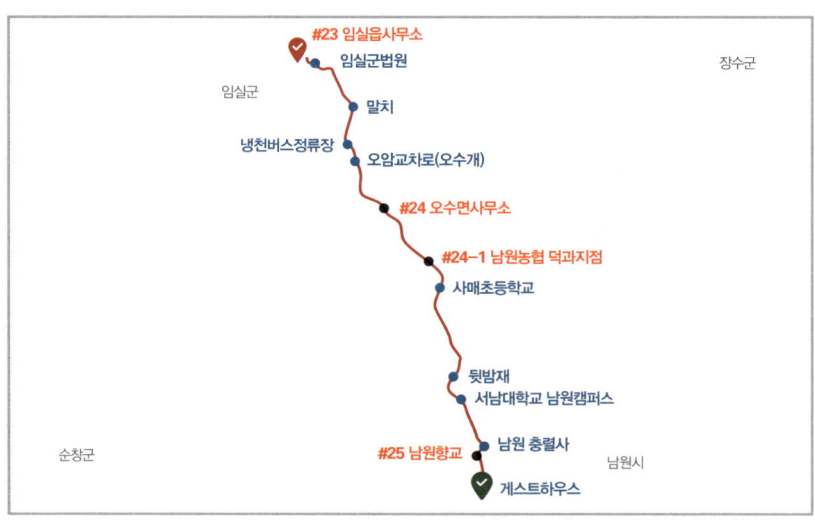

백의종군길 12일차 코스

대한독립의 소리가 천국에 들려오면 나는 마땅히 춤추며 만세를 부를 것이다.

- 도마 안중근 -

7월 한 달은 개인적인 모임, 태풍, 휴가 등으로 한 번도 백의종군길을 걷지 못했다. 8월 초 2주간도 가족 생일 등으로 계획을 세우지 못했고, 17일에도 이전부터 계획되어 있던 야구 관람을 가야 했다. 정말 주말에 시간 빼기가 이렇게 어려울 줄이야. 그래서 광복절인 15일 목요일이 휴일이어서, 16일 금요일에 연차를 내고 1박 2일 걷기로 마음을 먹었고 실행에 옮겼다.

광복절을 맞아 요즘 SNS(Social Network Services/Sites)에는 직접 태극기를 그린 뒤 올려서 인증하는 게 유행처럼 번지고 있다. 한–일 관계도 그렇게 좋지 못하고, 3.1운동 및 임시정부 수립 100주년이란 큰 의미가 있기 때문인 것 같다.

나도 어렸을 때 몇 번 그려 보고 지금껏 한 번도 그려 본 적이 없는 것 같다. 집에서 꼬맹이(윤지민)에게 "태극기 한번 그려볼까?" 하니깐 "네~"라며 좋아했다.

무작정 그리려니 제대로 되지 않아 인터넷에서 태극기 그리는 방법을 참고했다. 태극기 그리는 방법을 마스터한 뒤, 자와 컵을 들고 그리기 시작했다. 밑바탕은 내가 그리고 그 위에 색칠은 꼬맹이가 했다. 그렇게 완성된 태극기 인증~

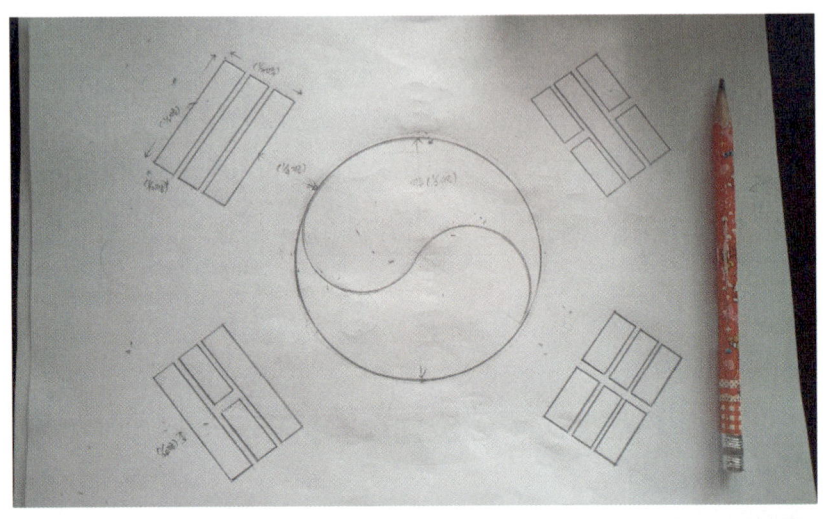

꼬맹이와 함께 그린 태극기

   7월 20일 토요일에 5호 태풍 다나스가 우리나라에 많은 영향을 준다고 해서 고민하다 금요일에 걷기를 포기했었는데 8월 15일 목요일 10호 태풍 크로사가 올라오고 있었다. 다행히 우리나라 독도 동쪽 해상으로 지날 거라는 뉴스가 나왔다.

비는 오겠지만 강풍은 없을 것으로 보고 일단 출발했다. 버스를 타고 남쪽으로 내려가는데 비가 점점 많이 왔다.

10:10 - 임실공용버스터미널에 도착했는데 비는 여전히 많이 오고 있었다. 걸어서 임실읍사무소까지 갔다. 임실읍사무소 정자에 있는 스탬프함 #23에서 스탬프를 꺼내 직인하였다.

한 달 반 만에 다시 걷는 길이여서 조금 설레는 마음이 있었는데 이놈의 비가 그런 마음을 아주 싹 씻어 주었다. 날씨가 약간 후덥지근해서 우비는 가방이 안 젖을 정도로 약간만 걸치고 우산을 썼다. 날씨는 궂지만 그래도 12일차 걷기 출발이다.

10:25 - 임실교를 건너니 임실교회가 나왔다. 임실교회를 마주 보고 좌회전 후 임실군법원에서 우회전하였다.

10:40 - 갈림길에서 좌측 감천로로 좌회전하였다. 좌측 편에 넓은 공터가 나왔고, 걷고 있는 인도는 사람이 거의 다니지 않았는지 수풀이 무성했다.

평교를 지나니 감성마을 비석과 군부대 안내판이 보였다. 계속 감천로를 따라 걸었는데 점점 산속으로 들어가는 분위기였다.

왕복 2차선 도로에 사람이 걸을 수 있는 길이 없었지만 다행히 차들이 거의 다니지 않아서 도로를 편하게 걸었다.

그렇게 걷고 있는데 갑자기 흰 개 한 마리가 내 쪽으로 걸어오고 있었다. 잠깐 멈칫했는데 그 개도 나를 보고 약간 멈칫하는 것이었다. 다행히 짖지를 않아서, 서로를 경계만 하며 아무 일 없이 지나쳤다. 조금 더 걸으니 강아지들이 보였는데 아마 아까 그 개가 엄마였나 보다.

11:20 - 방범 카메라와 비포장길이 나왔다. 구글지도를 보니 여기서 좌측으로 빠지는 것으로 나와 있었다. 여기가 말치를 넘는 길인 것 같았다.

구글지도 방향으로 좌회전하니 개 우리도 보였고 폐가옥 같은 것이 보였다. 조금 더 나아가니 수풀이 무성하고 길이 완전히 막혀 있었다. 구글지도는 앞으로 가라고 나와 있었지만 도저히 더 이상 갈 수가 없었다. 네이버지도를 검색하니 우회할 수 있는 길이 있었다. 결국 말치를 지나지 못하고 좌회전했던 처음 지점으로 돌아왔다.

말치 길목

그렇게 우회길인 비포장길을 걸어 내려갔다. 중간쯤부터 도로 좌측에 철망 펜스가 처져 있었다. 지도에 나와 있는 첫 번째 좌측 아래로 내려가는 길은 철망 펜스에 자물쇠로 잠겨 있어 내려가질 못했다.

조금 더 내려가니 펜스가 없는 도로가 나왔고, 도로를 조금 더 걸어 냉천마을 비석이 있는 버스정류장에서 아랫길(뒷고래)로 내려갔다. 그렇게 다시 구글지도상에 백의종군길과 합류되었고 진행 방향 쪽에 있는 길 안내판에 빨간 리본을 보강하였다.

12:35 – 춘향로와 만나는 오암교차로에 접어들었다. 교차로 우측에 개동

상이 있었는데 집에 와서 찾아보니 많이 들었던 내용의 충견 오수개 동상이었다.

임실군 오수면의 오수개 동상

오수 의견비[38]

"오수(獒樹)"라는 지방이름은 "은혜갚은 개"라는 뜻으로, 이곳 전설과 관련이 있다.

옛날 통일신라시대 때 지사면 영천리에 김개인이라는 사람이 살고 있었다. 그는 개를 매우 사랑하여 어딜 가든지 데리고 다녔다. 어느날 그는 술에 취해 집에 가는 도중 그만 길에서 잠이 들었다. 얼마 후 그곳에 산불이 나서 그 불길이 주인 근처까지 오게 되자 급해진 개가 주인을 깨우려 했지만 일어나지 않았다. 개는 할 수 없이 냇가에 들어가 온몸에 물을 묻혀 주인이 자는 주변을 적시기 시작했다. 이런 일을 수백 번 반복하여 겨우 불길은 잡았으나 지친 개는 그만 쓰러져 죽고 말았다. 나중에 잠에서 깨어난 주인은 모든 상황을 짐작하고 개의 충성심에 감탄하여 무덤을 만들어 묻어 주고 자신의 지팡이를 꽂아 두었다. 그것이 나무로 살아나 자라나 이 나무를 "오수"라 이름 붙이고, 마을 이름도 오수라 불렀다.

12:55 – 오수 비석에서 오수로로 직진하였고, 인화 초중고등학교를 지나 좌회전 후 둑길로 들어섰다.

비도 그쳤는데 앞에 큰 지렁이가 둑길에 나와 있었다. '지렁이가 생각보다 크네'라고 생각하고 가까이 갔는데 지렁이가 혓바닥을 날름거리는 거였다. '지렁이가 혓바닥을?' 하는 순간 엄청난 속도로 사라지는 것이었다. 지렁이가 아니라 뱀이었다. 큰일 날 뻔했다.

둑길을 따라 걷다 좌측 오동교를 지나 오수로로 진입하였다. 박노규준장의 동상이 있는 갈림길에서 의견로로 직진한 후 구 오수역 방향으로 우회전하였는데 광복절이라 그런지 오수면사무소 가는 길 곳곳에 태극기가 매달려 있었다.

13:35 – 오수면사무소에 도착했다. 스탬프함 #24는 입구 게시판 옆 창가에 있었다. 스탬프함에서 스탬프를 꺼내 백의종군길 패스포트에 직인하였다.

백의종군길 스탬프함 #24 - 오수면사무소 입구 게시판

진행 방향으로 조금 더 걸어 나가니 김밥집이 보여서 간단히 점심을 해결했다.
　다른 분들의 걷기 여행 후기를 간혹 보다 보면 식욕이 왕성해져서 중간중간 아주 맛있게 점심을 해결하던데 난 물을 자주 많이 먹어서인지 맛있는 걸 먹고 싶다는 생각이 안 든다. 그래서 언제부터인가 점심은 되도록 간단히 해결하는 편이 되었다.
　점심을 먹고 조금 쉬다가 다시 출발해서 금암교를 건넜다. 비가 그친 오수천과 하늘이 운치가 있어 보였다.
　오수교차로를 지나 덕오로로 진입하였다.

14:45 – 남원시 안내판이 보였다. 출발한 지 4시간 30분 만에 남원시에 들어선 것이다. 남원시부터 백의종군길 안내가 잘 되어 있다고 들었는데 아니나 다를까 몇 분 안 걸어가서 백의종군로 이정표를 발견하였다.
　백의종군로 안내 표지판과 덕과면 비석을 지났다. 독립만세 함성의 터전이 덕과면이라는 비석 내용을 보고 광복절인 만큼 만세를 한번 외쳐 봤다.

독립만세함성의 터전 덕과면 비석

남원농협 덕과지점에 도착했다. 스탬프함 #24-1은 농협과 하나로마트 사이 기둥에 달려 있었다. 스탬프함에서 스탬프를 꺼내 백의종군길 패스포트에 직인하였다.

확실히 오랜만에 걸었더니 힘들다. 하나로마트에서 물 한 통을 사고 덕과초등학교 정문 앞에 앉아 신발을 벗고 쉬었다 다시 출발하였다.

빨간 리본만 보고 오다가 남원시에 들어서고 나서 충무공 이순신 백의종군로 이정표가 곳곳에 보이니 반갑기도 하고 약간 정신적으로 힘도 얻는다고 할까? 물론 체력적으로 계속 힘들기는 했다.

율천교를 지나 계속 덕오로로 걷고 있는데 발가락이 아파 왔다. 사매초등학교 벤치에 앉아서 신발을 벗고 양말을 벗으니 발가락 4군데에 물집이 잡혀 있었다.

수풀을 헤치고 말치를 넘으려다 신발이 다 젖었었는데 그 상태에서 계속 걷다 보니 그런 것 같았다. 아직 갈 길이 많이 남아서 신고 있던 발가락 양말을 벗고 일반 양말로 갈아 신었더니 다행히 조금 편한 느낌이 왔다.

16:10 - 매내교, 매내삼거리를 지나 다시 춘향로로 진입하였다. 여기서부터는 이정표뿐만 아니라 도로를 안전하게 걸을 수 있도록 인도도 있었다. 남원시에서 신경을 많이 쓴 것 같다. 남은 길도 계속 이랬으면 좋겠다는 긍정의 마인드로 힘을 내서 계속 걸었다.

16:30 - 춘향이와 이몽룡의 일화가 소개되어 있는 안내판을 지났다.

버선밭과 춘향이 고개[39]

버선밭은 백년가약의 정든 님을 이별하고 한양으로 올라가는 이몽룡의 뒤를 허둥지둥 쫓아가던 춘향이의 버선이 벗겨져 밭이 되었다고 한다.
춘향이 고개의 원래 이름은 박석치(薄石峙)로서 박석고개라고 부르는데 토사유실을 막기 위해 얇고 넓적한 돌을 깔아 놓았다 하여 붙여진 이름이다.
이 박석고개에서 춘향이가 한양으로 떠나는 이몽룡과 이별하였다고 한다.

오리정휴게소 앞 뒷밤재까지 2.6km 남았다는 백의종군로 이정표를 지나 춘향길 안내판이 있는 밤티재길로 좌회전하였다.
　뒷밤재를 오르기 전 오리정모텔 입구에 앉아서 목도 축이고 발가락도 확인할 겸 쉬었다. 갈 길은 아직 먼데 물집이 점점 커지고 있었다. 무리가 가지 않도록 조금 천천히 걸어야 했다.

17:05 - 뒷밤재를 오르는데 길이 배롱나무 꽃들로 이쁘게 잘 꾸며져 있었다. 뒷밤재 정상에는 백의종군길 안내문 및 이정표도 있고, 좌우로 숲속을 걸을 수 있는 길도 만들어져 있었다.

남원시 밤티재길(뒷밤재)의 배롱나무

17:45 - 뒷밤재길을 내려왔다. 서남대학교 남원캠퍼스가 보였는데 폐교인 듯했다.
　춘향로로 진입하기 위해 길가로 나가려고 했는데 길이 막혀 있었다. 누군가 일부러 막은 듯했는데 다행히 옆에 공간이 있어서 사람은 지나갈 수 있었다.

버스 정류장에 앉아서 양말을 벗었다. 발가락 4곳의 물집은 더 커져 있었고 2곳에 물집이 더 생겼다. '이대로 갈 수 있을까?'란 생각이 들었지만 일단 천천히라도 걸어보기로 했다. 이후부터는 진짜 옆에 차가 지나가도 모를 정도로 온 신경을 발가락에 쓰면서 땅만 보고 걸었다.

18:45 - 한 시간을 그렇게 겨우겨우 걸으니 남원 충렬사가 보였다. 지도를 보니 남원향교가 근처에 있어서 조금 더 힘을 내서 걸었다.

남원 충렬사

남원 만인의총(南原 萬人義塚)[40]
왜군은 임진왜란때 전라도지방을 차지하지 못해서 결국 패했다고 생각하여, 정유재란 때는 전라도 지역을 점령한 뒤 북상할 계획을 세웠다.
선조 30년(1597) 7월 말 왜군 11만 명이 황석산성과 남원을 공격하였다. 남원은 지역적으로 전라도와 충청도를 연결하는 요충지로 국가에서도 이곳의 중요성을 알고 있었기 때문에 방비를 소홀히 하지 않았다.
이 싸움에서 만여 명의 관리와 군사, 백성이 사망하였는데, 임진왜란 이후 전사한 사람들의 시신을 한곳에 합장하였고 광해군 4년(1612) 충렬사를 세워 8충신을 제향하였다.

18:50 - 남원향교에 도착했다. 스탬프함 #25는 남원향교 입구 맞은편 안내문에 달려 있었다. 스탬프함에서 스탬프를 꺼내 백의종군길 패스포트에 직인하였다.

백의종군길 스탬프함 #25 - 남원향교 입구 맞은편 안내문

남원향교[41]

향교란 공자를 비롯한 여러 성현께 제사 지내고, 지방 백성들의 교육과 교화를 담당했던 국립교육기관을 가리킨다.
남원향교는 조선 태종 10년(1410) 대곡산에 처음 세웠으나,
정유재란(1597)으로 불타 없어진 것을 이후 현 위치에 다시 지었다.
많은 책을 보관하고 있어 지방사 연구에 좋은 자료를 제공하고 있다.

남원향교 앞에 앉아서 고민했다. 여기서 택시를 불러서 타고 게스트하우스까지 갈까? 아니면 걸을까? 네이버지도를 검색하니 게스트하우스까지는 2km 정도였다. 내일 아침 여기로 다시 오는 게 더 힘들 것 같아서 일단 또 걸어 보기로 했다.

19:30 – 거북이 걷듯이 천천히 걸어서 게스트하우스에 겨우 도착했다.

4인실 도미토리를 예약했는데 내일이 평일이라 그런지 나 혼자밖에 없었다. 얼른 샤워부터 하고 바늘과 실을 빌린 다음 물집 난 곳에 모두 실을 매달았다. 배는 안 고팠지만 그래도 먹어 둬야 할 것 같아서 절뚝거리며 밖으로 나가 근처 식당에서 간단히 저녁을 먹고 들어왔다.

그렇게 내일 발가락이 정상으로 돌아오기를 기원하면서 잠이 들었다.

- 일자: 2019년 8월 15일 목요일
- 날씨: 비 오다 흐림 (최고기온 30도)
- 걸은 길: 임실읍사무소 → 오수면사무소 → 남원농협덕과지점 → 남원향교 → 무아게스트하우스 (34.3km)
- 걸은 시간: 10:00 ~ 19:30 (9시간 30분)
- 걸음 수: 50,552
- 경비: 교통비 18,900원 + 점심 4,500원 + 음료 3,500원 + 저녁 8,000원 + 숙박 20,000원 = 54,900원

3.13 백의종군길 13일차 걷기

〈난중일기〉[3)]

(4월 25일) 운봉(남원군 운봉면)에 이름. 박롱의 집 유숙. 도원수가 벌써 순천으로 떠났다는 소식 들음

🚩 **코스 (총 20.3km)**

트랙#25 (9.8km) 남원향교 → 이백면사무소
트랙#26 (10.5km) 이백면사무소 → 운봉초등학교

백의종군길 13일차 코스

06:30 – 아침에 일찍 눈이 떠졌다. 물집이 잡힌 발가락에 달아 놨던 실을 뺐다. 기대와 달리 물집이 아직 다 아물지는 않았다.

게스트하우스 체크아웃이 7시부터였다. 모든 준비를 마치고 리셉션으로

가니 어제 나를 반겨 주셨던 할머님이 나와 계셨다.

전주의 게스트하우스는 젊은 주인에, 젊은 손님에, 막걸리 파티에, 활기가 넘쳤다면 여기 남원의 게스트하우스는 정말 조용히 쉬어만 가는 곳이었다.

방 키를 반납하고 물통에 물을 채웠다.

그런 나를 보고 할머님이 "오늘은 어디까지 가요?"라고 물어보셨다.

"이백면이랑 여원재를 거쳐서 운봉까지 갈 거예요."

"여원재는 경치가 좋을 거예요. 즐거운 여행 되길 바라요~"

"네 감사합니다. 안녕히 계세요~"

그렇게 인사를 드리고 게스트하우스를 나왔다. 백의종군길을 걸으면서 제일 일찍 출발한 것 같다. 날씨가 흐렸지만 비가 오지는 않았다.

07:25 – 어제 광복절이라 그런지 거리에 많은 태극기가 달려 있었다. 요즘 SNS에서 많이들 인증하는 'NO Japan' 현수막도 많이 보였다. 특히 남원에 애국정신이 투철한 분들이 많으신 것 같다.

어제 남원시에 접어들면서 느꼈지만 요천을 따라 요천로를 걷는 길도 걷기가 편하게 되어 있고, 길 중간중간 이정표도 잘 설치되어 있었다.

도통지구대 삼거리에서 이백로 방향으로 우회전 후 고죽교와 이백교를 지났다. 오동초등학교를 지나는데 곧 비가 올 것 같은 안 좋은 느낌이 왔다. '설마 안 오겠지~'란 긍정 마인드로 계속 걸었다.

08:50 – 남원문화체육센터를 지났다. 발가락이 아파져서 버스정류장에서 잠시 쉬는데 한 여학생이 다가왔다.

"저~ 죄송한데요. 천 원만 빌릴 수 있을까요?"

전화를 하면서 오는 걸 봤는데 집에서 버스비를 안 가지고 온 것 같았다. 평소 현금을 잘 안 가지고 다녔는데 지갑을 열어 보니 아니나 다를까 현금이 하나도 없었다.

"미안해서 어쩌지. 진짜 현금이 하나도 없는데…"

"아니에요…"라며 다시 전화기를 들고 통화하면서 왔던 길로 돌아가는데 조금 미안했다. 지갑에 돈이 있으면 와이프가 이런저런 이유로 자꾸 꺼내가서 안 넣고 다녔는데 다음부턴 만 원이라도 지갑에 넣어 둬야겠다.

학생이 가고 나서 신발과 양말을 벗고 발가락을 확인했다. 양쪽 발가락 중 넓게 물집이 잡혔던 2곳의 발가락 물집이 찢어져 있었다. 발가락 양말을 벗고 일반 양말로 일단 바꿔 신었다. 이백면사무소까지 거리가 얼마 남지 않아서 조금 천천히 걸었다.

09:10 – 이백면사무소에 도착했다. 스탬프함 #26은 이백면사무소 건물 출입구 안쪽에 있었다. 스탬프함에서 스탬프를 꺼내 백의종군길 패스포트에 직인하였다.

백의종군길 스탬프함 #26 - 이백면사무소 건물 출입구

뒤통수가 따가워 돌아봤더니 이백면사무소가 활짝 열려 있었다. 그러고 보니 아까 학교 가는 학생도 그렇고 오늘은 금요일, 평일이었다. 주말에만

걷다 보니 연차를 낸 걸 깜빡하고 오늘이 일요일인 줄 알고 착각하고 있었다.

얼른 나와서 잠시 길에서 쉬는데 발가락이 다시 아파졌다. 일회용 밴드가 필요해 보여서 잠시 생각을 했다. '면사무소에 들어가서 빌릴까? 옆에 있는 치안센터에서 빌릴까?'

왠지 치안센터에 밴드가 더 많을 것 같아서 문을 열고 들어갔다.

갑자기 들어오는 나를 보고 경찰관이 "무슨 일이시죠?"라고 물어봤다.

"발가락을 좀 다쳐서 그런데 혹시 일회용 밴드 좀 얻을 수 있을까요?"라고 여쭤보니 다 떨어져서 없다고 했다. 그러면서 "나가시면 왼쪽 옆 골목에 이백면 보건소가 있는데 거기로 한번 가보세요"라고 했다.

감사 인사를 드리고 나오니 얘기대로 왼편에 이백면 보건소가 보였다.

평일이어서인지 이백면 보건지소는 열려 있었다. 문을 열고 들어가니 안내하시는 분만 컴퓨터 앞에 앉아 계셨다.

나를 보고는 "무슨 일이세요?"라고 물어봤다.

"발가락이 아파서 그런데 일회용 밴드를 얻을 수 있을까요?"

"발가락 좀 볼 수 있을까요?"

양말을 벗고 보여 드리니 잠시만 기다리라고 하고 안에서 일회용 밴드 한 통을 들고 나오셨고 나에게 주셨다.

"이걸로 괜찮으시겠어요?"

"네. 군대 있을 때도 비슷한 경험이 있었는데 꽉 붙이고 걸으면 괜찮을 거예요. 감사합니다."

"국토종주 하시는 분이세요?"

"네. 이순신 장군 백의종군로를 걷고 있어요."

"어디서 오셨어요?"

"서울에서 왔는데 어제는 임실에서 출발해서 남원까지 걸었고 오늘은 여원재를 지나서 운봉초등학교까지 갈 거예요."

"여원재 오르는데 많이 힘드실 텐데 괜찮으시겠어요? 비도 올 것 같은데…."

"천천히 올라가 보려고요."

물집이 난 6곳에 밴드를 하나씩 꽉 붙였다.

간단한 인적 사항을 기록한 후 혈압도 체크해 주시고 물도 부족하면 채워 가라며 친절히 대해 주셨다. 상담한 걸로 처리하면 된다며 일회용 밴드 한 통도 무료로 주셨다. 마지막으로 혹시 걷다가 아프시면 운봉에도 보건소가 있으니 들르라고 하셨다. 감사의 인사를 드리고 보건소를 나와 농협하나로마트를 지나 평촌길로 들어섰다.

09:40 – 원래 계획은 농협하나로마트 옆 새원식당에서 아침, 점심 겸 식사를 하고 가려고 했는데 식당이 폐업해서 어쩔 수 없이 공복 상태로 다시 걸었다. 길 중간중간 백의종군로 이정표가 잘 표시되어 있어서 길 찾기는 어렵지 않았다.

비가 오면 여원재 산길로 안 가고 변전소 삼거리 쪽으로 가려고 했는데 다행히 날이 맑아서 여원재 산길로 갈 수 있을 것 같았다.

그렇게 양가제 방향으로 걷고 있을 때 배준태 제독님께 연락이 왔다. 내가 여원재 산길로 오르는지 물어보셨다. 날씨가 맑아서 가겠다고 말씀드리니 오르게 되면 이전에 놓친 부분에 빨간 리본을 조금 보강해 달라는 내용이었다. 정말 딱 양가제에 들어서기 직전에 전화가 와서 다행이었다. 위치와 내용을 새겨듣고 통화를 끝내고 메모한 뒤 다시 출발하였다.

10:10 – 양가제 입구에 도착했다. 백의종군로 이정표를 보고 올라가니 저수지가 크게 보였다.

남원시 이백면 양가제

그런데 갑자기 날씨가 어두워지면서 비가 오기 시작했다. 보건소 직원분이 "비가 올 것 같은데요"라고 했는데 진짜 비가 왔다.

비 올 때 여원재 산길을 혼자 오르는 건 지양한다고 들었지만 조금 전 제독님께는 오르겠다고 하고 부탁까지 받았기에 일단 우산을 펴고 쓰고 계속 걸었다. 그러나 기대와 달리 빗줄기는 계속 굵어지기 시작했다.

아~ 나에게 왜 이런 시련이 오는 걸까?

다행히 걷는 중간중간 거의 100~200m씩마다 빨간 리본이 촘촘히 달려 있어서 길 찾기는 어렵지 않았다.

비가 이제 오기 시작해서 그런지 첫 번째 도랑의 물이 적어서 쉽게 건넜다. 도랑을 건너 조금 나아가니 제독님께서 말씀하신 대로 오른쪽에 흰 로프가 보였다.

조금 더 걸어가니 앞쪽으로 길이 막혀 있고 흰 로프 건너편으로 길이 나 있었다. 여기가 제독님께서 말씀하신 흰 로프를 넘어야 하는 곳 같았다.

제독님 요청대로 빨간 리본을 두 개 매달고 있는데 갑자기 비가 억수같이 쏟아졌다. 아~ 오늘 왜 이러지?

흰 로프를 넘어서 길을 따라 올랐고, 흰 로프 연결이 끝나니 갈림길이 나왔다. 구글지도에는 왼쪽으로 가라고 나와 있어서 왼쪽을 보니 저 멀리 나무에 빨간 리본이 보였다. 바로 알아보기가 어려울 것 같아서 갈림길에서 진행 방향 나무에 빨간 리본을 보강하였다.

10:45 - 두 번째 도랑이 나왔다.

구글지도에는 도랑을 건너지 않고 우측길로 가는 것으로 나와 있으나 제독님께서 도랑을 건너 직진해야 한다고 하셔서 도랑을 건넜고 나무에 빨간 리본을 보강하였다.

도랑을 건너 직진하니 좌측으로 큰길이 나 있었고, 구글지도 방향도 그렇게 나와 있었다. 그러나 빨간 리본은 정면 좁은 길로 가라고 표시가 되어 있었다. 여기가 제독님께서 말씀하신 사유지 문제로 수정된 신규 길인 것 같았다. 일단 빨간 리본 표시를 믿고 좁은 길로 들어섰다.

다행히 곳곳에 빨간 리본이 촘촘히 달려 있어서 따라 걸었다. 중간에 아래 도랑으로 내려가라는 표시가 있었는데 이곳이 비 올 때 조심해야 한다는 도랑 같았다. 아래로 내려가 도랑을 건넌 후 윗길로 올랐다. 길은 좁았지만 빨간 리본 표시가 계속 보여서 따라 걸었다. 그리고 얼마 후 구글지도 경로와 내 위치가 만나는 지점을 지났고 이후부터는 구글지도와 길이 같았다.

11:20 - 남원시에서 설치한 현수막과 백의종군로 이정표가 보였다. 길도 정비를 했는지 오던 길보다 넓어서 걷기가 편했다. 그러나 길이 계속 오르막이라 점점 숨이 차기 시작했다. 비는 그쳤는데 바닥이 다 젖어서 어디 앉을 데도 없었다. 잠시 쭈그려서 물을 마시면 모기들이 달려들어서 오래 쉬지도 못했다.

그렇게 거의 쉬지도 못하고 계속 걸어서 오르니 체력이 점점 바닥나기 시작했다. 개티골은 가파르지만 짧았는데 여기는 가파르지는 않지만 계속 오르막이라 더 힘들었다. 계속 헉헉거리며 오르다 보니 목도 마르고, 숨이 가쁘다 보니 발도 느려지기 시작했다. 또 느끼는 거지만 등산은 나랑 안 맞아.

1594년 3월 중국 유정 장군이 지나갔다는 안내 표지판과 바위가 있는 곳에서 선 채로 물을 들이켜며 쉬었다. 물 한 통만 가지고 왔으면 쓰러졌을 듯싶다.

11:50 - 여원치 마애불상이 있는 곳에 다 와 갈 때쯤 나무가 길을 막고 있었다. 나무를 들어 올려서 치우고 싶었으나 지쳐 있는 상태에서 힘이 없었다. 약간 숙이고 지나갈 수 있도록 나뭇가지만 처리했다. 나무를 숙이고 지나니 앞에 빨간 리본이 보였다.

12:00 - 여원치 마애불상이 있는 곳에 도착했다.

그대로 드러눕고 싶었으나 차마 불상 앞에서 그렇게 하지 못하고 다시 걸었다. 차 소리도 들리고 위쪽에 길이 보여서 조금 더 걸어가면 정상일 것 같았다.

여원치 마애불상

여원치 마애불상[42]

여원치 마애불상(女院峙 磨崖佛像)은 전라북도 남원시 이백면 여원치(여원재) 정상 아래에 있는 바위에 조각되어 있는 불상으로, 높이는 2.5m, 어깨 폭은 1.09m이다. 불상의 앞면에 건물을 구성한 것으로 보이는 시설이 있으며, 주위에 기와조각도 흩어져 있어서 불상을 모시던 건물이 있었을 것으로 보인다. 불상의 동쪽면에 있는 글에는 이 불상이 이성계와 관계가 있음을 적고 있다.

12:10 - 여원재 정상에 도착했다. 체력이 완전 바닥나서 차도 옆에 그대로 드러누웠다. 차가 쌩쌩 지나가는 게 문제가 아니었다. 내가 죽을 것 같았다.

여원재 정상에서 장렬히 전사하다

아~ 정말 오늘 나 벌 받나 봐.

10분도 안 지났을 때 갑자기 또 비가 쏟아지기 시작했다. 급하게 일어나서 우산을 쓰고 짐을 챙기고 다시 지친 몸을 이끌고 걸을 수밖에 없었다. 백의종군로 이정표와 운성대장군을 지났다.

운성(雲成)은 남원시 운봉의 옛 이름이라고 하지만 나에게는 구름을 몰고 다니며 비를 내리는 대장군 같았다. 조금 더 걸어 내려가니 왼편에 버스정류장이 보여서 들어가 비를 피하면서 잠시 쉬었다.
　비가 그치기 시작하는 것 같아서 다시 출발했다.
　연동마을 비석을 지나서부터는 인도가 없는 길이고 길에 물이 많아서 차가 지나가면 중간중간 섰다가 걸었다.

13:20 – 마산교를 지나니 좌회전하라는 백의종군로 이정표와 빨간 리본이 보였다. 그렇게 차도가 없는 작은 황산로로 좌회전한 후 서림교를 건너 남원 서천리 당산을 지났다.

남원 서천리 당산

남원 서천리 당산[43]

　남원 서천리 당산(南原 西川里 堂山)은 당산나무, 돌장승(벅수), 솟대로 구성되어 있으며 마을의 수호신으로 모셔지고 있다. 장승과 솟대를 함께 세워 제사를 지내는 것은 전라도 지방에 남아 있는 당산신앙의 한 형태로 원래는 이곳에도 솟대를 함께 세웠던 것으로 보여지지만 마을 중앙에 있었던 솟대의 모습은 사라지고 흔적만 남아 있다.
마을의 지세가 허한 곳을 방어하고 서쪽을 진압하기 위해 세웠다고 하는 석장승의 몸체에는 각각 '방어대장군', '진서대장군'이라는 글씨가 새겨져 있다.

논에는 벼가 올라와 고개를 숙이기 시작했다. 곡교천 둑길을 걸을 때 논에 모내기 하는 것을 봤는데 곧 벼 베기 하는 것도 보게 되겠지? 나는 걷고 시간은 그렇게 계속 흘러가고 있구나~

13:45 - 운봉초등학교에 도착했다.
스탬프함 #27은 정문 옆 지리산둘레길 종합안내도에 있었다. 스탬프함이 이제까지 봐 왔던 것과 조금 달랐다. 남원시에서 만든 건가?
스탬프함에서 스탬프를 꺼내 백의종군길 패스포트 직인하였다.

백의종군길 스탬프함 #27 - 운봉초등학교정문 종합안내도

힘들게 어렵게 천천히 왔지만 아침에 일찍 출발해서 그런지 목적지까지

일찍 도착했다. 다른 때 같았으면 '조금 더 걸어 볼까?'도 생각해 봤을 텐데 지금은 몸 상태가 영 아니었다. 이만 걷기로 결정하고 근처 버스정류장으로 갔다.

버스가 오기까지 30분 정도 여유가 있었으나 밥을 먹기에는 시간이 조금 빠듯한 것 같아서 그냥 정류장에서 짐을 풀고 기다렸다.

땀을 많이 흘려 옷을 좀 갈아입고 싶었는데 근처에 마땅한 곳이 없었다. 주위를 둘러보니 가게 앞 벤치에 앉아 계시는 할머니들 외에는 아무도 없어서 버스 정류장 구석에서 후딱 윗옷만 갈아입었다. 일회용 밴드는 벗기는 순간 쓰라릴 것 같아 집에 가서 떼야겠다.

그렇게 조금 지나니 버스가 와서 타고 인월공용버스터미널에 도착한 후 서울남부터미널로 가는 버스를 타고 집으로 돌아왔다.

에필로그

여원재 산길 정리

1) 10:05 - 양가제 입구에 도착했다. 백의종군로 이정표를 보고 오르면 넓은 저수지가 보인다.
2) 첫 번째 도랑을 건너니 오른쪽에 흰 로프가 나왔고 로프를 넘어야 할

곳에 빨간 리본 2개를 보강했다. 로프를 넘어 길을 따라 오르면 된다.
3) 사진에는 없으나 로프가 끝난 후 갈림길에서 빨간 리본이 멀리 보여서 바로 방향을 찾을 수 있도록 진행 방향 나무에 빨간 리본을 보강했다.
4) 구글지도의 경로에는 두 번째 도랑을 우회하는 것으로 되어 있으나 제독님께서 도랑을 건너서 직진해야 한다고 해서 도랑을 건넌 후 나무에 빨간 리본을 보강했다.
5) 도랑을 건너서 구글지도에는 좌측 큰길로 가는 것으로 나와 있으나 빨간 리본이 정면 좁은 길을 가도록 표시가 되어 있어서 빨간 리본을 따라 직진했다. 부분마다 빨간 리본이 잘 표시되어 있어서 따라 걸으면 되고 중간에 아래 도랑을 건너 오르면 구글지도 길과 다시 합류하게 된다.
6) 이후부터는 빨간 리본뿐 아니라 백의종군길 안내 현수막, 이정표 등이 있어 길 찾기가 어렵지 않다. 단 계속되는 오르막에 쉴 곳도 마땅치 않아서 체력과의 싸움이 기다리고 있다.
7) 11:50 - 여원치 마애불상 가기 전 길을 막고 있는 나무가 있다. 정말 혼자 오르면서 비도 오고 너무 힘들어서 다 치우지는 못하고 엎드려 지날 수 있도록만 조치하였다. 길을 막고 있는 나무를 지나면 바로 앞에 빨간 리본 표시가 있으므로 믿고 지나면 된다.
8) 12:05 - 여원재 정상에 도착하였다. 체력이 방전돼서 잠시 길가에 누워서 쉬었다.
9) 기타
- 사진상의 검은색 길은 백의종군로 구글지도 경로이며, 빨간색 길은 내가 걸은 경로이다.
- 원래 체력이 조금 약하고 빨간 리본 보강 등으로 2시간이 걸렸지만 다른 분들은 더 빨리 오를 수 있을 것으로 생각된다.

- 가파르지는 않지만 계속되는 오르막이므로 사전에 이백면사무소 근처 농협 하나로마트에서 물 2통 정도 준비할 것을 권장한다.

시간별 걸음 수와 걷기 속도

07:02~07:48 - 4,136걸음(시속 3.8km/h)

07:50~08:21 - 3,335걸음(시속 4.6km/h)

08:25~09:17 - 5,199걸음(시속 4.4km/h)

09:25~11:00 - 6,325걸음(시속 2.9km/h)

11:05~11:35 - 1,797걸음(시속 2.6km/h)

11:38~11:51 - 753걸음(시속 2.6km/h)

11:54~12:04 - 598걸음(시속 2.4km/h)

12:24~12:48 - 2,141걸음(시속 3.8km/h)

12:52~13:10 - 1,370걸음(시속 3.3km/h)

13:11~13:45 - 3,181걸음(시속 4.1km/h)

역대 최저 속도를 기록한 것 같다.

- 일자: 2019년 8월 16일 금요일
- 날씨: 흐림/맑음/비/흐림/비/흐림 (최고기온 30도)
- 걸은 길: 남원향교 (무아게스트하우스) → 이백면사무소 → 여원재 → 운봉초등학교 (17.8km)
- 걸은 시간: 07:00 ~ 13:45 (6시간 45분)
- 걸음 수: 30,976
- 경비: 교통비 21,700원 + 점심 4,500원 + 음료 3,500원 = 29,700원

3.14 백의종군길 14일차 걷기

> 〈난중일기〉 3)
>
> (4월 26일) 운봉을 일찍 출발

🚩 코스 (총 20km)

트랙#27 (15.6km) 운봉초등학교 → 주천면둘레길 안내센터
* 지리산둘레길 주천–운봉 구간
트랙#27-1 (4.4km) 주천면둘레길 안내센터 → 지리산유스캠프
* 지리산둘레길 22코스

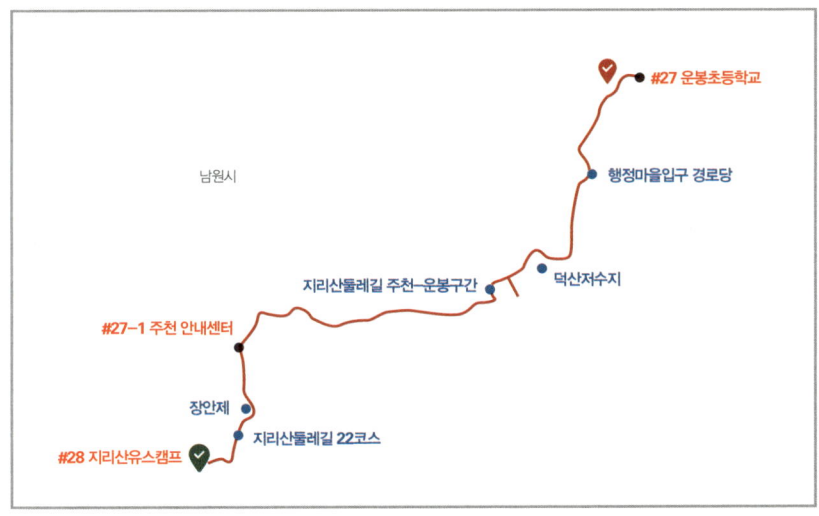

백의종군길 14일차 코스

　어떻게 이런 일이. 7월 20일 토요일 5호 태풍 다나스가 와서 걷기를 포기했고, 8월 15일 목요일 10호 태풍 크로사가 왔지만 걸었다가 엄청 고생했는데, 9월 21일 오늘 17호 태풍 타파가 올라오고 있다고 한다.

태풍, 휴가, 벌초, 추석, 모임 등으로 7월부터 지금까지 거의 걷기 진행을 하지 못해서 이번엔 일단 내려가 보기로 했다.

출발할 때는 비가 오지 않았는데 버스를 타고 남쪽으로 내려가니 비가 오고 있었다.

인월공용터미널에 도착한 후 운봉 가는 버스를 타고 운봉읍사무소에서 내렸다. 걸어서 운봉초등학교에 도착하니 11:10분이었다.

낮이 점점 짧아지고 있고 출발시간도 늦으니 걸을 수 있는 시간이 많지 않았다. 30km가 넘는 거리일 경우 다음부터는 전날에 도착해서 출발지점 근처에서 자고 아침에 일찍 출발하든지 해야겠다.

운봉초등학교 정문 옆에 있는 스탬프함 #27에서 스탬프를 꺼내 백의종군길 패스포트에 직인하였다. 한국체육진흥회에서 나무 스탬프함을 철 스탬프함으로 바꾸고 있다고 들었다. 이전 스탬프함은 문 열다가 경첩이 녹슬어 떨어져 당황했었는데 그런 일은 안 생길 듯하다.

스탬프함 옆에 충무공 이순신 백의종군로 안내판이 있었다. 이번 태풍은 많은 비를 동반할 거라고 해서 여원재로 가기는 어려울 것 같았는데 안내판 하단에 "운봉초등학교-밤재 구간은 지리산 둘레길을 이용하십시오"라고 되어 있었다.

네이버지도에서 지리산 둘레길 주천-운봉 구간을 검색하니 16km 정도의 경로가 표시되었다. 거리도 비슷하고 새로운 길도 한 번 가 보고 싶어서 지리산 둘레길로 가기로 결정하고 출발했다.

충무공 이순신 백의종군로 안내판 - 운봉초등학교

남원의 백의종군로(白衣從軍路)[44]

서울을 출발한 장군은 경기도, 충청도, 전라북도의 여산, 삼례, 전주, 임실을 거쳐 남쪽으로 향하는데 4월 24일부터 4월 25일까지 남원과 운봉에서 이틀을 머문다. 이때 권율 도원수가 순천에 있다는 소식을 접하고 합천으로 가려던 계획을 바꿔 구례를 거쳐 순천으로 향하게 된다. 남원의 백의종군로는 장군이 남원에서 구례로 가는 2박 3일간의 여정을 담은 구간이다.

코스 안내(남원구간 53.1km)

오수교차로 ▶ 2.5km 월평정류소 ▶ 2.7km 사매교차로 ▶ 1.5km 오리정휴게소 ▶ 2.6km 뒷밤재 ▶ 5.6km 축천교 ▶ 2.4km 동림교 ▶ 2.1km 월락삼거리 ▶ 5.0km 이백초등학교 ▶ 2.2km 양가저수지 ▶ 3.0km 여원재 ▶ 3.5km 운봉초등학교 ▶ 13.0km 주천 외평마을 ▶ 7.0km 밤재 ▶ 구례

비가 많이는 아니지만 부슬부슬 내리고 있었는데 앞에 할아버지 할머니가 손을 꼭 잡으시고 우산도 안 쓰시고 걷고 계셨다. 은빛개울공원을 지날 때도 한 번 본 적이 있는데 오래도록 같이하시길.

논에는 벼가 노랗게 익어가고 있었다. 아산 곡교천을 걸을 때 모내기하는 걸 본 게 엊그제 같은데 정말 이제 곧 벼 베기를 보게 될 것 같다.

운봉읍사무소를 지나 운봉교차로에서 우회전을 하였다.

네이버지도의 지리산 둘레길 주천-운봉 구간 코스를 따라 운봉교를 지나지 않고 좌회전하여 람천 둑길을 걸었다.

지리산 둘레길 이정표도 보이기 시작했다. 그런데 갑자기 비가 엄청 많이 오기 시작하면서 강풍이 불었다. 우비를 안 입고 우산만 쓰고 걸었는데 금세 바지 아랫부분이 젖어 버렸다. 조금 더 걷다가 도저히 안 되겠어서 가방에서 우비를 꺼내 입고 다시 걸었다.

주천-운봉구간의 지리산둘레길 이정표

11:55 - 유평-삼산교차로에 있는 행정마을 비석에서 우회전하여 행정교를 지났다. 행정교 바닥 전체에 물이 들어차 있어서 물이 적은 우측 편에 붙어서 걸었지만 신발이 젖어 버렸다. 출발한 지 얼마 되지도 않는데 상태가 말이 아니었다. 행정마을 입구 경로당에서 고민을 했다.

'시간이 지날수록 태풍의 영향이 더 커질 텐데 계속 걸어야 하나?'

그렇게 고민을 하고 있는데 저 앞에서 세 분이 우비를 쓰고 걸어오고 있었다.

'이런 날씨에 객기 부리는 사람이 나 말고 또 있구나'란 생각을 하고 있는데 그분들도 가방을 메고, 우비를 입고, 우산 쓰고 있는 나를 보고는 비슷한 생각을 했는지 갑자기 "돠~이팅 하세요~"라며 지나가 버렸다.

'뭐야!! 아 정말 왜 응원해 주는 거야? 내가 고민하고 있는 게 티 났나? 어찌 됐든 응원을 받았으니 걸어야겠지? 그래야겠지?'

그렇게 자의 반 타의 반으로 나는 다시 출발하고야 말았다.

가장교를 건너서 좌측 둑길로 접어들었는데 나무에 빨간 리본이 보였다.

'여기에 왜 백의종군길 빨간 리본이 있지?'라고 생각하며 가까이 가서 보니 백의종군길 빨간 리본이 아니라 그냥 빨간색 끈이었다.

12:30 – 네이버지도를 따라 둑길을 걷다 덕산마을 비석에서 운봉로로 나온 후 가장마을 비석에서 우회전하였다. 둘레길이라 그런지 코스 중간중간 화장실이랑 쉼터가 마련되어 좋았다.

우암공가족묘원 비석을 따라 올랐는데 이런 곳에 사람이 없는 무인가게가 있었다. 안에는 몇 가지의 음료수가 냉장고에 들어 있고, 탁자 위에는 커피와 전기포트 등이 놓여 있었지만, 여기 오기 전에 가게에 들러 물 한 통을 사서 이용하지는 않고 그냥 지나갔다.

묘원 옆에 있는 지리산 둘레길 안내 표시를 보고 길이 나 있는 곳으로 따라 걸었다. 시설뿐 아니라 길도 잘 되어 있고 경치도 좋았다.

'이래서 사람들이 둘레길을 자주 걸으러 오는구나'란 생각이 들었다. 백의종군길도 이렇게 잘 되어 있으면 좋겠다는 바람을 가져본다.

남원시 운봉읍의 우암공가족묘원

12:50 – 국가지점번호가 있는 곳을 지나는데 옆에 있는 흰 로프를 보았다. 개티골과 여원재의 흰 로프 트라우마가 다시 떠올랐다. 아니나 다를까 조금 밖에 안 걸어 나갔는데 비가 아니 폭우가 내리기 시작했다.

전생에 내가 산속에 있는 흰 로프를 다 끊어 먹었나?

13:10 – 바닥에 물이 많아지니 신발도 젖어 갔고 걸을 때 철퍽철퍽 소리까지 났다. 다행히 둘레길 쉼터가 나와서 들어가 잠시 비를 피했다. 바람까지 불면서 생각보다 비가 쉽게 그칠 것 같지 않았다. 마냥 기다릴 수 없어 조금만 쉬다 다시 출발하였다.

지리산둘레길 주천-운봉 구간 쉼터

13:40 – 구룡폭포길에 있는 회덕마을 비석을 지나고, 지리산 둘레길 안내도가 있는 지점에 도착했다. 네이버지도는 여기서 우회전 후 산길을 타고 가는 것으로 나와 있었다. 우회전 지점에는 지리산 둘레길 안내도와 남원시에서 설치한 충무공 이순신 백의종군로 안내판이 있었다.

논길로 접어든 후 산길로 가기 위해 도랑을 건널 때였다. 아무 생각 없이 디딤돌을 디디다가 풀에 가려져 있는 틈을 못 보고 디딤돌 사이에 다리가 빠져 버렸다. 넘어지면서 들고 있던 우산까지 부서져 버렸다. 많이 아프지는 않았는데 당황스러웠다. 일어나 주위를 둘러보니 사람은 없어서 그나마 민망한 건 없었다는 게 조금 위안은 됐다고나 할까?

디딤돌을 건너니 좌측에 비닐하우스가 있었다. 안에서 사람 소리가 들려서 들어가지는 않고 그 옆 나무에서 우산을 살려 보려고 했다. 2곳이 부러졌지만 쓸 만한 것 같았는데 우산이 펴진 상태로 고정이 안 되고 계속 접혔다. 그렇게 비 맞으면서 우산과 씨름을 하고 있는데 비닐하우스 문이 열렸다. 일을 하시는 분이 아니라 등산객 같았다.

"혹시 들어가도 되나요?" 하고 물었더니 "둘레길 쉼터라 들어오면 돼요"라는 답이 돌아왔다.

안에 주인은 없고 등산객 10여 분이 비를 피하고 계셨다. 조금 쉬려고 우비를 벗고 가방을 내려놓으니 등산객 한 분이 나에게 말을 걸어오셨다.

"일행이 있으셔? 혼자 오셨어?"

"네. 혼자예요."

"우리는 비가 많이 와서 그만 철수하려고 타고 온 버스 기다리고 있는데 산 탈 거여?"

"네."

"어디서 오셨어?"

"서울에서 왔어요. 오전에 운봉초등학교에서 출발해서 여기까지 왔어요."

"우리랑 반대로 가는구먼."

그렇게 얘기를 나누고 조금 쉬다가 일단 출발해야겠다고 마음을 먹었다. '우산은 손으로 잡아 편 상태로 가야겠다'라고 생각하고 우산을 펴는데 아까 그분이 다시 오시더니 "진짜 가려고?"라고 물어보셨다.

"네. 여기까지 왔는데 중간에 포기하기가 좀 애매해서요."

"젊은 사람이 대단하구먼. 그럼 비라도 좀 그치면 가지?"

"아니에요 쉽게 그칠 것 같지도 않고 계획보다 시간도 좀 늦어서요."

"그려. 수고하소~"

"네. 감사합니다. 안녕히 계세요."

비닐하우스 쉼터를 나와서 우산을 손으로 펴서 잡고 산길을 올랐다. 계속 신경을 쓰면서 걷는데 우산 윗부분에 틈이 보였다. 바닥에 있는 나뭇가지를 주워서 힘껏 끼워 넣으니 다행히 고정이 되었다. 부러진 부분으로 빗줄기가 흘러내렸지만 없는 것보다는 나았다.

여기도 길 중간중간 바닥에 물이 엄청 차 있었다. 피할 길도 없고 신발도 젖었고 해서 그냥 포기하고 밟고 지나갔다. 그나마 오르막 중간중간에 미끄럼 방지용 매트 같은 것이 깔려 있어서 걷기에는 푹신해서 좋았다.

"푸른 숲 가꾸기(간벌) 사업으로 인하여 통행에 불편을 드려 대단히 죄송합니다"라는 현수막이 보였다. 아니나 다를까 많은 나무들이 잘려 저 길 중간중간에 널브러져 있었다. 붉은색을 띠는 나무는 병이 든 건가?

어느 정도 왔을까? 쉴 수 있는 나무 벤치가 있고 나뭇가지에 산악회 리본이 여럿 달려 있었다. 아마 어느 한 산악회가 달아 놓으니 다른 산악회들도 덩달아 달지 않았을까 싶다. '나도 백의종군길 빨간 리본을 하나 달까?' 하다가 그냥 달지 않았다.

내리막이 시작되었는데 이게 끝이 보이질 않았다. 오르막을 얼마 오르지 않고 올랐던 시간보다 거의 두 배의 시간을 내려왔는데도 내리막이 계속되었다. 어떻게 이럴 수 있지? 운봉 자체가 지대가 높은가?

내리막이 비탈져서 조심히 걷는다고 했지만 디딤돌이 많아서 그런지 오른쪽 발목이 아파졌다. 속도도 느려지고, 내리막이 언제 끝나는 거야?

그러다 생각이 들었다. '와~ 이거 내가 역방향으로 가고 있어서 그렇지 정방향으로 왔으면 거의 죽음인걸. 아~ 그래서 아까 비닐하우스 쉼터에서 만난 아저씨가 비 오는데 이 길을 간다고 하니 대단하다고 했구나. 하하하하.' 이런 상황에서도 웃음이 나다니 제정신이 아니었다.

15:15 - 드디어 나무 계단이 나왔고 평지가 나왔다. 나무로 만든 개미 조각품이 보였고, 옆에 나무로 만들어진 지리산둘레길 스탬프함도 있었다.

개미정지 - 서어나무 쉼터

개미정지 - 서어나무 쉼터[45]
개미정지로 일컫는 이곳은 왜구의 침입을 대비하다 여기서 잠이 든 의병장 조경남의 발을 개미들이 물어뜯어 위급함을 알렸다 하여 그렇게 이름이 붙여졌다고 한다. 또한, 이곳 서어나무 쉼터는 재너머 지리산 속 주민들이 남원장을 다녀갈 때이고 지고 가던 짐 보따리를 내려놓고 옹기종기 쉬어 가던 옛 주막터이기도 하다.

15:25 – 둘레길을 많은 산악회가 이용하기는 하는가 보다. 나무에 흰 로프가 매달려 있는데 산악회 리본이 사이사이에 엄청 달려 있었다.

"앗!! 또 흰 로프. 안 돼. 아닐 거야."

이제 나에게는 호환마마보다 더 무서운 게 산에서 보는 흰 로프였다.

둘레길 쉼터와 지리산 둘레길 안내판이 나왔다. 여기에 나의 궁금증을 풀어줄 내용이 적혀 있었다.

"해발 600m의 운봉 고원을 향해 오르는 구간으로 2km 상당 오르막 구간이 지속됩니다."

내가 2km의 지속 내리막 구간을 내려온 거였군.

비부정 식당으로 가는 길에서 지리산 둘레길 안내 표식과 그 옆에 반가운 백의종군길 빨간 리본을 보았다. 이제부터 정상적인 백의종군길을 걷는 것이었다.

비부정 식당 앞 하천을 건너는 디딤돌 안내판에 또 빨간 리본이 달려 있었다. 그리고 "우천 시 야간 시 위험하오니 건너지 마시오"라고 적혀 있었다.

비가 오지만 길이 여긴데 둘러 가기도 그래서 조심히 디딤돌을 디디며 건넜다. 다행히 아무 일도 일어나지 않았다. 흰 로프의 저주는 하루에 한 번만 있는 걸로 생각해도 되겠다.

15:45 – 지리산 둘레길 주천안내센터에 도착했다.

스탬프함 #27-1은 주천안내센터 문 옆에 달려 있었다.

백의종군길 스탬프함 #27-1 – 지리산둘레길 주천안내센터

비가 너무 많이 와서 가방을 내려놓을 곳이 없어서 안내센터 문을 두드렸다.

아저씨 한 분이 텔레비전을 보고 계셨다.

"가방을 잠깐 내려놓아도 될까요?"

"그러셔. 비 오는데 들어와서 하소."

"아니에요. 온몸이 물에 젖어서 들어가기는 좀 그렇고. 가방만 잠깐 내려놓고 스탬프 찍고 바로 갈 거예요."

가방에서 백의종군길 패스포트를 꺼내 스탬프를 직인하였다. 이전에 걷는발님과 여기서 광의면사무소까지 같이 걸었었는데 그때 찍은 도장이 찍혀 있었다. 옆 칸에 직인하고 다시 짐을 챙겼다.

"어휴~ 비 오는데 또 걸어가려고? 어디서 오셨소?"

"운봉초등학교에서 걸어왔어요."

"어디까지 가소?"

"산동면까지 가려는데 어떻게 될지 모르겠어요. 혹시 여기 근처 우산 살 만한 곳이 있을까요?"

"하나로마트가 저기 있는데 거기 한번 가 보소."

"네. 감사합니다. 안녕히 계세요."

아저씨가 가르쳐 주신 하나로마트로 가니 다행히 우산을 팔았다. 부러진 우산은 쓰레기통에 버리고 새로 산 우산을 쓰고 다시 걸었다.

칡냉면집이 눈에 들어왔다. 그러고 보니 아직 점심도 못 먹었다.

가게 문을 여니 손님은 아무도 없고 주인으로 보이는 아주머니랑 딸이 텔레비전을 보고 있었다.

"혹시 식사할 수 있나요?"

"네. 들어오세요."

비빔냉면을 시켜서 먹고 배터리도 충전하고 조금 쉬었다.

출발하려고 가방을 메고 있는데 아주머니가 "비가 이렇게 오는데 또 걸어요?"라고 물어보셨다.

"갈 길이 있어서요. 우비 입고 우산 쓰면 괜찮아요. 수고하세요."

인사를 드리고 나오니 옆에 남원호텔이 보였다. 사전 답사하려고 걷는발님과 하룻밤 묵었던 곳이다. 쉬고 싶은 생각이 굴뚝같았지만 조금만 더 가 보자란 마음을 먹고 다시 출발하였다.

16:30 – 외평 마을회관을 지나고 내용궁마을 비석을 지나서 용수사 간판을 따라 우회전하였다. 지리산 유스캠프까지 백의종군길과 지리산 둘레길이랑 겹치다 보니 빨간 리본뿐 아니라 중간중간 설치되어 있는 둘레길 이정표를 보고 따라 걸어도 되었다.

장안제를 지났다. 이전에 사전답사할 때는 거의 말라 있었는데 비가 많이 와서 그런지 물이 많이 차 있었다.

16:45 – 류익경 효자비각을 지났다.

문이 열려 있어서 마음 같아선 들어가 쉬고 싶었다.

지리산둘레길 이정표를 따라 무너미 방향으로 우회전하였다. 계속 올라가야 하는데 비가 많이 와서 산길이 물길이 되어 있었다. 되돌아갈 수도 없고 신발도 다 젖어서 그냥 물길을 헤치고 걸었다.

도랑을 건너야 하는데 디딤돌을 디딜 수 없도록 물이 많았다. 조심히 살짝 밟고 넘으려고 했지만 다리에 힘이 없어서 그만 미끄러져서 넘어졌다. 넘어지면서 어떻게 그런 생각을 했는지 '우산은 살려야 한다'란 생각으로 넘어지는 순간 우산을 들고 있던 손을 위로 올렸다. 우비는 찢어졌지만 우산은 다행히 건졌다. 흰 로프의 2번째 저주인가? 정말 비 오는 날 절대 산에 오르지 말아야겠다.

이놈의 저질 체력. 오르막이 조금만 길어도 헉헉거리기 일쑤. 시간이 지날수록 더욱 힘들었다. 발목도 다시 아파지고 체력도 점점 떨어지고 있었다. 동병상련이라 했던가? 지리산 둘레길 이정표도 힘들었는지 나무에 기대고 있었다.

차 소리도 들리고 나무다리가 보였다. 그렇게 2번째 산길도 살아나왔다.

17:30 – 지리산 유스캠프 입구에 도착했다. 스탬프함 #28은 지리산유스

캠프 간판 밑에 있었다. 스탬프함에서 스탬프를 꺼내 백의종군길 패스포트에 직인하였다.

백의종군길 스탬프함 #28 - 지리산유스캠프 입구 간판

에필로그

원래 계획은 밤재도 넘는 거였지만 이 상태로는 정말 오를 수가 없었다. 제독님께서도 오늘 밤재 넘는 건 위험하다고 메시지를 주셨다. 그리고 내일이 오늘보다 더 태풍의 영향이 크다고 하니 할 수 없이 이번은 여기까지만 걷고 철수하기로 했다.

버스를 타고 11시 정도 서울남부터미널에 도착하니 여긴 비가 오고 있지 않았다. 완전 딴 세상 같았다. 난 어디 가서 뭘 하고 온 걸까?

- 일자: 2019년 9월 21일 토요일
- 날씨: 태풍/비 (최고기온 21도)
- 걸은 길: 운봉초등학교 → 지리산둘레길 주천-운봉구간 → 주천안내센터 → 지리산둘레길 산동-주천구간 → 지리산유스캠프 (21.0km)
- 걸은 시간: 11:00 ~ 17:30 (6시간 30분)
- 걸음 수: 36,705
- 경비: 아침 3,500원 + 점심 8,000원 + 음료 4,500원 + 우산 8,000원 + 교통비 47,300원 = 71,300원

3.15 백의종군길 15일차 걷기

〈난중일기〉[3)]

(4월 26일) 일찍 출발, 구례현 손인필의 집에 유숙
구례현감 이원춘 환대, 금부도사와 헤어지고 백의종군을 수행

🚩 코스 (총 35km)

트랙#28 (3.0km) 지리산유스캠프 → 밤재 정상
트랙#28-1 (5.0km) 밤재 정상 → 산수유시목지
트랙#28-2 (18.6km) 산수유시목지 → 구례 손인필 비각 구국정
트랙#29 (8.4km) 구례손인필비각 구국정 → 구례구역

백의종군길 15일차 코스

05:55 - 지하철 첫차를 타고 남부터미널에 도착했다. 전날 6시 25분에 출발하는 차로 티켓을 예매해서 대합실에서 조금 쉬다 25분에 버스를 타고 출발하였다.

09:10 - 전주시외버스터미널에 도착했다. 남원공용버스터미널까지 가는 버스 티켓을 구매했는데 다행히 바로 출발하는 차가 있어서 금방 출발할 수 있었다.

10:25 - 남원공용버스터미널에 도착해서 편의점에서 물 한 통을 사고 택시를 타고 지리산유스캠프로 갔다. 버스는 운행 간격이 너무 크고 버스에서 내려도 약 1.6km를 목적지까지 걸어야 해서 할 수 없이 택시를 이용했다.

택시를 타고 가다 날씨가 아주 맑아서 아저씨께 여쭤봤다.

"오늘 남부 지방에 가끔 비가 온다고 하던데 날씨가 맑네요?"

"저녁쯤에 비가 올 거래요~" 그리고 이 말은 나중에 진짜 실현되었다.

10:40 - 사전 계획보다 10분 늦었지만 그래도 지리산유스캠프에 잘 도착했다. 지리산유스캠프 입구에 설치된 스탬프함 #28에서 스탬프를 꺼내 출발 직인을 하였다.

오늘은 첫 출발부터 전라남도 구례군 산동면과 전라북도 남원시 주천면의 경계에 있는 고개인 '밤나무가 우거진 재' 밤재를 넘어야 했다. 걸어야 할 길도 길고, 마음을 단단히 먹고 출발하였다.

밤재 길은 오르막이지만 잘 다듬어져 있고 빨간 리본도 잘 달려 있어서 걷는 게 생각보다 편했다. 그리고 7월 이후부터 계속 비를 맞으며 걸어서 그런지 오늘은 걷는 중간에 맑은 날씨가 보기 좋아서 계속 사진을 찍게 되었다.

청주한씨 묘 입구 안내비부터 가파른 오르막이 시작되었다. 헉헉. 첫 출발한 지 30분도 안 돼서 숨이 차기 시작했다. 그래도 다행히 10분 정도 헉헉거리며 오르니 밤재 정상에 도착했다.

왜적침략길 불망비가 있었고, 정유재란 당시 왜적이 전남 구례를 거쳐 전북 남원으로 침략해 왔던 진출로여서 극일(克日)과 평화(平和)의 새로운 다짐을 위하여 세운 것이라고 적혀 있었다.

요즘 친일파 동상 등을 철거하지 않고 친일행적 등이 적힌 단죄비를 옆에 세워 잊지 않도록 한다고 들은 적이 있는데 그거랑 비슷한 건가?

밤재 정상에 있는 왜적침략길 불망비

왜적침략길 불망비[46)]

임진년(1592) 침략으로도 모자라 왜적 통치자는 정유년(1597)에 재침을 명하였고 다시 악귀가 된 왜적은 빼앗고, 불사르고, 베고, 찌르며 섬진강을 거슬러 올라 구례를 거쳐 남쪽으로 보이는 원촌에 이르렀다.

여기, 밤재를 가운데로 동쪽의 숙성재와 서쪽의 둔산재를 짓밟고 넘은 침략군은 북쪽으로 보이는 남원성을 포위 공격하여 민관을 비롯한 조명연합군 1만여 명을 도륙하였다. 당년 추석 전후의 일이다. 살인귀 왜적은 코 베기와 노예화를 위한 인질 포획을 시도했으나 살아 있는 생명은 없었다. 약탈, 겁간, 방화, 살육의 잔재만 남았을 뿐이었다.

11:20 – 스탬프함 #28-1은 밤재 비석 옆 정자에 있었다. 스탬프함에서 스탬프를 꺼내 백의종군길 패스포트에 직인하였다.

백의종군길 스탬프함 #28-1 - 밤재 정상 정자

여기는 이전에 사전답사 왔을 때 걷는발님과 와 보고 2번째라 또 새롭다. 정자에 앉아서 물을 마시고 있는데 구름이 많아지면서 날씨가 흐려졌다. 어째 분위기가 안 좋은데… 그래서 조금만 쉬고 바로 출발하였다. 내리막길은 빨리 내려가면 위험하다는 걸 몸소 경험했기 때문에 보폭을 작게 하면서 조금 천천히 내려갔다.

그렇게 코너를 돌려고 할 때였다. 아주머니 한 분이 보초를 서고 있고 다른 분은 바지를 빠르게 올리고 계셨다. 조금 민망해서 고개를 돌리고 아주 천천히 내려갔다. 보통 둘레길 같은 곳에서 서로 마주치면 인사도 건네고 하는데 지금 상황 같은 좀 뻘쭘해서 그냥 지나쳤다.

백의종군로는 지리산 둘레길 역방향이다 보니 정방향으로 지리산 둘레길을 걸으시는 분들과 가끔 이렇게 마주치곤 하였다.

조금 더 내려가니 이번에는 아저씨 3분이 올라오고 있었다. 그분들이 나를 보고 먼저 "수고하십니다~"라고 인사를 건네오셨다.

나도 "아… 네. 수고하십니다~"라고 인사를 건네고 내려갔다.

또 이번에는 한 쌍의 커플이 올라오고 있었다.

이번에 내가 먼저 "수고하십니다~"라고 인사를 드렸는데 갑자기 당황해하시며 "네…"라고 하고 올라가 버리셨다. 부부가 아니었나?

이전까지는 걸으면서 못 해 본 인사를 지리산 둘레길을 걸으면서 많이 하였다. 앞으로 백의종군길도 활성화돼서 자주 인사를 건넬 수 있는 분들을 만났으면 하는 바람을 가져 본다.

12:00 - 둘레길을 내려오니 온천과 산수유의 고장 구례라는 안내판이 보였다. 밤재 정상에서 전라남도 깃발을 봤었는데 밤재를 넘으면서 전라북도 남원을 지나 전라남도 구례로 접어든 것 같았다.

우측 편에 논이 보였는데 벼가 모두 쓰러져 있었다. 근래 강풍을 동반한 태풍들 때문에 남부 지방은 피해가 이만저만이 아닌 것 같았다. 군 생활할 때 비슷한 일이 있어서 대민 지원을 나가 벼 세우는 걸 도운 적이 있었는데 여긴 완전히 다 쓰러져서 아예 포기한 것 같았다.

폐업한 주유소가 보였는데 주유기는 없고 나무만 가득했다. 문득 '오~ 기름 대신 땔감을 파는 주유소인가? 획기적이다'라는 쓸데없는 생각을 하면서 계속 걸었다.

산동면 계척마을 비석에서 우회전하였다. 계척마을 유래비를 지나니 남도 이순신길 백의종군로 안내판이 보였다.

뒤쪽 넓은 공터 한쪽 벽에 충무공 이순신 생애, 백의종군로의 발자취, 남도 이순신길 탐방안내, 백의종군로에서 배우는 이순신 장군의 삶 등이 소개되어 있었다. 구례가 남원보다 백의종군로에 대해 더 많은 신경을 쓴 것 같았다.

남도 이순신길 탐방안내 비

충무공의 구례·순천 백의종군 행적[47]

이순신 장군은 410여 년 전 구례현을 지나 순천부에 권율장군을 만나러 가면서 남도 백의종군길을 나섰다.

이순신의 백의종군길 중 순천은 이순신이 처음으로 도원수와 교감한 장소이다. 17일간 묵었던 순천부 백의종군길은 남해안 일대의 정찰과 지휘부와 교신을 통해 전략을 재구상한 길이었다.

백의종군길이라는 역사의 현장에서 오뚜기처럼 일어서는 그의 모습은 구례, 순천 종군길에 나타난다.

남도 이순신 백의종군로 구간

제1구간 산수유 지리산 호반길 (11.7km)
: 산수유시목지 ~ 운흥정 ~ 구례석비 ~ 광의면사무소
제2구간 서시천 꽃길따라 둑방마실길 (5.9km)
: 광의면사무소 ~ 구례공설운동장 ~ 지리산둘레길안내센터
제3구간 섬진강 벚꽃길 (7.5km)
: 공설운동장 ~ 손인필비각 ~ 문척교 ~ 동해마을
제4구간 섬진강 황전늘품길 (8.8km)
: 동해마을 ~ 황전늘품길 ~ 괴목시장 ~ 황전면사무소
제5구간 송치재, 장군의 눈물길 (10.7km)
: 황전면사무소 ~ 상동마을 ~ 송치재 ~ 학구마을
제6구간 순천부 구국다짐길 (12.5km)
: 학구마을 ~ 신촌마을 ~ 서면파출소 ~ 순천팔마비

제7구간 석주관 가는길 (14km)
: 구례공설운동장 ~ 서시나루 ~ 용호정 ~ 운조루 ~ 석주관

남도 이순신길 탐방 안내 글을 읽고 위로 올라가니 1000여 년 전 중국에서 가져와 우리나라에서 가장 먼저 심은 산수유나무 시조인 산수유 시목이 보였다.

산수유 시목

산수유 시목(山茱萸始木)[48]
이 산수유 나무는 1000여년전 중국(산동성)에서 가져와 우리나라에서 가장 먼저 심은 산수유 나무 시조이다.
달전마을의 할아버지 나무와 더불어 할머니 나무라고 불리워 지고 있으며 여기에서 우리군을 비롯한 전국에 산수유가 보급되었다고 한다. 산동면 지명도 산수유에서 유래된 것으로 보며 열매는 신장 계통에 특효가 있다.

12:30 - 산수유 시목을 돌아가니 뒤편에 정자가 보였고 스탬프함 #28-2이 있었다.

백의종군길 스탬프함 #28-2 - 산수유 시목 뒤 정자

한국체육진흥회에서 스탬프함을 전부 철로 된 새로운 스탬프함으로 바꾸었다고 했었는데 여기는 예전 나무 스탬프함 그대로였다. 스탬프함에서 스탬프를 꺼내 백의종군길 패스포트에 직인하였다.

산동면 계척마을 비석으로 돌아가서 용산로로 우회전하였다. 조금 더 걸으니 원동마을 비석이 있는 버스정류장이 보였고 빨간 리본 표시가 있는 우측 샛길로 들어섰다. 구례의 백의종군로 이정표가 보였는데 남원의 백의종군로 이정표보다 단단해 보였다.

송평마을 유래비를 지났다.

13:15 – 산동면사무소에 도착했다.

계획했던 대로 근처에 있는 우리동네 시골밥상 식당으로 갔다. 문을 열고 들어갔는데 아주머니가 "어쩌죠? 지금 장에 나가 봐야 해서 문을 닫아야 하는데요. 죄송해요"라고 하셨다. 근처 다른 식당은 문이 닫혀 있어서 결국 조금 더 걸어가면서 식당을 찾아보기로 했다.

걷다가 사전답사 때 걷는발님과 같이 갔던 식당이 생각이 났다. 가는 날이 장날이라고 거기도 공사를 하고 있어서 식사가 안 된다고 했다. 어쩔 수 없이 공복상태로 계속 걸어야 했다.

한천마을 유래비에서 우회전하여 한천교를 건너 좌회전한 후 둑길을 걸었다.

13:40 – 운흥정에 도착했다. 잠시 쉬었다가 운흥정 옆에 있는 용운교를 건너 우회전한 후 다시 서시천 둑길을 걸었다.

운흥정

운흥정[49]

운흥정은 1926년 지역의 선비들이 문학 단체인 "시사계(時社契)"를 조직하여 지역의 미풍약속과 시의 기풍을 발전시키기 위해 산동면 시상리와 외산리의 경계 지점인 운흥 용소(용견지) 위에 만든 정자이다.

우리나라의 전형적인 정자의 모습을 하고 있으며, 운흥정 맞은편에는 세종 14년(1422년) 하연이 전라도 감사로 있을 때 꿈에 용을 보았다는 일화를 새겨 둔 하연비가 있다.

서시천 둑길은 백의종군로 이정표가 잘 되어 있어서 따라 걸으면 되었다.
산동면 외산보건진료소에 도착했다. 오는 길이 둑길이라 햇볕도 따갑고, 덥고, 땀나고, 힘들고, 배고프고 해서 쉬었다. 공휴일이라 문이 잠겨져 있어서 앞 공터 구석에서 모자로 얼굴을 가리고 잠시 누워서 쉬었다.
오토바이 소리가 나서 모자를 들고 보니 한 아저씨가 나를 보고 계셨다.
"날도 더운데 그늘에 가서 쉬소~"
"마룻바닥이 젖어 있어서 그냥 잠깐만 쉬려고 누웠는데 안 그래도 지금 막 다시 일어나서 가려고 했어요. ㅎㅎㅎ"
그렇게 어쩔 수 없이 다시 일어나서 둑길을 걸었다.

14:10 – 구만제에 도착했다.
백의종군로 이정표대로 세침교를 건너 좌회전한 후 지리산 치즈랜드를 지나 구만제 다리를 건너 구례석비에 도착해야 했다. 그러나 이전에 걷는 벗님과 이 길을 걸으면서 반대편에 있는 산책로 나무다리를 보면서 '저기로 걸으면 구만제를 건너지 않고 더 빠르게 갈 수 있을 것 같은데… 왜 이렇게 돌아서 구만제를 건너 가야 할까?'라고 생각했던 적이 있었다. 그래서 처음이면 이정표대로 갔을 텐데 두 번째라 세침교를 건너지 않고 좌측에 있는 산책로 나무다리로 걸어 보기로 결정했다.
중간에 길이 잠깐 끊겨서 도로로 나와서 걸어야 하지만 그 구간만 빼면 계속 산책로 나무다리로 걸을 수 있어서 나쁘지 않았다.
강 건너편에 지리산 치즈랜드가 보였다. 유채꽃도 많고 커피숍도 있고 쉬어가기 좋은 장소였던 기억이 난다.
구만제를 건너는 다리가 보였고 조금 더 걸으니 구례석비에 도착하였다. 정자가 있어서 이번엔 신발 벗고, 양말 벗고, 제대로 누워서 쉬었다.

구례군 산동면의 구례석비

　구례석비부터는 차도여서 걷기에 조심할 필요가 있었다. 구만리 비석이 있는 버스정류장에서 백의종군로 이정표대로 구만길 골목으로 우회전하였다. 골목 중간 갈림길에도 백의종군로 이정표가 잘 되어 있어서 길 찾기는 어렵지 않았다.

　구만리사무소를 지나 좌회전하니 여기도 논에 있는 벼가 다 쓰러져 있는 게 내년 쌀값에 영향이 있을까?

　서시천 둑길이 시작되었다. 백의종군길 사접답사로 4월에 걷는발님과 걸었을 때는 벚꽃이 막 날리고 있었는데 지금은 낙엽이 날리고 있었다. 그때 약간 비가 와서 그런지 사람이 한 명도 없는 벚꽃길을 걷는발님과 둘이 경치 구경을 잘 했던 기억이 난다.

구례군 서시천 둑길

15:30 – 광의면사무소에 도착했다. 원래는 서시천 둑길을 계속 걸어야 하지만 배가 고파 도저히 걸을 수가 없어서 광의면사무소 근처에 있는 식당을 찾기 위해 백의종군길에서 잠깐 벗어났다. 그러나 생각과 달리 광의면사무소 근처 식당 두 곳은 문이 닫혀 있었다. 이런, 원래 시골은 토요일도 식당이 쉬나?

네이버지도를 보고 가까운 다른 식당을 찾아갔다. 영업 중이란 표시가 보여서 문을 열고 들어갔는데 사람이 아무도 없었다.

약간 불안한 마음으로 "저기요~ 누구 계세요?"라고 외치니 안쪽 문이 열리면서 한 아주머니가 나오셨다.

"저 식사가 될까요?"

"혼자세요?"

"네."

"오늘 영업을 안 하는데요. 죄송해요."

'아. 뭐야. 그럼 왜 혼자냐고 물어본 거지?'

네이버지도에는 더 이상 근처 식당이 표시되지 않았다. 할 수 없이 근처 나들가게에 들러 초코과자와 음료수를 사서 버스정류장에 앉아서 먹었다.
　눈물이 안 나서 그렇지, 정말 감격의 한 끼를 그렇게 해결할 수 있었다. 그리고 다시 힘을 내서 서시천 둑길을 걸었다.
　30분 정도 걸으니 좌측으로 코스모스가 꽃물결을 이루며 잔뜩 피어 있었다. 벚꽃도 그렇고 코스모스도 그렇고 서시천 둑길을 참 잘 꾸며 놓은 것 같은데 사람들이 거의 없었다. 좋은 건가? 안 좋은 건가?
　구례공설운동장까지 계속 서시천 둑길을 걸어야 하는 건 알고 있는데 힘들어서 그런지 가도 가도 끝이 없었다. 둑길 바닥 색깔이 조금씩 바뀌는 것 말고는 특이한 게 없어서 터벅터벅 앞만 보며 계속 하염없이 걸었다.

17:40 – 거의 1시간 40분 만에 지리산 둘레길 구례센터에 도착했다. 10분 후 약간은 지루했던 서시천 둑길을 벗어났고 돌틈 삼거리를 지나 손인필 비각에 도착했다.

손인필 비각 안내판

손인필 비각[50]
1597년 8월 3일 백의종군 중이던 이순신은 삼도수군통제사로 재임명되어 구례로 들어와 조선수군 재건을 위해 마음을 다잡는다. 이때 이순신 휘하에는 손인필, 황대중을 비롯한 군관 9명과 병사 6명이 전부였다. 특히 군관 손인필은 이순신의 휘하에서 병참물자 조달과 군인을 모집하는 역할을 수행했다. 구례읍성의 북문 밖에 위치한 손인필 집은 삼도수군통제사 이순신이 설치한 통제영 주둔지로 조선수군 재건을 결의한 출정소가 되었다.

스탬프함 #29는 안쪽 정자에 있었다. 스탬프함에서 스탬프를 꺼내 백의종군길 패스포트에 직인하고 앉아서 잠시 쉬었다.

백의종군길 스탬프함 #29 - 손인필 비각 정자

날씨가 점점 어두워지고 있었다. 내일도 30km를 넘게 걸어야 해서 오늘은 늦더라도 구례구역까지 가야만 했다. 다리도 저리고 해서 가방에 있는 장갑을 끼고 등산 스틱을 펴서 잡았다. 조선수군 출정공원이라는 바위 글 그대로 나도 마음을 다잡고 출정했다.

걷는 길 중간에 봉성로로 계속 걷지 않고 구례읍사무소로 들어갔다 나오는 것으로 되어 있어서 가 보니 구례현청터란 안내와 복원된 명협정(蓂莢亭)이 있었다.

구례현청 터 (구례읍사무소)[51]

구례현청은 삼도수군통제사 이순신에게 매우 의미 깊은 곳이다. 1597년 8월 3일 이순신이 삼도수군통제사로 재임명되어 처음으로 입성해 다음 날까지 1박 2일간 머무르던 관청이기 때문이다.

현재 이곳 동헌 터에는 당시부터 있었던 500년 이상 된 노거수 세 그루가 남아 있다.

18:30 – 구례 119안전센터를 지나 문척교에 도착했다. 우측에 새로 생긴 (큰)문척교가 있어 내가 건너야 하는 (작은)문척교에 차는 많이 다니지 않았다. 그러나 인도가 없고 갓길도 없어서 차가 오면 멈춰야 했다. 잘못하면 강으로 떨어질 수 있어 정말 조심히 조금 빠르게 지나갔다.

　문척교를 건넌 후 우측 섬진강 자전거길로 들어섰다. 이제 정말 거의 해가 질 무렵이라 하늘이 벌겋게 보였다. 노을을 보면서 걷는 건 백의종군로 출발 후 이번이 처음인 것 같았다.

구례군 문척면의 섬진강 자전거길

19:00 – 이제 정말 해가 졌다. 혹시 몰라서 플래시를 챙겨왔는데 다행이었다. 앞으로 해가 더 짧아지니 플래시는 계속 챙겨 다녀야겠다.

섬진강 자전거길도 만만치 않게 길었다. 다리도 아프고 힘들어서 쉬고 싶었지만 암흑 외엔 정말 아무것도 없었다. 괜히 무서운 마음이 들어 쉬지 않고 계속 걸었다.

멀리 구례교가 보였다. 야간 조명이 무지개 색깔로 계속 변하는 게 나름 운치가 있어 조금 위안이 되었다.

그런데 갑자기 빗방울이 떨어지기 시작했다. 그럼 그렇지. 웬일로 비가 안 오나 했다. 왼손에는 지도가 펴진 핸드폰과 플래시, 오른손에는 등산 스틱을 쥐고 있어서 우산을 펴기가 어려울 것 같아 일단 계속 걸었다.

19:45 – 순천시 황전면 안내판이 보였다. 비가 더 굵어지기 시작해서 어쩔 수 없이 가방에서 우산을 꺼내 펴고 등산 스틱은 가방에 꽂았다.

20:10 – 겨우겨우 구례구역에 도착했는데 스탬프가 주위에 보이지 않았다. 비가 많이 와서 일단 구례구역 맞은편 여관에 들어가서 짐을 풀고 오늘 일정을 마무리하였다.

순천시 구례구역

에필로그

여관에 불이 하나도 안 켜진 게 손님이 나 하나밖에 없는 것 같았다. 그래도 일단 쉴 곳이 필요해서 계산을 하고 방에 들어가 씻고 옷을 갈아입었다.

저녁을 먹기 위해 나왔는데 불 켜진 식당에 들어서면 다들 식당 영업이 끝났다고 했다. 다리를 약간 쩔뚝거리면서 들어갔는데도 내가 불쌍하게 보이지도 않았나 보다.

구례구역 옆 마트에 가서 컵라면이라도 사려고 들어가려는데 혹시나 싶어서 옆 가게에 한 번 더 물어봤다. 이번엔 다리를 좀 눈에 띄게 쩔뚝거리며 최대한 불쌍하게 보이면서 들어갔다.

"저 혹시 혼자인데 아무거나 빨리 되는 걸로 식사 좀 할 수 있을까요?"

아주머니가 바로 대답을 안 하시고 뭔가 조금 생각을 하시는 것 같았다. '아~ 틀렸구나'라고 생각하고 있는데 "재첩국만 되는데 그거라도 괜찮아요?"라고 하신다.

"네 괜찮습니다. 감사합니다~"라고 대답하고 혹시나 마음이 바뀔까 봐 바로 의자로 빠르게 이동하여 앉았다.

재첩국은 어릴 때 먹어 보고 처음인데 오늘 첫 끼라서 그런지 생각보다 맛있었다.

그렇게 저녁을 해결하고 나오니 구례구역 간판이 눈에 들어왔다.

"분명 순천시로 들어온 것 같았는데 왜 구례구역이지?"

여관에 들어와서 검색해 보니 행정구역상 순천시라서 구례란 역명을 붙이지 않고 구례의 입구란 뜻으로 구례구라고 역명을 붙였다고 되어 있었다.

굉장히 힘든 하루를 마치고 '내일 잘 걸을 수 있을까?'란 걱정을 하면서 잠이 들었다.

- 일자: 2019년 9월 28일 토요일
- 날씨: 맑음/ 흐림/ 비 (최고기온 29도)
- 걸은 길: 지리산유스캠프 → 밤재 정상 → 산수유시목지 → 손인필 비각 → 구례 구역 (34.9km)
- 걸은 시간: 10:40 ~ 20:10 (9시간 30분)
- 걸음 수: 52,391
- 경비: 교통비 31,500원 + 점심 5,300원 + 저녁 9,000원 + 음료 2,400원 + 숙박 30,000원 = 78,200원

3.16 백의종군길 16일차 걷기

〈난중일기〉[3)]

(4월 27일) 순천 송원에 이름 (승주군 서면 학구리 신촌), 이득종 정선 만남, 정원명의 집 유숙, 원수가 군관 권승경을 보내 조문, 순천부사, 정사준 만남
(4월 30일) 정원명의 집 유숙
(5월 2일, 4일, 7일, 10일, 11일, 12일) 순천부 동헌, (순천 체류기간은 사람 만나고 상황 파악 정보수집)

코스 (총 31.8km)

트랙#30 (11.7km) 구례구역 → 황전면사무소
트랙#30-1 (12.2km) 황전면사무소 → 학구마을회관
트랙#31 (7.9km) 학구마을회관 → 서면우체국

백의종군길 16일차 코스

06:10 – 어제 일찍 잠들어서 그런지 6시 30분에 맞춰 놓은 알람이 울리기도 전에 눈이 떠졌다. 씻고 짐을 챙겨서 나오니 6시 50분이었다.

저녁에는 어두워서 보지 못했는데 여관 맞은편에 조선수군 재건로에 대한 안내판이 있었다.

조선수군 재건로 안내판 - 구례구역

조선수군 재건로[52]
정유재란이 있었던 1597년, 당시 관직에서 파직당하여 백의종군하던 이순신 장군이 삼도수군통제사로 재임명되어 군사, 무기, 군량, 병선을 모아 명량대첩지로 이동한 구국의 길을 "조선수군 재건로"로 명명하여 역사스토리 테마길로 조성함.
조선수군 재건로 8경 - 구례, 곡성, 순천, 보성, 장흥, 강진, 해남, 진도

06:55 – 구례구역에 가서 스탬프함을 찾아보았다. 어제는 힘들고 어둡고 비도 오고 해서 대충 봐서 안 보였는데 날이 밝은 아침에 와 보니 구례구역 우측 편 KT 공중전화 옆 벽면에 스탬프함 #30이 있었다. 스탬프함에서 스탬프를 꺼내 백의종군길 패스포트에 어제 도착 직인과 오늘 출발 직인을 하였다.

왼쪽 무릎이 약간 저리긴 했지만 그 외 부분들은 자고 일어났더니 괜찮았다. 오늘도 30km 이상을 걸어야 했기에 마음을 단단히 먹고 출발하였다.
  어제 왔던 길을 되돌아가 용문교를 지나 우회전한 후 황전천 둑길을 걸었다.
  용서마을 정자 앞에 백의종군길 이정표와 남도 이순신길 이정표가 나란히 위치하고 있었다. 오늘도 이정표 덕분에 구글지도를 계속 보지 않아도 길 찾기는 어렵지 않을 것 같았다.

순천 백의종군길 이정표 - 용서마을 정자

백의종군길 이정표를 따라서 금평길 다리를 건넜다.
  오늘 걷는 길은 이렇 둑길을 걷다 다리를 건너고 또 둑길을 걷다 다리를 건너고 하는 식이어서 조금 지루할 듯하다. 그래도 길 중간중간에 백의종군길 빨간 리본이 있고, 갈림길에는 백의종군길 이정표가 있어서 뭔가 혼자가 아닌 듯한 느낌은 있었다.

08:35 - 외구길을 걸을 때는 남도 이순신길, 백의종군로 안내글자가 바닥에도 있었는데 좋은 아이디어인 것 같다.

10:00 – 그렇게 1시간을 넘게 둑길을 걷다 황전면사무소를 가기 위해 17번국도인 순천로로 나와 걸었다. 그리고 황전면사무소 비석에서 우회전하여 황전면사무소에 도착했다. 스탬프함 #30-1은 황전면 행정복지센터 건물 맞은편 정자에 있었고 스탬프함에서 스탬프를 꺼내 백의종군길 패스포트에 직인하였다.

백의종군길 스탬프함 #30-1 - 황전면 행정복지센터 정자

신발과 양말을 벗고 벤치에 누웠는데 피곤했는지 나도 모르게 스르르 눈이 감겼다. 이번에도 내 코 고는 소리에 놀라서 깨긴 했지만 10분 정도 잔 것 같다. 막 일어났을 때는 약간 멍하긴 했지만 조금 있으니 기분이 개운해졌다. 그렇게 휴식을 취하고 다시 출발했다.

월전중학교 샛길인 백야중길 골목길을 지나 순천로로 다시 나온 다음 구글지도에 나와 있는 대로 순천황전한우식당 주차장 안으로 들어갔다. 주차장을 가로질러 걸으며 이 길이 맞나 조금 긴가민가 했는데 주차장 끝부분에서 길이 나왔고 바닥에 백의종군길 안내 글자도 있어서 믿고 걸었다.

여기도 골목 갈림길마다 학구마을로 가는 백의종군길 이정표가 있어서 길 찾기는 어렵지 않았다. 그렇게 백야길 골목길을 지나 다시 17번국도인 순천로로 들어섰다.

　백야교와 망룡삼거리를 지나 구글지도에 나와 있는 대로 우측 샛길로 빠졌다. 백의종군길 이정표도 있어서 길이 난 곳으로 따라 걸었다.

　5분 정도 걸었을까? 길에 풀이 점점 많아지더니 결국 길이 막혀 버렸다. 구글지도는 분명 앞으로 전진하라고 되어 있는데 왼쪽은 뛰어내릴 수 없는 높이의 낭떠러지이고 오른쪽은 풀과 나무로 완전 막혀서 갈 수가 없었다. 순천로로 되돌아오며 다른 길이 있나 찾아봤지만 없었다. 결국 순천로로 우회해서 걷기로 결정하고 걸었다.

　걸으며 건너편 길(백의종군길)을 봤는데 길이 철문으로 막혀 있었다. 풀이 아니었더라도 결국 저 길은 갈 수가 없었던 것이었다.

　조금 지나니 우측에 매송종묘원 간판이 보였다. 구글지도를 보니 백의종군로는 저기 안쪽 길을 걷는 것으로 되어 있었다.

　우측은 백의종군로로 올라오는 길이라 좌측에 있는 길로 갔다. 좌측 길은 비닐하우스 대가 세워져 있고 바닥에 나무도 박혀 있는 게 잘 꾸며져 있었다. 사유지인가?

　그렇게 잘 꾸며진 길을 따라 굴다리 앞까지 도착했는데 전기울타리가 쳐져 있었다. 전기 울타리가 여기 주위 전체로 빙 둘려져 있어서 지나갈 수가 없었다. 그렇다고 이 전기 울타리가 진짜 전기가 통하는지 목숨 걸고 만져 볼 수도 없고 난감했다.

　네이버지도를 켜서 우회길을 찾아봤다.

　17번국도인 순천로는 중앙 펜스가 있어서 반대편으로 건널 수가 없고, 순천로를 계속 따라 걸으면 사람이 걸어서 갈 수 없는 송치터널이 나오는 것으로 되어 있었다. 결국 어떻게든 굴다리를 지나야 한다는 결론이었다.

　전기 울타리는 우측으로는 저 멀리까지 계속 이어져 있었고, 좌측으로는 굴다리 비탈진 벽까지 이어져 있었다. 그래서 좌측에 전기 울타리가 없는 곳까지 비탈진 곳을 오른 후 건너편으로 뛰어내렸다.

가방을 멘 채로 뛰어내려서 그런지 왼쪽 무릎에 약간 충격이 왔지만 그래도 다행히 건너는 왔고, 굴다리를 지났다. 백의종군로 이정표가 나오는 걸 보니 이 길이 맞는 길인데 못 가게 전기 울타리를 쳐놨으니 해결책이 필요해 보였다.

올해 백의종군길 완보하신 분들이 몇 분 있다고 들었는데 그분들은 이 길을 어떻게 지나갔지? 이번에 생긴 건가?

11:30 – 상동마을 비석을 지나니 정자가 보여 짐을 풀고 누워 잠시 쉬었다. 물을 마시려는데 물이 반 통밖에 안 남아 있어서 정말 목만 축였다. 송치재를 어떻게 넘을지 조금 걱정이 되었지만 다시 힘을 내서 출발하였다.

계월상동길 끝에서 순환로로 나가 역방향으로 걸은 후 송치길로 들어섰다. 송치길을 오르는데 오른쪽에 송치터널 입구로 들어가는 차들이 보였다. 난 저 위 고개를 걸어서 넘어야 한다고 생각하니 까마득했다. 그래도 높은 곳을 걸어 오르니 경치는 좋았다.

순천시 서면 송치재에서

송치재를 오른 소감을 시로 표현한다면 이렇다.

　　날씨가 맑아. 덥고
　　경치가 좋아. 힘드네
　　이 길을 걷는 사람은 나밖에 없으나.
　　나를 보며 짖는 개는 많네
　　힘들어 그늘진 바닥에 쉬려고 했으나.
　　물이 없어 목말라 죽겠네
　　아~ 송치재. 나랑은 안 맞네.

시는 처음 써 보는데 너무 부정적인가?

12:30 - 헉헉거리며 겨우 송치재 정상에 도착했다.

서면 이정표가 있는 걸로 봐서 여기서부터가 순천시 서면인 것 같았다. 조금 걸어가니 백의종군길 안내판이 보였는데 선평삼거리까지 8km 남았다고 적혀 있었다. 나중에 8km가 아니었다는 걸 알았지만 그래도 얼마 동안은 기분이 좋았다.

건물이 하나 보였는데 주차된 차들이 많고 연설하는 소리가 들리는 걸로 봐서는 교회 같았다. 절이었으면 들어가서 물 좀 얻어먹으련만 교회는 들어가면 전도당할까 봐 들어가지 않았다.

주위에 쉴 만한 곳이 딱히 없어서 교회 입구 앞 나무 그늘로 갔다. 길바닥에 신발 벗고 양말 벗고 그냥 드러누웠다. 어느 순간부터인가 힘들면 남 눈치 안 보고 자연스럽게 길바닥에 눕게 됐는데 좋은 건가? 그래도 약간의 부끄러움이 있어서 모자로 얼굴은 가리면서 쉬었다.

그렇게 10분 정도 쉬다가 다시 출발했는데 얼마 안 가 좌측에 정자가 보였다. 이게 왜 여기 있지? 정상에 있어야 되는 것 아닌가? 다시 쉬려니 좀 그렇고 해서 그냥 지나쳤다.

천천히 송치재를 내려온 뒤 구글지도를 따라 순천로 밑 굴다리를 지나 우회전하였다. 여기서부터는 송치재휴게소까지는 순천로로 쌩쌩 달리는 차와 마주 보며 걸어야 했다. 다행히 백의종군길 이정표가 있고 사람이 걸을 수 있도록 순천로 옆 샛길이 만들어져 있었다. 그러나 사람이 거의 안 다니는지 샛길에 풀이 너무 무성했고 길이 중간중간 움푹 파여 있었다. 무엇보다 엄청난 크기의 거미들이 거미줄을 놓고 먹이를 기다리고 있었다. 하는 수 없이 차도로 나와서 빠르게 걸어서 송치재휴게소에 도착했다.

13:30 - 송치재휴게소 식당에 들어갔다.
송치재를 넘으면서 물을 제대로 못 마셔서 그런지 주문을 하고 기다리면서 물을 한 2통은 들이켠 것 같다.
점심도 해결하고, 충천도 하고, 동영상 메모리도 이동시키고, 그렇게 충분히 휴식을 취하고 다시 출발하였다.

14:20 - 송치1교 밑을 지난 후 구글지도는 좌측 길로 빠지라고 되어 있었다. 빠지는 길이 있긴 했는데 못 들어가게 로프가 쳐져 있었다. 전기 울타리도 아니고 해서 일단 무시하고 로프를 넘었다.
길인지 아닌지 헷갈리는 지점이 있었지만 구글지도를 믿고 돌을 밟고 내려가서 작은 논길을 따라 걸었다. 구글지도는 하천을 건너지 말고 직진하라고 되어 있지만 정면으로 가는 길이 없고 밑은 뛰어내릴 만한 높이가 아니었다.
작업장 같은 간이 쉼터 밑으로 내려가서 신발과 양말을 벗고 하천을 건넜다. 밭 옆길을 따라 걸으니 얼마 안 가 울타리가 막고 있어서 되돌아와 밭 중앙을 가로질러 갔다. 밭을 지나니 묘가 나왔고 우측으로 걸을 수 있는 길이 잘 나 있었다. 그렇게 길을 따라 나아가니 백의종군길 이정표가 보였다. 어렵게 길을 찾아 나온 후 논길을 걷는데 찻잎이 많이 재배되고 있었다. 녹차인가?
기찻길 위 도로를 지날려 할 때 개 4마리가 나타났다. 깜짝 놀라서 가방에 달려 있던 등산 스틱을 꺼내려고 하는데 이 개들이 더 놀라서 나를 보고 도망을 갔다. 멀리서 나를 지켜보고 있어서 혹시 몰라 천천히 마주 보며 걸었다. 혼자 다닐 때 시골의 개는 제법 위협이 되는데 이번에 만난 개들은 짖지도 않고 달려들지도 않아서 다행이었다. 제법 덩치가 있는 개들이었는데 애완견인가? 들개는 아니겠지?

14:45 - 학구마을회관에 도착했다. 스탬프함 #31은 남도 이순신길 안내판에 달려 있었다. 스탬프함 #32-1도 있었는데 백의종군길 패스포트에는 #32-1칸이 없었다. 일단 스탬프함에서 스탬프를 꺼내 백의종군길 패스포트에 직인하였다.

백의종군길 스탬프함 #31 & 32-1 - 학구마을회관

송치휴게소에서 받았던 물을 들이켜며 앉아서 쉬고 있는데 어떤 아주머니가 길가에 뭔가를 말리기 위해 자리를 펴고 있었다. 딸로 보이는 아이가 엄마를 도우며 뭔가를 계속 나르고 있었다. 조용한 시골 풍경의 보기 좋은 모습이었다.

계속 지켜보면서 쉬는데 딸아이가 나를 힐끔힐끔 쳐다봤다. 내가 생각해도 지금 내 꼴이 이상한 걸 알기에 더 이상한 사람 취급받기 전에 얼른 일어나서 다시 출발하였다.

마을이 조용하고 집들도 다들 마당이 넓었다. 나중에 이런 곳에서 살면 좋겠다는 생각이 들 정도였다. 그러다 강원도 출신 와이프가 했던 말이 생각났다. "안 살아 본 사람은 얼마 안 가 지겨워서 못 산다."

학구리 비석을 지나 정자가 나오는 곳에서 구글지도에 나와 있는 대로 둑을 건넜다. 건너자마자 엄청난 걸 봤다.

'백의종군길 이정표에 적혀 있는 순천팔마비 13.1km.'

이대로라면 저녁 6시는 돼야 도착할 수 있다. 갑자기 다리에 힘이 쫙 풀리는 것 같았다.

여기서부터 길이 또 지루하게 똑같았다.

둑길을 걷다가 다리를 건너고 또 둑길을 걷다가 다리를 건너고….

얼마나 걸었을까? 작은 그늘지는 곳이 보였다. 순간 자동적으로 뛰어가서 신발 벗고 양말 벗고 둑길 바닥에 그대로 드러누웠다. 바람이 안 불어서 시원하지는 않았지만 기차가 지나가는 것도 보이고, 넓은 논도 보이고, 푸른 하늘도 보이고, 여하튼 좋았다.

그렇게 또 쉬다 출발했는데도 얼마 안 가 다시 지치기 시작했다. 아. 이놈의 저질체력. 왼쪽 무릎도 다시 저려오고 가방도 천근만근 무거웠다.

난 누구? 여긴 어디?

16:45 – 체력이 정말 바닥을 보여서 중간에 2~3번은 더 쉬었던 것 같다. 길은 가도 가도 끝이 없었는데 어느 순간 다행히 지도 안으로 목적지가 나타났다. 이제 정말 얼마 안 남은 것 같아서 힘을 내서 걸었다.

17:05 – 겨우겨우 순천 서면우체국에 도착했다.

스탬프함 #32는 서면우체국 앞 남도 삼백리길 코스 안내판 앞에 있었다. 스탬프함에서 스탬프를 꺼내 백의종군길 패스포트에 직인하였다.

백의종군길 스탬프함 #32 - 서면우체국 앞 자전거길

앉아서 쉬고 있는데 조선수군재건로 이정표가 보였는데 순천 팔마비까지 7.km 남았다고 되어 있었다.

그럼 그렇지. 아까 거기서 13.1km 남았을 리가 없었다. 서면우체국 6.1km 남았다고 표기되어 있었으면 좀 더 힘이 났을 텐데….

여하튼 백의종군길 걷기를 시작한 이후로 이번 이틀이 제일 많이 걸은 것 같다.

- 일자: 2019년 9월 29일 일요일
- 날씨: 맑음 (최고기온 28도)
- 걸은 길: 구례구역 → 황전면사무소 → 학구마을회관 → 순천 서면우체국 (33.3km)
- 걸은 시간: 06:50 ~ 17:05 (10시간 15분)
- 걸음걸이 수: 50,712
- 경비: 교통비 31,300원 + 점심 7,000원 + 저녁 7,000원 = 45,300원

3.17 백의종군길 17일차 걷기

〈난중일기〉[3]

(5월 14일) 손인필의 집에 유숙
(5월 15일) 구례 동헌으로 옮기고
(5월 17일) 원수가 "운봉길로 가지 않고 명나라 총병 양원을 영접하는 일로 전주로 달려갔다"고 하여 "내 걸음이 낭패라 민망하다" 함.
(5월 19일) 동문 밖 장세호의 집으로 옮기고, (5월 20일) 구례 동헌으로 옮기고,
(5월 23일) 체찰사에게 초계로 가겠노라 함.
(5월 24일~25일) 성 밖 장세호의 집에서 유숙하다.
(구례에서의 14일은 전략 논의)

코스 (총 37.5km)

트랙#32 (30.3km) 순천 서면우체국 → 동해마을입구 주막집
트랙#33 (7.2km) 동해마을입구 주막집 → 구례종합운동장 건너편 정자

백의종군길 17일차 코스

05:25 – 광명역에서 첫차를 타고 순천역으로 향했다. 백의종군길을 걸으면서 출발지까지 기차로 이동하기는 이번이 처음이다. 창밖으로 일출도 보이고 나름 진짜 여행하는 기분이 들었다.

07:45 – 순천역에 도착한 후 버스를 타고 서면우체국으로 이동했다. 서면우체국옆 자전거길에 있는 스탬프함 #32에서 스탬프를 꺼내 패스포트에 직인하였다. 17일차 출발이다.

16일차에는 서면우체국이 목적지이다 보니 힘들어서 땅만 보면서 걸어왔는데 오늘은 출발지여서 그런지 주위의 환경이 눈에 들어왔다. 물가의 오리 가족도 보이고, 아침 일찍부터 아주머니들도 하천에서 뭔가를 잡고 계셨다. 다슬기를 잡으시는 건가?

하천을 따라 걷는 길

원래 백의종군길은 순천서천을 쭉 따라서 걸어야 했다. 하지만 16일차에 오면서 개인 사유지 등 막혀 있는 길이 있어서 되돌아가기 어려울 것 같았다. 그래서 미리 찾아본 우회 경로인 순천자연휴양림 갈마봉 길로 가려고 계획을 세웠다.

1) 백의종군길: 서면우체국 → 학구마을회관 → 송치재 → 황전면사무소
2) 우회 경로: 서면우체국 → 순천자연휴양림 → 갈마봉 → 황전면사무소
* 황전면사무소 이후는 백의종군길 합류

운평교를 건넌 후 순천 서천이 아니라 우회길인 운평천을 따라 나 있는 청소년수련원 길을 걸었다.

당천마을, 용당마을, 죽당마을 비석을 지나니 자연휴양림 이정표가 보였다. 그렇게 이정표를 따라 걷고 있는데 왼쪽(서쪽) 하늘에 달이 보였다. 밝은 하늘에 달… 자주 보는 게 아니어서 사진을 찍어봤다. 찍을 때는 몰랐는데 집에 와서 보니 달 바로 밑에 검은 점이. 설마 UFO?

낮달 그리고 UFO 추정 물체

청소년수련원, 유스호스텔 1.2km 이정표가 보였다. 이제부터 오르막이었다. 그리고 앞에 보이는 저 산을 넘어야 했다. 갑자기 다리에 힘이 풀리는 듯해서 버스정류장에서 잠시 쉬었다 다시 걸었다.

10:00 – 순천자연휴양림 입구에 도착했다. 휴가철도 지나고 조금은 쌀쌀해진 주말이라 그런지 넓은 휴양림에 사람은 보이지 않았다.

순천자연휴양림

자연휴양림을 가로질러 등산로 이정표를 따라서 계속 올랐다. 헉헉. 숨이 차오르기 시작했다. 송치재보다 더 가파른 것 같다. 길을 잘못 선택한 것 같은 후회가 막 밀려들었지만 어쩔 수 없었다.

그렇게 힘들게 오르고 있는데 눈앞에 노란 MTB 이정표 같은 것이 보였다. 잘못 봤나? 다시 한번 봤는데 MTB라고 적힌 깃발이 맞았다. '이런 곳에 MTB? 산악자전거? 제정신인가?'란 생각을 하면서 오르고 있는데 뒤편에서 무슨 소리가 들려서 돌아봤다. 세 분이 자전거를 타고 "영차~ 영차~" 하면서 올라오고 있었다.

어이가 없어서 선 채로 계속 보고 있으니 어느새 내 옆을 지나갔다. 등산객 같았으면 "수고하십니다. 파이팅~" 뭐 이런 얘기를 건넸을 텐데 나랑 차원이 다른 길을 가고 있으신 분들이라 그냥 멍하니 안 보일 때까지 쳐다만 봤다.

산악자전거(MTB)

　산악자전거 코스라 그런지 산길인데도 길이 잘 되어 있었다. 걷기는 편했지만 그래도 오르막이라 힘들긴 마찬가지였다. 숨이 턱까지 차오르는데 다행히 나무 의자가 보여서 잠깐 쉬었다. 확실히 산을 오르는 게 힘들지만 올랐을 때 경치가 좋긴 했다.

10:40 - 구글지도랑 네이버지도는 갈마봉 길이 나오지 않았지만 카카오맵은 길이 나와서 이 길을 지날 때는 카카오맵을 이용했다.

　산 정상 정도 올라왔을 때 MTB 이정표는 오른쪽으로 가라고 나와 있었고 카카오맵은 왼쪽으로 가라고 되어 있었다. 카카오맵을 따라 왼쪽 길로 걸었다. 조금 더 걸으니 내리막길이어서 이후부터는 편하게 걸었다.

갈마봉 죽청길

11:30 – 길을 따라 산을 내려오니 소 축사들이 보였다. 원래 있던 축사들도 꽤 많이 보였는데 신규로 또 축사들을 짓고 있었다.

소들이 많아서 그런지 걷는데 고향의 향기가 많이 났다.

상검 죽청 마을 비석에서 좌회전하여 인도가 없는 840번 지방도(건구칠동로)를 걸었다. 미인매실 비석을 지나 하검마을 비석이 있는 버스정류장에서 잠시 쉬었다. 날씨가 덥지 않아 물을 많이 안 마셨더니 배가 슬 고파와서 5분 정도만 쉬고 바로 다시 출발하였다.

백의종군길과 합류하는 17번국도(순천로) 이정표가 보였다. 생각보다 꽤 먼 거리(약 18km)를 우회한 것 같다.

백의종군길에 합류하자마자 오늘 처음으로 백의종군로 이정표를 보았다. 돌아오는 길은 황전면사무소에 들려서 스탬프를 찍을 필요가 없어서 바로 점심을 해결하기 위해 길가에 있는 황월반점에 들어갔다. 오후 1시였는데 손님이 꽤 많아서 혼자 오신 손님과 합석하여 앉았다. 짜장면을 시켜 먹고 액션캠으로 찍은 동영상도 핸드폰으로 옮겨 두었다.

13:40 – 점심을 다 먹고 다시 출발하였다. 한 번 왔던 길을 되돌아가다 보니 길이 낯설지가 않았다. 역시나 국도변 옆에 걸을 수 있게 길도 잘 되어 있었다.

10분 정도 걸어간 후 굴다리 밑을 지나 황학교를 건넜다. 여기서부터는 동해마을까지 황전천 둑길을 따라 걸으면 되었다.

15:00 – 외구마을 입구 근처에 다다랐을 때 큰 나무가 보였다. 16일차에 여기서 쉬었는데 오늘도 여기서 좀 쉬어야겠다는 생각이 들었다.

가방을 내려놓고 신발, 양말 다 벗고 누웠다. 그늘에 바람도 선선하니 하늘도 맑고 눈꺼풀이 무겁고….

외구마을 입구 나무그늘 쉼터

이런 게 소확행(소소하지만 확실한 행복)이랄까? 정말 좋았다.

얼마나 쉬었을까? 더 쉬고 싶었지만 가야 할 길이 아직 많이 남아서 아쉬움을 뒤로한 채 다시 출발하였다.

뚜벅뚜벅 하염없이 황전천 둑길을 걸었다. 오후가 됐지만 뜨겁지 않게 날씨가 계속 맑아서 걷기가 좋았다. 출발할 때는 비가 올지도 모른다고 해서 조금 걱정했는데 다행이다.

16:20 – 출발한 지 8시간만에 순천을 지나 구례군 문척면에 들어섰다.
　10분 정도 더 걸어가 동해마을 입구에 도착했다. 동해마을 입구 비석 옆에 동해길 주막집이 있었는데 스탬프함 #33은 주막집 입구 우측에 매달려 있었다. 스탬프함에서 스탬프를 꺼내 백의종군길 패스포트에 직인하였다.

백의종군길 스탬프함 #33 - 동해마을 입구 주막집

　주막집은 불이 꺼져 있고 출입문에는 "시장에 다녀오겠습니다"란 안내문이 걸려 있었다. 그래서 눈치 안 보고 의자에 앉아서 잠시 쉬고 있는데 맞은편에 고양이 한 마리가 도망가지도 않고 나를 지켜보고 있었다. 주막집 고양이인가?

16:40 – 나무다리를 따라 황전천을 걸었다. 16일차에는 여기 지날 때가 밤이어서 아무것도 못 봤는데 낮에 보니깐 바닥에 낙엽이 무지하게 떨어져 있었다. 16일차 밤에 알록달록 불빛을 냈던 대교도 보였는데 가까이 가서

보니 명칭이 두꺼비다리였다.

섬진강과 두꺼비다리

섬진강과 두꺼비다리[53]
1385년(고려 우왕 11년)경 왜구가 섬진강 하구를 침입했을 때 수십만 마리의 두꺼비떼가 울부짖어 왜구가 광양쪽으로 피해 갔다고 전해지고 있어, 이때부터 두꺼비 "섬(蟾)"자를 붙여 섬진강이라 불렀다고 전한다.
2017년 7월 31일 준공된 이 다리는 구례읍 신월리와 문척면 죽마리를 잇는 보도교이며, 섬진강의 두꺼비 전설과 옛 이름인 "섬강(두꺼비강)"을 기억하고, 예부터 민간에서 재복을 상징하거나 수호신, 신비한 능력을 갖춘 동물로 나타나는 두꺼비의 기운이 전해지기를 바라며 "두꺼비다리"로 이름을 붙였다.

17:00 – 오섬권역 다목적교류센터 주차장에 도착했다. 여기서부터는 자전거길이 잘 되어 있어서 또 나름 걷기가 편했다.

이제 슬슬 해가 지려고 하고 있었다. 가을이 시원해서 좋긴 한데 해가 짧은 것이 단점이었다. 그래서 인도도 없고 갓길도 없는 조금 위험한 작은 문척교를 후딱 지났다.

18:10 – 손인필 비각에 도착했는데 그 사이 해는 벌써 져 버렸다. 되돌아올 때는 손인필 비각에 있는 스탬프를 찍을 필요가 없어서 그냥 지나쳤다.

구글지도에 나와 있는 대로 손인필 비각에서 우회전하여 좌측 골목길을 걸었다. 다리 위 도로변을 건너 직진한 후 지리산 둘레길 안내센터에 도착했다. 지리산 둘레길 안내센터 길 맞은편에 있는 정자에 가니 스탬프함 #34가 있었다. 스탬프함에서 스탬프를 꺼내 백의종군길 패스포트에 직인하였다.

백의종군길 스탬프함 #34 - 지리산 둘레길 안내센터 맞은편 정자

에필로그

오늘 목적지는 여기까지였지만 예약해 둔 꾸레게스트하우스까지 조금 더 걸었다.

꾸레게스트하우스는 편의점을 같이 운영하고 있었다. 예약할 때 게스트하우스 입실 전 계산은 편의점에서 하라고 들어서 편의점에 들어가서 계산을 하고 게스트하우스로 들어갔다. 보통 도미토리 4~8인실이 2만 원인데 여기는 1인실도 2만 원이어서 저렴하게 잘 수 있었다.

씻고 밥을 먹으러 밖으로 나갔다. 주위에 식당이 많이 검색되었는데 술집 몇 군데 말고는 다 문이 닫혀 있었다. 겨우 콩나물국밥집 하나를 찾았는데 오늘 오픈해서 정신이 없어 한 사람은 안 받는다고 했다.

아. 오늘 또 밥을 못 먹는 건가?

다른 식당을 찾았지만 문 연 곳을 더 이상 찾을 수 없었다. 결국 편의점으로 돌아와 컵라면에 참치마요 김밥을 하나 사서 먹고 잤다.

- 일자: 2019년 10월 19일 토요일
- 날씨: 맑음 (최고기온 23도)
- 걸은 길: 순천서면우체국 → 순천자연휴양림 → 황전면사무소 → 동해마을입구 → 구례공설운동장 건너편 정자 (39.4km)
- 걸은 시간: 08:20 ~ 18:40 (10시간 20분)
- 걸음걸이 수: 60,158
- 경비: 음료 1,500원 + 교통비 43,700원 + 점심 6,000원 + 저녁 3,850원 + 숙박 20,000원 = 75,050원

3.18 백의종군길 18일차 걷기

〈난중일기〉[3]

(5월 26일) 우중에 석주관 도착, 말 휴식

🚩 코스 (총 6.8km)
트랙#34 (6.8km) 구례공설운동장 건너편 정자 → 운조루 앞 오미정 정자

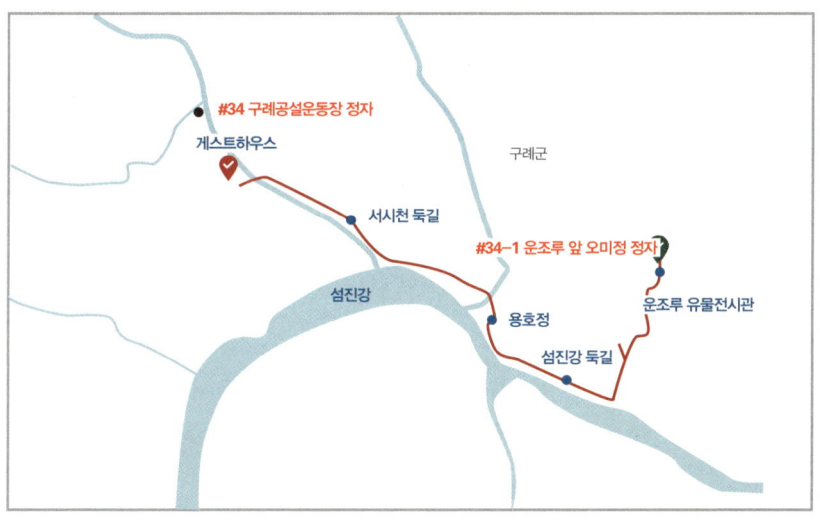

백의종군길 18일차 코스

06:00 - 어제 40km를 걸었더니 피곤해서 일찍 잠이 들었다. 그래서 그런지 아침에 일찍 눈이 떠졌다.

공용 샤워장에 씻으러 가는데 옆 2인실 방에 불이 켜져 있었다. 살짝 보니 아무도 없는 게 벌써부터 나가신 분들이 있는 것 같았다.

어제 게스트하우스 입구에 자전거들이 많이 있었는데 아마도 자전거 라

이딩하러 가셨나 보다. 나도 집에 자전거가 있는데 나중에 시간 되면 아들 관이랑 자전거길 국토종주를 한번 도전해 봐야겠다.

06:40 - 짐을 챙기고 게스트하우스를 나왔다. 백의종군길을 걸으면서 제일 일찍 나온 것 같다. 그렇게 18일차 백의종군길을 출발하였다.

밖으로 나오니 온 사방이 안개로 자욱했다.

서시교를 건너기 전 길 찾기가 쉽게 백의종군로와 지리산둘레길 이정표가 나란히 있었다. 서시교를 건너 우회전한 후 서시천 둑길을 걸었다.

저 멀리 두 사람이 걷고 있는 게 보였다. '따라잡을까?'라고 생각을 하는데 갑자기 왼발 뒤꿈치가 아파왔다. '게스트하우스 계단 내려오면서 충격이 있었나? 조금 있으면 괜찮겠지?'라고 생각하고 계속 걸었다.

07:40 - 한 시간 정도 걸은 듯한데 뒤꿈치가 아파서 중간에 2번 정도 쉬면서 발을 계속 문질렀다. 그러나 걸으면 걸을수록 더 아파졌다. 등산 스틱을 펴서 기대고 절뚝거리면서 계속 걸으니 구례문화생태탐방로 안내판이 보였고, 지리산둘레길 이정표와 빨간 리본이 아래 나무다리로 가라고 표시되어 있었다.

웬만큼 아프면 이런 생각을 안 했을 텐데 너무 아파서 '계속 걸어야 하나?'란 생각이 계속 들었다. '어떻게든 운조루 앞 오미정 정자까진 가 보자'란 생각으로 아주 천천히 계속 걸었다.

나무다리를 걷는데 안개만 아니면 운치가 꽤 괜찮았을 듯했다.

08:00 - 나무다리를 지나 용호정에 도착했다.

용호정

용호정(향토문화유산(유형) 제3호)[54]
이 정각은 1910년 경술국치 후 군내 뜻 있는 유림인사들이 수차 모임을 갖고 항일 울분을 달래기 위해 일제의 탄압과 감시를 피하여 시계를 조직하고 1917년 오두선 외 73인이 당시 1,350원을 갹출하여 건립하였다.

용호정을 지나 섬진강 둑길을 걸었다. 뒤꿈치만 아프지 않았다면 길이 좋아서 걷기는 편했을 듯싶다.

둑길에서 좌측 논길로 들어서기 전 벤치가 있어서 앉아서 잠시 쉬기로 했다. 앉아서 다리를 주물러 봤지만 뒤꿈치가 나아질 기미가 보이지 않았다. 여기까지 오면서 5번은 넘게 쉬어서 시간이 생각보다 많이 지체되었다. 운조루 고택까지 이 논길만 지나면 돼서 천천히라도 가 보기로 결정하고 출발했다.

안개가 자욱한 섬진강 둑길의 벤치

09:20 – 운조루길 도로변에 도착했다.

뒤꿈치가 너무 아파서 버스정류장에서 또 쉬었다. 걸을수록 통증이 더 심해져서 운조루 고택을 코앞에 두고 포기하고 싶었다. 머리로는 조금만 더 가면 된다고 생각을 했지만 몸이 아니었다.

'진짜 어떻게 해야 하지?' 고민에 고민을 거듭했다. 결국 '가 보자'라고 결정하고 다시 힘을 내서 걸었다. 이번엔 등산 스틱에 기대어 왼쪽 다리를 들고 걸었다.

09:30 – 운조루 유물전시관이 보였고 입구에 백의종군로 안내판이 있었다. 백의종군로 안내판 뒤편에 정자가 보여서 거기로 갔다. 오미정 정자였고 스탬프함 #34-1은 그곳에 있었다. 스탬프함에서 스탬프를 꺼내 백의종군길 패스포트에 직인하였다.

백의종군길 스탬프함 #34-1 - 운조루 앞 오미정 정자

운조루 유물전시관

구례 운조루 고택(求禮 雲鳥樓 古宅)[55]
조선 중기의 집으로 영조 52년(1776)에 삼수부사를 지낸 유이주가 지었다고 한다. 풍수지리설에 의하면 이곳은 산과 연못으로 둘러싸여 있어 '금환락지(金環落地)'라 하는 명당자리로 불려왔다. 집의 구성은 총 55칸의 목조기와집으로 사랑채, 안채, 행랑채, 사당으로 구성되어 있다.
운조루는 조선시대 양반집의 전형적인 건축양식을 보여 주고 있는 건물로 호남지방에서는 보기 드문 예이다. 이곳에는 여러 가지 살림살이와 청주성의 지도, 그리고 상당산성의 지도 등의 유물도 상당수 보존되어 있다.

7km를 3시간 동안 걸어서 겨우 도착했다. 백의종군길을 걸으면서 중도 포기는 처음이지만 다리 상태가 안 좋아서 오늘은 여기까지만 걷고 포기해야 했다. 나머지 길은 19일차에 보충해서 걸어야겠다.

시간별 걸음 수와 걷기 속도

06:42 ~ 07:05 − 1,821걸음(시속 3.5km/h)
07:07 ~ 07:23 − 1,627걸음(시속 4.2km/h)
07:33 ~ 07:47 − 1,383걸음(시속 4.3km/h)
07:52 ~ 08:18 − 1,746걸음(시속 2.9km/h)
08:19 ~ 08:40 − 1,569걸음(시속 3.1km/h)
08:49 ~ 09:19 − 2,131걸음(시속 3.0km/h)
09:20 ~ 09:33 − 864걸음(시속 2.9km/h)
09:53 ~ 10:04 − 243걸음(시속 1.0km/h)

에필로그

복귀 후 병원 진료를 받으니 발뒤꿈치 주위의 족저근막에 염증이 생겼다고 했다. 바닥이 딱딱한 도로를 오래 걸었고, 운동화도 오래돼서 발바닥의 충격을 제대로 흡수하지 못해서 발생한 것 같았다. 당분간 치료를 받으면서 휴식을 취하고, 신발도 쿠션이 좋은 걸로 새로 사야겠다.

- 일자: 2019년 10월 20일 일요일
- 날씨: 안개/흐림 (최고기온 24도)
- 걸은 길: 구례공설운동장 건너편 정자 → 운조루앞 오미정 정자 (7.0km)
- 걸은 시간: 06:40 ~ 09:40 (3시간)
- 걸음걸이 수: 12,107
- 경비: 음료 2,500원 + 교통비 25,500원 + 택시 8,000원 = 36,000원

3.19 백의종군길 19일차 걷기

〈난중일기〉 3)

(5월 26일) 석주관을 거쳐 악양 이정란의 집에 유숙하다.

코스 (총 31.6km)

트랙#34-1 (7.9km) 운조루 앞 오미정 정자 → 구례 석주관
트랙#35 (6.0km) 구례 석주관 → 화개장터 관광안내센터
트랙#35-1 (9.2km) 화개장터 관광안내센터 → (최참판댁) 파란들빵가게
트랙#36 (8.5km) 파란들빵가게 → (하동) 흥룡마을회관

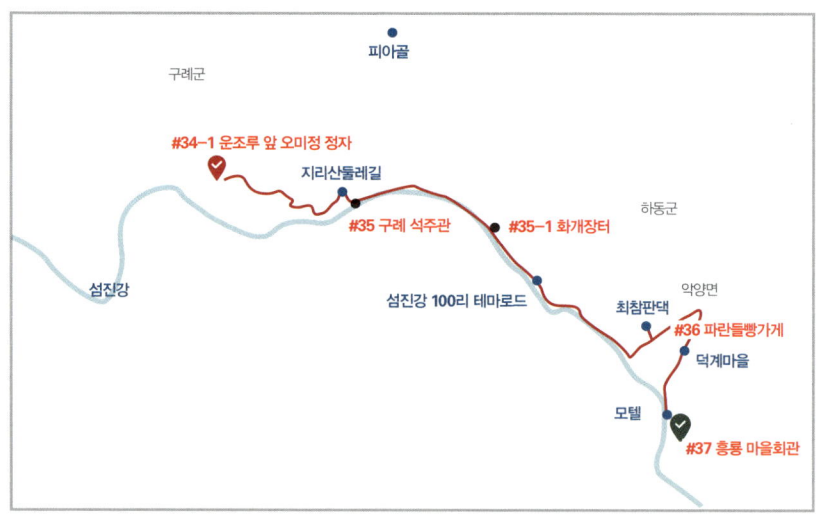

백의종군길 19일차 코스

04:30 - 울릉도 국제 트레킹 대회를 다녀오면서 백의종군길 걷기 계획을 늦게 세워 구례까지 가는 버스를 예매하지 못했다. 인터넷을 조회해 구례까지 가는 방법을 다시 찾아보니 기차를 타고 가는 방법이 제일 빨랐다.

대신 수서역에서 5시 10분 첫차를 타야 했다.

　지하철이 없어서 어쩔 수 없이 자고 있는 와이프를 살포시 깨웠다. 약간의 잔소리를 듣기는 했지만 시간에 맞춰 수서역까지는 데려다주었.

　SRT(Super Rapid Train)를 타고 익산역까지 가서 무궁화호로 갈아탄 후 구례구역까지 갔다. 15일차에 여기서 숙박을 했었는데 또 오게 될 줄이야. 구례구역 앞에서 택시를 타고 운조루 저택 앞으로 갔다.

08:30 - 운조루 앞 오미정 정자에 도착했다.

　가을 점퍼를 입고 왔는데 날씨가 많이 쌀쌀했다. 핸드폰을 보니 헉. 1도였다. 아~ 추워. '좀 두터운 점퍼를 입고 올걸'이란 늦은 후회를 또 해 본다.

　18일차에 뒤꿈치가 너무 아파서 여기서 포기를 했었는데 오늘 새롭게 출발하니깐 오미정 정자에 있는 스탬프함 #34-1에서 스탬프를 꺼내 패스포트에 한 번 더 직인하였다. 19일차 출발이다.

　조금 걸어가니 여기가 오미마을이라는 안내도가 보였다. 아~ 그래서 오미정 정자였군. 백의종군길도 석주관까지 지리산둘레길과 같아서 안내도에 나와 있는 대로 지리산둘레길 오미-송정 방향으로 따라 걸었다.

　햇볕이 내리쬐기 시작하는데 저 멀리 산 아래에는 아직도 안개가 자욱했다. 아침부터 동쪽으로 이동하다 보니 사진을 찍을 때마다 앵글이 햇빛에 계속 노출되었다. 대신 몸에는 비타민D가 보충되는 건가?

　아침저녁으로 날씨는 쌀쌀해지고 있지만 가을 단풍은 여전히 예뻤다. 어제가 입동이었으니 조만간 낙엽이 지고 곧 겨울이 올 것 같다.

오미마을의 아침 풍경

09:00 – 남도수군 재건로 안내판이 있는 구만교를 건너 오우동 비석에서 백의종군길 빨간 리본을 따라 우측 오르막길로 접어들었다.

걷기 시작한 지 30분밖에 안 됐는데 벌써 오르막길이 시작되었다. 헉헉. 숨이 차고 힘들어서 그런지 추운 건 좀 덜했지만 손은 계속 시리워서 호주머니에 손을 넣고 걸었다. 다음에 걸을 때는 장갑도 준비해야겠다.

산꼭대기는 아니지만 오르막의 정상에 쉬어갈 수 있게 만든 정자가 있었는데 올해 유독 많이 온 태풍의 영향 때문일까? 위험하게 기울어져 있었다. 조금 쉬고 싶은 마음이 있긴 했지만 위험할 것 같아서 그냥 지나쳤다. 그 옆에 남도 이순신길 조선수군 재건로 안내판이 있었는데 석주관으로 가는 방향 표시가 왔던 길을 향하고 있었다. 길이 틀렸나? 구글지도를 보니 맞는 방향으로 가고 있었다. 맞은편에 세워놔야 하는데 잘못 설치한 듯하다.

09:45 – 노인전문요양원을 지나 지리산둘레길 안내 표시를 따라 우회전하였다. 이렇게 회전 구간마다 지리산 둘레길 안내 표시가 있어서 길 찾기

는 쉬웠다. 조금 더 걸어가니 좌, 우측에 감나무가 있고 중앙으로 길이 나 있었다. 지리산 둘레길 중에는 이렇게 개인 소유지를 지나는 곳이 여러 군데 있었다. 백의종군길은 지나가지 못하게 막혀 있었는데 여긴 협조가 잘 되고 있었다.

야생동물 생포트랩이 있었는데 처음 봤다. 야생동물 연구용으로 설치되어 있다고 적혀 있었다. 그러고 보니 지리산에 방사된 동물들이 있을 텐데 둘레길은 안전한 건가?

오르막 산길도 잘 정비되어 있었다. 오르막을 넘어 내려가니 바닥에 시멘트가 발라져 있었다. 바닥 공사를 한 지 얼마 안 된 것 같은데 어떡하지? 발로 살짝 한번 눌러봤는데 시간이 좀 지났는지 다행히 딱딱히 굳어 있었다. 혹시 몰라 살금살금 조심히 지나갔다.

10:25 – 헉헉. 점점 산으로 들어가고 있었다. 오르막이라 힘든데 길이 잘 되어 있으면 뭐하나? 헉헉. 숨이 턱까지 차오르고 있었는데 위에서 하하 호호 소리가 들렸다. 중년의 남녀 커플이 웃으며 내려오고 있었다.

"수고하십니다~"라고 인사를 건네시며 내려가시는데 많이 부러웠다. 나도 같이 따라 내려가고 싶은 마음은 굴뚝 같았지만 힘을 내서 계속 올랐다. 그렇게 의도치 않게 힘든 가을 단풍 구경을 하면서 산 하나를 넘었다.

이제부터는 내리막이었지만 생각보다 길이 좋은 편이 아니어서 조심히 내려가고 있는데 이번에 음악 소리가 들렸다. 나이가 많아 보이시는 할아버지, 할머니께서 등산 스틱에 기대어 천천히 걸어 내려가고 계셨다. 구수한 트로트 음악 소리는 할아버지 가방에서 나오고 있었다. 뒤에 붙어서 천천히 따라갔는데 할아버지께서 길을 비켜 주시며 "먼저 가시오"라고 하셨다. "감사합니다"라고 말씀드리고 앞질러 갔다.

지리산둘레길과 석주관으로 가는 방향이 갈라지는 지점이 나와서 석주관 방향으로 우회전해서 내려갔다. 어느 정도 내려가니 갈림길에 좌회전 표시가 있어 좌회전을 하려는데 도랑에 높이가 꽤 높은 임시 철교가 설치되어 있었다. 약간 흔들렸지만 양손을 잡고 한 발 한 발 천천히 건넜다.

　내려가는 길에 띄엄띄엄 집이 한 채씩 나오기 시작했다. 그러다 벽 쪽에 향을 켜놓고 가부좌로 앉아 계신 분을 보았다. 말로만 듣던 도를 닦고 계시는 분인가? 무속인 절대 출입 금지 표지판이 있는 것 보니깐 맞는 것 같기도 하다.

11:05 – 구례 석주관에 도착했다. 사람이 아무도 없었지만 문이 열려 있어서 잠깐 내부에 들어가 구경했다.

구례 석주관

구례 석주관성[56]
고려말 왜구가 섬진강을 통해 전라도 내륙으로 침입하는 것을 막기 위해 석주관성을 쌓았다. 이곳은 임진왜란 때 많은 의병들이 왜적의 전라도 진입을 막기 위해 싸우다 순절한 역사의 현장이다.
석주관성 왼편에는 당시 구례현감과 7명의 의병장이 모셔져 있는 칠의사묘가 있다.

스탬프함 #35는 화장실 건물 우측 벽에 있었다. 스탬프함에서 스탬프를 꺼내 백의종군길 패스포트에 직인하고 잠시 쉬었다.

백의종군길 스탬프함 #35 - 구례 석주관 화장실 벽

11:15 – 다시 짐을 챙기고 하동 방향으로 섬진강 대로를 걸었다. 사람이 걸을 수 있는 갓길이 생각보다 좁았고, 차들도 무서운 속도로 지나다녀서 많이 위험했다. 좌측 갓길이 넓으면 거기로 걸었다가 우측 갓길이 넓으면 거기로 걸었다. 차 오는 소리가 양쪽 방향에서 들리면 그 자리에 서 있기도 하고 안 되면 좌측 배수로로 내려가서 걷기도 했다. 도로변에 반달곰이 그려진 야생동물주의 안내판도 보였다. 설마 반달곰이 여기까지 내려오는 건가?

그렇게 버스정류장을 지날 때 배낭을 메신 분이 "이 길을 걸어오셨어요?"라고 물어봤고, 난 "네"라고 짤막하게 대답하고 바로 계속 걸었다. 가다가 뒤를 돌아보니 그분은 거기서 계속 서성거리고 계셨다. 내가 온 길을 가려는 건 아니겠지?

12:05 – 피아골의 명소 은어마을 펜션단지 안내도가 있는 곳을 지났다. 구례구역에서 택시를 탔을 때 기사분이 "혹시 피아골 가세요?"라고 물어봤었는데 여기가 거긴가 보다. 지리산 10경 중의 하나로 단풍이 유명하다고 했었다. 그러나 오늘은 갈길이 멀어서 시간상 피아골은 못 가고 피아골 경관 쉼터에서 쉬면서 섬진강만 구경했다.

은어마을[57]
경상도와 전라도의 경계 쪽에 자리한 은어마을은 수려한 풍광과 맑은 물이 흐르는 아름다운 휴양지이다. 앞으로는 정감 있는 섬진강이 흐르고 옆으로는 청정한 피아골 물소리가 들린다. 눈 내린 겨울은 절경을 자랑하고, 봄에는 꽃들이 흐드러지고, 가을이면 피아골 단풍들이 한잔하자 유혹한다.

12:40 – 출발한 지 4시간 만에 드디어 전라남도 구례를 지나 경상남도 하동에 들어섰다. 전라도를 꽤 오래 걸었더니 아쉬운 마음도 약간 들었다.

긴급가축방역 안내판이 보였다. 방역은 길 전체에서 하지 않고 우측 편에 따로 설치되어 있었다. 일반 차량은 그냥 지나가고 가축 차량만 우측으로 빠져서 방역을 하는 것 같았다.

방역소에 한 사람이 앉아 있었는데 내가 지나갈 때 나를 계속 쳐다보는 것이었다.

'뭐야? 나보고 뭔 생각을 하는 거야?'

왠지 방역당할 것 같은 느낌이 들어 빠른 걸음으로 그 자리를 벗어났다.

화개장터에 도착했다. 입구에는 성기와 계연의 이야기가 테마로 꾸며져 있었고, 그 옆으로 화개장터 3.1 운동기념비와 거북선을 타고 있는 백의종군로 안내 비석이 있었다.

스탬프함 #35-1은 화개장터 관광안내소에 있었다. 스탬프함에서 스탬프를 꺼내 백의종군길 패스포트에 직인하였다.

백의종군길 스탬프함 #35-1 - 화개장터 관광안내소

장터 입구에는 화개장터가 크게 적힌 비석이 있었고, 그 밑에는 조영남의 화개장터 노랫말이 새겨져 있었다. 조영남의 노래로 유명해진 화개장터이다 보니 장터 중앙에는 조영남의 황금동상까지 있었다.

화개장터

화개장터[58]

하동군 화개면 탑리에 위치한 화개장터는 지리산 맑은 물이 섬진강과 만나는 아름다운 자연 속에 자리하고 있으며, 영호남 화합의 상징으로 훈훈한 인심이 넘쳐나는 역사와 문화의 장터로 자리매김하고 있다.

화개장터에서 판매되는 품목은 청정지리산의 무공해 산나물과 탁월한 효능의 임산물과 한약재, 맛좋고 영양 많은 제철 과일 등으로 자연이 키운 웰빙 특산물이다.

더 안쪽으로 들어가니 장터국밥집이 있어서 들어가 점심을 먹었다. 화개장터가 많이 크지는 않아서 점심을 먹고 나와 천천히 한번 둘러보고 다시 길을 나섰다.

13:25 – 화개장터 앞 사거리에 섬진강을 따라 강변로가 형성되어 있었다. 섬진강 100리 테마로드 입구라고 적혀 있었고 빨간 리본도 그 방향으로 표시가 되어 있어서 나무다리를 따라 내려가서 쭉 걸었다.

녹차밭이 많이 있었는데 아니나 다를까 녹차길이라는 안내판이 나왔다. 은모래길, 두꺼비 바위 쉼터, 대나무길도 지났다.

아. 길다. 가도 가도 계속 섬진강을 따라 길이 이어져 있었다. 섬진강 100리 테마로드라고 했었는데 진짜 길이가 40km는 아니겠지?

석주관에서 화개장터까지 오는 길이 위험했는데 거기도 이렇게 만들어 놨으면 안전하게 걸어올 수 있었을 텐데 전라도와 경상도의 경계 지점이라 협력이 잘 안 되는 건가?

섬진강 100리 테마로드 - 녹차길, 은모래길, 두꺼비바위 쉼터, 대나무길

섬진강 100리 테마로드[59]

섬진강 100리 테마 로드는 경상남도 하동군 섬진강 일원에 조성된 자전거 길과 산책길이다.

녹차길 - 하동야생차문화축제, 매년 5월 초 화개면, 악양면 일대

은모래길 - 모래가 많아 '모래가람', '두치강', '다사강(多沙江)'이라 불렸던 섬진강. 이 길을 걷다 보면 금은빛 고운 모래는 쉴 새 없이 만나게 된다.

두꺼비 바위 쉼터 - 옛날에 한 처녀가 나루터에서 홍수에 떠내려가는 두꺼비를 구해 주었는데, 후에 처녀가 물에 빠져 곤경에 처하자 두꺼비가 처녀를 구한 후 지쳐 그 언덕 밑에서 숨졌다고 한다. 그 뒤 이 두꺼비의 아름다운 행실을 기리는 뜻에서 이곳을 섬진이라 하였다.

대나무길 - 사계절 꼿꼿이 뻗은 푸른 대나무는 맑고 절개가 굳으며 마을을 비우고 천지의 도를 행할 군자가 본받을 품성을 모두 지녔다 하여 우리 민족은 예로부터 대나무를 좋아 하였다.

15:20 - 평사리 삼거리 근처에 도착했다. 최참판댁 방향으로 가야 해서 테마로드는 여기까지만 걸어야 했다. 지도를 보니 거의 8km 가까이는 걸

은 것 같다.

평사리 삼거리에 슬로시티 하동 악양이라는 안내판이 있었는데 앞쪽 방향으로는 공사 중이라 더 이상 길이 없었다. 임시 도로로 만들어 놓은 차도로 나가 최참판댁 방향으로 좌회전하였다. 소설 《토지》의 무대 최참판댁이란 안내 표지판이 많이 보였다.

슬로시티란?[60]
1999년 이탈리아의 그레베 인 끼얀티(Greve in Chantt)라는 작은 도시에서 시작된 느린마을(여유마을의 의미로 대도시와 반대되는 개념) 만들기 운동으로 지역이 원래 갖고있는 고유한 자연 환경과 전통을 지키면서 지역민이 주체가 되는 지역 살리기 운동이다.
하동군 악양면은 2009년 2월 6일부로 우리나라에서 5번째, 세계에서 111번째, 차(茶) 재배지로서는 세계 최초로 국제슬로시티로 인증을 받았다.

대하소설《토지》- 박경리[61]
경남 하동의 평사리를 무대로 하여 5대째 대지주로 군림하고 있는 최참판댁과 그 소작인들의 이야기가 펼쳐진다.
동학운동, 개항과 일본의 세력 강화, 갑오개혁 등이 토지 전체의 구제적인 이야기로 옮겨진다.
동학장군 김개주와 윤씨부인에 얽힌 비밀이 차차 풀려 나가고, 신분문제와 이기적 욕망에 사로잡힌 귀녀와 편산 등이 최치수를 죽이게 되고, 전염병의 발생과 대흉년, 조준구의 계략등으로 결국 최참판댁은 몰락하게 된다. 이후 최씨 집안의 유일한 생존자인 최치수의 외동딸 서희는 길상과 조준구의 세력에 맞섰던 마을사람들과 함께 간도로 이주한다.
간도로 간 서희는 공노인의 도움으로 용정에서 큰 상인으로 성장하나, 함께 온 농님들은 외지 정착에 어려움을 겪는다. 서희와 길상은 혼인을 하고, 일본의 밀정이 된 김두수와 길상을 중심으로 한 독립운동가들의 대립 등이 펼쳐진다.
진주에 자리 잡은 서희는 공노인 등으로 하여금 평사리의 집과 땅을 조준구로부터 다시 되찾고... 평사리로 돌아온 서희가 별당 연못가를 거닐 때 일본이 패망했다는 소식을 들으며 이 위대한 소설은 끝을 맺는다.

15:50 – 최참판댁 입구에 있는 파란돌 빵 가게에 도착했다. 스탬프함 #36은 파란돌 빵 가게 벽면에 걸려 있었다. 스탬프함에서 스탬프를 꺼내 백의종군길 패스포트에 직인하였다.

백의종군길 스탬프함 #36 - 파란돌 빵 가게

여기 오기 전 백의종군로 걷기 카페에 올라온 글을 읽은 적이 있다. 파란돌 빵 가게 주인아저씨가 백의종군길을 걸으시는 분이 방문하시면 아메리카노 한 잔씩 대접하겠다는 글이었다.

안을 슬쩍 들여다보니 손님이 아기를 안고 서 계셨고 카운터에는 아무도 보이지 않았다. 빵을 굽기 위해 안으로 들어가신 것 같았다. 밖에 있는 벤치에 앉아서 몇 분 정도 기다렸는데 카운터에는 아무도 나타나지 않았다. 마냥 기다릴 수도 없고 들어가서 커피 한잔 얻어먹으러 왔다고 말을 꺼내기도 약간 부끄러웠다. 그래서 언제 와 볼지도 모르기에 일단 최참판댁을 구경하기로 하고 일어섰다.

16:00 – 최참판댁 안내소에서 2천 원을 주고 입장권을 사서 들어갔다.

가족 동반으로 구경하러 오신 분들이 많이 보였다. 시간이 많이 없어 다른 곳은 구경하기가 어려워 최참판댁만 보고 가려고 큰 길을 따라 올라갔다.

최참판댁에 도착하니 입구에 전체 안내도와 드라마 촬영 포스터들이 나열되어 있었다. 집 앞마당이 넓었고 거기서 내려다보는 주위 경치도 좋았다. 내부는 한국민속촌에서 볼 수 있는 고택 구조와 비슷했다.

최참판댁 맞은편에 있는 박경리 문학관도 구경하고 싶었으나 시간이 없어 다음을 기약하고 서둘러 내려왔다.

하동 최참판댁

박경리 문학관

다시 파란돌 빵 가게를 지나면서 혹시나 하고 안을 슬쩍 봤는데 이번에는 손님이 많이 있어서 그냥 지나갔다.

하동 악양의 표정들이란 버스가 도로변에 있었는데 자세히 보니 실제 마을 사람들 얼굴이라고 되어 있었다.

하평마을을 지났고, 곰 조각상이 있는 골목갤러리 안내판을 지났다.

하동 악양의 표정들 버스

16:55 – 해가 저물기 시작해서 걸음을 조금 빨리해서 걸었다. 여름은 해가 길어서 늦게 출발하고 천천히 구경하면서 걸어도 해가 지지 않았는데 겨울이 다가오면서 해가 짧아져서 일찍 출발하지 않으면 많이 걷지 못했다. 내일은 7시 정도에 출발을 해야겠다.

성두마을과 덕계마을을 지났다. 하동이 감이 유명한가 보다. 걸어오는 내내 감나무에서 감을 따시는 분들을 많이 볼 수 있었다.

17:45 – 저녁 6시가 되지도 않았는데 해가 졌고 난 아직도 차도를 걷고 있었다.

아들 관이가 독서실 갔다가 집으로 올 때 어둡다며 손전등을 가지고 갔었는데 받아 온다는 걸 깜빡했다. 할 수 없이 핸드폰 조명을 켜고 빠르게 걸었다.

악양교차로에서 섬진강대로로 좌회전하였다. 다행히 여기서부터는 차도 옆에 펜스가 쳐진 인도가 있어서 안전하게 걸었다.

18:05 – 그렇게 깜깜한 어둠 속을 걷고 있을 때 저 멀리 불빛이 보였는데 너무 반가웠다. 불빛을 따라 걸어가니 금방 모텔이 나왔다. 흥룡마을회관까지는 얼마 남지 않았지만 네이버지도로 검색했을 때는 흥룡마을회관 근처는 숙박할 곳이 없었다. 그래서 오늘은 여기서 걷기를 마무리하고 숙박을 하기 위해 모텔로 들어갔다.

에필로그

전라도에서도 마찬가지였지만 시골로 내려올수록 저녁을 5시 이전에 해결하지 않으면 굶거나 편의점에서 컵라면으로 해결해야 했다. 오늘도 오면서 식당을 보지 못했고 슈퍼도 문이 닫혀 있어서 아무것도 먹지 못했다. 그래서 모텔에 들어가서 카운터에서 결제를 하면서 여쭤봤다.

"저 혹시 근처에 저녁 먹을 만한 식당이 있을까요?"

"길 건너 아래로 쭉 내려가면 있긴 한데…."

네이버지도에서 검색해서 봤던 횟집을 말씀하시는 것 같았다. 그러나 횟집에서는 1인 식사가 어려울 것 같았다.

"그럼 혹시 여기 컵라면 같은 것도 파나요?"

"저녁을 못 먹었소? 그럼 라면 하나 끓여 줄게요."

"아. 네. 감사합니다. 얼마인가요?"

"그냥 끓여 드릴게요."

다행히 이렇게 저녁을 해결하게 돼서 너무 감사했다.

알려주신 방으로 가서 씻고 옷을 갈아입었다. 얼마 후 카운터에서 전화가 와서 내려갔는데 나를 데리고 밖으로 나가는 것이었다. 밖에 컨테이너가 있었는데 문을 열고 들어가니 할머니께서 식사를 준비하고 계셨다.

"우리도 지금 저녁을 먹을 건데 같이 먹읍시다. 라면보다 나을 거요."

생각지도 못해서 조금 당황스러웠지만 배가 고파서 거절하지 못하고 "감사합니다"라고 말씀드리고 식탁 의자에 앉았다.

"어디서 오셨소?"

"집은 경기도인데 서울에서 출발해서 내려왔어요."

"말투가 경상도 분이신 것 같은데?"

"아. 네. 부산 사람입니다. 직장 때문에 경기도에서 살고 있습니다."

"우리 사위랑 나이대가 비슷해 보이네. 사위는 토끼띠인데."

"저는 뱀띠입니다. 토끼띠면 저보다 2살 많습니다."

"그렇군요. 드세요. 오늘 잡은 갈치에 버섯전도 했는데 먹을 복이 있는 것 같소."

"네. 너무 감사합니다. 잘 먹겠습니다."

갈치조림, 버섯전, 깻잎, 나물, 총각김치 등 진수성찬이었다.

백의종군길을 걸으면서 그것도 시골에서 이렇게 대접을 받아보기가 처음이었다. 식사 도중에 할아버지께서 벌통술이라며 몸에 좋다고 술도 한잔 주셨다.

국토종단 얘기, 직장 얘기, 가족 얘기 등 많은 얘기를 나누면서 기분 좋은 식사를 했다.

국토종단을 하면서 후기를 적고 있는데 기회가 되면 책으로 내보려고 한다고 얘기했을 때는 "우리 얘기도 나오는 거요? 그럼 책 나오면 밥값으로 한 권 보내 주소"라고 하셨다. 맛있고 따뜻한 밥상에 비해 부족할지 모르겠지만 꼭 챙겨드리겠다고 말씀드렸다.

그렇게 식사를 마치고 나오는데 내일 걸으면서 먹으라고 감도 하나 주셨다. 감사의 인사를 드리고 방으로 돌아와 잠이 들었다.

- 일자: 2019년 11월 9일 토요일
- 날씨: 맑음 (최고기온 18도)
- 걸은 길: 운조루 앞 오미정 정자 → 구례 석주관 → 화개장터 → 하동악양 최참판댁 → 하동 흥룡마을회관 (34.5km)
- 걸은 시간: 08:30 ~ 18:20 (9시간 50분)
- 걸음걸이 수: 51,676
- 경비: 음료 1,500원 + 교통비 36,820원 + 점심 7,000원 + 입장료 2,000원 + 숙박 40,000원 = 87,320원

3.20 백의종군길 20일차 걷기

> 〈난중일기〉 3)
>
> (5월 27일) 하동 두치 최춘룡의 집에 유숙하다.

🚩 코스 (총 22.6km)

트랙#37 (7.1km) 하동 흥룡마을회관 → 두곡마을회관
트랙#38 (15.5km) 두곡마을회관 → 주성마을회관

백의종군길 20일차 코스

07:00 – 오늘은 조금 일찍 일어나서 출발 준비를 마치고 모텔에서 나왔다. 어제 저녁 식사도 대접받고 감까지 받아서 인사라도 드리고 나오려고 했는데 카운터에 창문이 닫혀 있어서 그냥 조용히 나왔다.

산 위 일출의 풍경이 어제 봤던 일몰의 풍경과 비슷해 보인다.

07:15 - 흥룡 버스정류장에 도착했다. 흥룡마을회관은 흥룡 버스정류장 뒤편에 있었고, 스탬프함 #37는 마을회관 벽면에 걸려 있었다. 스탬프함에서 스탬프를 꺼내 백의종군길 패스포트에 직인하였다. 20일차 출발이다.

백의종군길 스탬프함 #37 - 하동 흥룡마을회관

이순신 백의종군로 흥룡리 이정표를 지나 섬진강 대로를 걷는데 인도는 공사 중이라 왼쪽 차도 끝에 붙어서 조심히 이동했다.

08:40 - 섬진강대로를 걷다 구글지도를 따라 화심길로 들어선 다음 화심마을을 지나는데 갑자기 개가 도로변으로 불쑥 튀어나오면서 짖었다. 차 뒤편에 있어 보지 못했는데 묶여 있어서 다행이지 너무 놀랐다.

개가 울타리 안에 있어야지 인도에 튀어나올 정도로 방치해 놓은 사람은 누구일까?

경험상 시골을 혼자 걸을 때 제일 위험한 건 산악 지형도 아니고 태풍도 아니고 개들이다. 몇 번의 경험을 통해 오르막을 오를 때도 사용하지 않던 등산 스틱을 개들 때문에 사서 들고 다닐 정도이다. 개가 대부분 작지도 않을뿐더러 묶여 있지 않은 경우도 많아서 정말 대책이 필요해 보인다.

한번 개가 짖기 시작하니 동네 개들이 덩달아 짖기 시작했다. 조용해질 때쯤 오르막길이어서 힘들게 앞만 보고 걷고 있는데 울타리도 없는 공장에 개가 또 도로변 쪽에 묶여 있는 채로 나를 보고 막 짖으면서 덤비려고 했다. 벌써 3번째다. 놀라기도 했지만 정말 너무 화가 나서 목이 찢어질 정도로 고함을 질렀다.

"조~용~히 안~해!" 아~ 목 아파. 잉? 그런데 이게 웬일. 개가 짖는 걸 멈췄다. 갑자기 제독님께서 주신 호루라기가 생각이 났다. 가방에서 꺼내 몇 걸음 걸으니 뒤에서 또 개가 짖었다. 호루라기로 "삑~~~~~"하고 크게 부니깐 개가 짖는 걸 멈췄다.

"멍~멍~멍~" "삑~~~~~" 조용… "멍~멍~멍~" "삑~~~~~" 조용… 짖는 걸 오래 멈추지는 않았지만 힘들이지 않고 멈추게 하는 데 효과가 좋았다. 그러나 다리 밑을 지날 때 또 개가 묶여 있었는데 이놈은 호루라기를 불면 오히려 이빨을 드러내면서 더 덤비려고 하였다. 끈이 풀릴까 봐 무서워서 빠른 걸음으로 후딱 도망갔다.

아. 정말 싫다. 오르막보다 더 싫다.

09:00 – 두곡마을회관에 도착했다. 스탬프함 #38은 마을회관 옆 정자에 있었다. 스탬프함에서 스탬프를 꺼내 백의종군길 패스포트에 직인하였다.

백의종군길 스탬프함 #38 - 하동 두곡마을회관 옆 정자

하동 읍내삼거리에서 우측으로 건널목을 건너니 어제 걸었던 섬진강 100리 테마로드가 다시 나왔다. 섬진교 아래에 도착하니 섬진강 100리 테마로드 안내판이 있었다. 여기가 화개장터에서 시작된 테마로드의 끝인 것 같았다.

강 건너편에는 젊은 교육도시, 아이 교육하기 좋은 광양이라고 적혀 있는 걸 보니 저기는 전라도인가 보다.

섬진강 100리 테마로드 안내판 - 섬진교

빨간 리본이 표시된 대로 다리 위로 올라가 하동초등학교를 지나 우회전한 후 하동군청을 지났다. 그리고 비파마을, 신촌마을, 신기마을, 궁항마을도 지났다.

하동공설운동장을 지나 안성·난정 버스정류장에서 잠시 쉬었다가 인도가 없는 공설운동장로를 따라 계속 걸었다.

11:25 – 고전면 신월리를 지날 때 백의종군로 안내 비석이 보였다. 아, 보지 말걸. 갈녹치재까지 2.4km 산길 구간이라고 적혀 있었다.

20분 뒤. 헉헉. 역시나 힘들게 오르막을 올랐다. 힘든데 앞을 보니 정상은 아직 까마득하다. 그런데 좌측 초록색 울타리에 다가갈수록 개소리가 크게 들렸다. 사람은 없고 개들만 엄청 많이 있었다. 종류도 다양해 보였는데 왜 저기다 개들을 모아놨을까? 너무 시끄러워서 우측 편으로 넘어가 계속 걸었다.

12:20 – 오르막을 다 오르니 현재 위치가 갈녹치재란 백의종군로 안내 비석이 나왔다. 차도라 앉아서 쉴 만한 곳이 없어 목만 좀 축이고 천천히 내리막을 내려갔다.

내리막길을 걷다 좌측에 운봉초등학교 가는 길에 봤던 풀을 또 봤다. 와이프는 풀이라고 했는데 일반 풀이 아닌 것 같은데 인터넷으로 찾아봐도 모르겠고. 뭘까? 궁금하긴 하다.

고전면 생활체육공원을 지나는데 맛있는 냄새가 났다. 아침을 안 먹고 점심도 아직 안 먹었더니 후각이 아주 민감해졌나 보다. 배에서는 아직 꼬르륵 소리가 나지는 않았지만 '빨리 목적지까지 가서 밥 먹어야겠다'라고 생각하고 걸음을 재촉했다.

고전교를 지나 하동읍성로를 따라 걸었다. 걷다 좌측에 조그만 안내 비석을 발견했는데 "아름다운 우리 古田-여기는 무지개골"이라고 적혀 있었다.

13:20 - 오늘의 최종 목적지인 주성마을회관에 도착했다. 주성마을회관 주변에는 하동읍성이라고 크게 적힌 비석, 하동읍성 안내문, 이순신 백의종군로 안내 비석, 하동군 고전면민 만세운동 기념비 안내문 등이 있었다.

하동군 고전면민 만세운동 기념비

하동군 고전면민 만세운동 기념비[62]
이 비는 기미년 고전면 일대의 3.1독립운동을 기념하기 위해 1985년 12월 30일 고전면민들의 뜻을 모아 건립된 시설이다.
3.1독립운동이 전국적으로 확산되어 가던 중에 1919년 4월 6일 하동군 고전면에 사는 박영묵, 이종인, 정상정, 정의용, 정재기 등이 고전면 주교리 장날(현 배다리 장터)을 이용하여 독립만세운동을 주동하였다.

스탬프함 #39는 주성마을회관 정문에 있었다. 스탬프함에서 스탬프를 꺼내 백의종군길 패스포트에 직인하였다.

백의종군길 스탬프함 #39 - 주성마을회관

에필로그

마을회관 옆에 조그마한 주성목욕탕이 있었는데 지금은 영업을 하지 않는 듯 문이 잠겨 있었다. 영업했으면 한번 이용해 봤을 듯한데 아쉽다.

정자에 누워서 조금 쉬다가 집으로 가기 위해 버스 정류장으로 이동했다.

네이버지도를 따라 걸으니 고하보건진료소 앞에 버스정류장이 있었다. 버스 시간표를 검색해 보니 여기서 진교시외버스터미널까지 가는 버스가 하루에 한 대밖에 없었다. 다행히 2시 20분에 여기를 지나가는 것으로 나와 있었다. 시간이 남아서 2시 10분으로 알람을 맞춰놓고 버스정류장 벤치에 누웠다. 포근한 가을 햇살이 내리쬐는 게 잠이 올 것 같았다. 이런 소소한 행복의 시간이 참 좋다.

소확행 - 고하보건질료소 앞 버스정류장에서

어느 정도 지났을까? 큰 차가 지나가는 소리가 들려서 모자를 살짝 들어 봤는데 버스가 지나가는 것이었다. '잉? 뭐야~' 급한 마음에 맨발로 뛰어나가 봤지만 버스는 저 멀리 가고 있었다.

돌아와 시계를 보니 2시였다.

'이 버스가 아닌가?' 불안한 마음이 있었지만 네이버에 나와 있는 시간과 차이가 있어서 '아니겠지?'라고 생각하고 일단 짐을 챙겼다.

10분… 20분… 30분… 2시 20분이 지났지만 버스는 오지 않았다.

아~ 아까 그 버스가 맞는 것 같았다.

할 수 없이 카카오 콜택시를 불렀다. 범위를 계속 넓혀 가면서 불렀지만 콜택시도 잡히지 않았다. 마음이 점점 불안해지기 시작했다. 10분이 지났지만 여전히 콜택시는 잡히지 않았다. 나갈 방법이 완전 막혀 버렸다.

아~ 나에게 왜 이런 시련이 오는 거야~

'어떻게 하지?' 버스정류장에 앉아서 계속 고민했다. 걸어가자니 서울 가는 버스 시간이 애매했다. 아무리 생각해도 방법은 히치하이킹밖에 없었다. 군대 있을 때 한번 해 보고 이번이 처음이다. 그때도 부끄러웠는데 20년이 지난 지금도 부끄러움은 그대로였다. 길가로 나가서 막상 하려니 손이 안 올라갔다.

10여 분을 서성이다 맘을 굳게 먹고 차가 지나갈 때 손을 높이 들었다. 몇 번의 손을 흔들었을 때 차 한 대가 서는 것이었다.

"저 진교시외버스터미널로 가려고 하는데요. 버스를 놓쳐서 그런데 가는 방향까지만 태워 주실 수 있을까요?"

운전하시는 아저씨와 그 옆에 앉은 아주머니가 잠깐 얘기를 나누시고는 타라고 했다. 아저씨, 아주머니께서는 사천으로 가고 계신다고 했다. 네이버지도를 켜고 가다가 진교시외버스터미널까지 4km 정도 남았을 때 사천으로 빠지는 길이 나왔다.

"저 여기서 내려 주시면 나머지는 제가 걸어가도록 하겠습니다."

"그래도 거리가 꽤 있는데 그냥 진교시외버스터미널까지 태워 드릴게요. 그쪽으로 가서 사천으로 가도 돼요."

"아. 안 그러셔도 됩니다. 제가 너무 죄송한데요."

"괜찮아요. 크게 차이 안 나요."

"정말 감사합니다."

그렇게 차를 계속 얻어 타고 진교시외버스터미널에 도착했다. 감사의 인사밖에 드릴 게 없어서 내리면서 계속 인사만 드렸다.

"정말 정말 감사합니다~. 감사합니다~."

"네 조심히 올라가세요~."

시외버스터미널에 도착하니 서울로 가는 버스가 매진이었다.

어쩔 수 없이 진주로 갔는데 거기서도 서울 가는 버스가 저녁 9시 넘는 표밖에 없었다. 다행히 용인 가는 버스 표가 있었는데 아주 친절한 와이프가 픽업을 나와 주겠다고 하여 용인으로 가서 집으로 복귀했다.

우여곡절이 많았지만 이번 1박 2일은 식사도 대접받고 차도 얻어 타고 정말 잊을 수 없는 걷기 여행이었다.

- 일자: 2019년 11월 10일 토요일
- 날씨: 맑음 (최고기온 17도)
- 걸은 길: 하동흥룡마을회관 → 하동두곡마을회관 → 하동주성마을회관 (25.7km)
- 걸은 시간: 07:00 ~ 13:20 (6시간 20분)
- 걸음걸이 수: 39,555
- 경비: 점심 5,000원 + 교통비 32,700원 = 37,700원

3.21 백의종군길 21일차 걷기

〈난중일기〉[3]

(5월 28일 ~ 29일) 하동현성 안 별사에 유숙하다.

🚩 코스 (총 21.8km)

트랙#39 (16.3km) 하동 주성마을회관 → (서황리) 중촌마을회관
트랙#40 (5.5km) 중촌마을회관 → 옥종불소 유황천

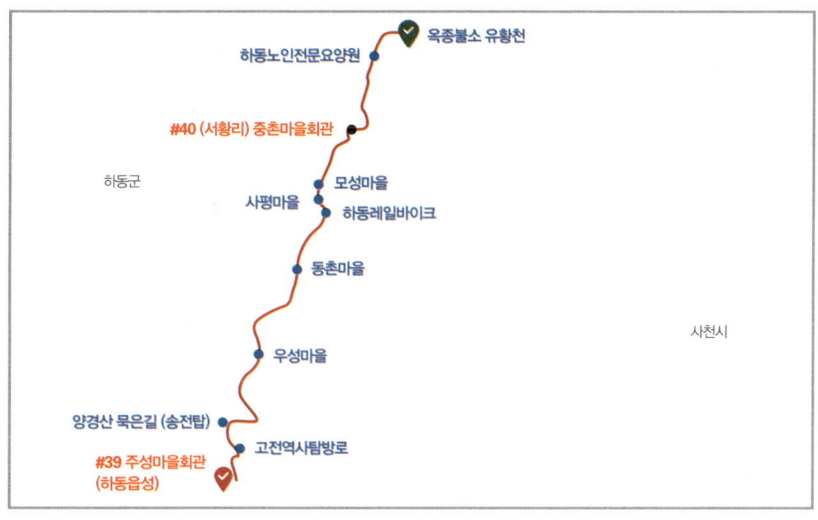

백의종군길 21일차 코스

06:00 – 지하철 첫차를 타고 서울남부터미널에 도착했다. 지방으로 가는 첫차가 대부분 6시 30분 출발이라 항상 이렇게 나오는 게 이젠 익숙해졌다. 대합실에서 조금 쉬다가 시간 맞춰 버스를 타고 하동시외버스터미널로 출발하였다.

목적지까지 거의 4시간이 걸려서 자려고 눈을 감았지만 잠이 오지 않았

다. 요즘은 아침에 한번 눈을 뜨면 다시 잠들기까지 시간이 너무 오래 걸리는 것 같다.

가방에서 가지고 온 책을 꺼내서 읽었다. 와이프는 흔들리는 차 안에서 책 읽기가 어렵다는데 나는 나름 집중이 잘 되었다. 백의종군길을 걸으면서 대중교통으로 이동하는 시간에 책을 읽다 보니 이전에 보려고 샀던 책을 거의 다 읽었다.

걷기를 시작하고 여행 관련 책도 보기 시작했는데 그중 《가보기 전엔 죽지 마라》란 책이 인상 깊고 재미있었다. 연관 도서를 다 사서 봐야겠다.

10:20 – 하동시외버스터미널에 도착했다. 오늘은 조성옥님이 함께 걷기 위해 오신다고 어제 연락이 왔었다. 청주에서 출발해 대전-진주를 거쳐 하동으로 오면 11시 정도 된다고 해서 대합실에서 기다리기로 했다.

11:00 – 도착하셨다고 연락이 왔는데 목적지가 조금 어긋났다. 새로 생긴 하동시외버스터미널이 아니라 예전에 사용했던 하동버스터미널에 도착을 한 것이었다. 나도 이건 알지 못해서 미리 언급을 주지 못했었다. 그래서 조성옥님이 택시를 타고 내가 있는 시외버스터미널로 온다고 하셨다.

잠시 후 배낭을 메고 대합실로 들어오시는 분을 보고 바로 조성옥님인 줄 알았고 다가가 가볍게 인사를 나눴다. 시간이 애매하고 우리 모두 아침을 먹지 않아서 여기서 점심을 먹고 출발하기로 결정하고 대합실 내 식당에서 점심을 먹었다.

11:45 – 택시를 타고 출발 지점인 주성마을회관으로 이동을 했다.

기사님이 어떻게 아셨는지 "백의종군길 걸으세요?"라고 물어봤다. 이 길을 걸으면서 나를 보고 정확하게 백의종군길을 걷느냐고 물어본 분은 처음이었다. 이동하면서 하동에 대해 많은 부분들을 얘기해 주셨는데 마침 지나가고 있는 길이 내가 20일차에 걸었던 길이라 더 이해가 잘 되었다.

11:55 – 주성마을회관에 도착해서 스탬프함 #39에서 스탬프를 꺼내 직인하였다. 오늘은 처음부터 산길을 걸어야 하기 때문에 조성옥님은 등산스틱을 꺼내고 난 액션캠을 꺼내 장착하였다. 21일차 걷기 출발이다.

아침에는 쌀쌀했는데 오후가 되니 다행히 날씨는 포근하였다.

하동읍성 입구에 도착했다. 오면서 하동읍성을 바라봤을 때는 이쁘게 잘 되어 있는 것처럼 보였는데 막상 올라와서 보니 공사 중이었다.

하동읍성 입구

하동읍성[63)]

이곳은 통일신라시대 이전부터 조선조 말엽 1700년대까지 오랫동안 고을의 읍기가 자리했던 유서 깊은 터다.

통일신라시대 경적왕 16년(757) 지명 계정에 따라 하동군으로 명명되었으며, 고려 말엽부터 자주 출몰하는 왜구의 침범에 대비, 조선조 태종의 명으로 태종 17년(1417)에 축성한 것으로 전한다.

특히 이 성은 임진왜란 때 충무공 이순신 장군이 백의종군길에 이곳에서 이틀간 머무르며 고문으로 상한 몸을 추스르는 등, 역사적 인물의 발자취가 깃든 곳이다.

사람이 많이 다니지 않아서 그런지 길을 알아보기가 어려웠으나 고전역사탐방로 안내판이 보여서 '이 길이 맞구나'라고 생각하고 계속 걸었다.

분명 길을 따라 걷고 있는데 지도에서 내 위치가 백의종군로를 벗어나고 있었다. 처음에는 GPS 오차 범위일 거라고 대수롭지 않게 생각을 했는데 어느 정도 지났을 때 벗어나는 정도가 커지고 앞길도 없어지고 있었다. 이 길이 아닌 것 같아 조성옥님께 말씀드리고 다시 왔던 길로 되돌아 내려갔다.

내려오다 갈림길이 있어서 거기서 우측 길로 들어섰다. 길은 잘 되어 있었지만 몇 분 정도 걸으니 또 내 위치가 백의종군길을 계속 벗어나고 있었다. 이 길도 아닌 것 같아 그 자리에 멈췄다.

땀이 삐질삐질 흘러내렸다. 김혜현님 같았으면 잔소리 엄청 했을 텐데 아무 말도 없이 따라오시는 조성옥님께 죄송했다. 개티골 이후로 이렇게 길을 헤맨 적이 처음인 것 같다.

다시 왔던 길로 되돌아 내려와 이번엔 완전히 내 위치와 백의종군로가 교차되는 지점까지 내려왔다. 거기에 아주 희미한 글씨로 고전역사탐방로가 적힌 이정표가 있었다. 자세히 보지 않으면 알아보기가 어려워 빨간 리본을 하나 꺼내 달았다.

우회전한 이후로는 고전역사탐방로 안내판과 이정표가 몇십 미터마다 있어서 이제부터는 길을 잃지 않을 것 같았다.

12:45 – 5분 정도 걸으니 갈림길이 나왔는데 깔딱고개 이정표가 보였다. 다행히 구글지도는 다른 방향을 가리키고 있었다. 여기부터는 고전역사탐방로 이정표와 백의종군길 빨간 리본은 보이지 않았다. 구글지도를 계속 켜서 보지 않으면 길 찾기가 쉽지 않을 것 같았다.

12:55 – 탐방로 이정표가 보였고 벤치도 보였다. 출발한 지 이제 한 시간 정도밖에 안 됐는데 길을 몇 번 헤매다 보니 느낌은 몇 시간을 걸은 것 같았다.

길이 좋아서 조성옥님과 이런저런 얘기를 하면서 길을 따라 걸었다. 걸으면서 살짝 구글지도를 봤는데 또 내 위치가 백의종군길을 벗어나고 있었다. '분명히 오면서 다른 길은 못 봤는데?' 당황스러웠다. 지금 이 순간 완전 길치가 된 듯한 느낌이랄까? 여긴 어디? 나는 누구?

군대에서 독도법 교관까지 했었는데 체면이 말이 아니었다. 평소 안 그러다가 왜 이번에 동행이 있을 때 이런 일이 발생하는지 모르겠다.

구글지도에서 내 위치가 백의종군길과 교차되는 지점까지 돌아가니 송전탑이 보였다. 구글지도는 여기서 우측으로 가라고 나와 있었다. 빨간 리본을 하나 꺼내 달고 일단 지도를 따라 우측 길로 걸었다.

이 길이 정말 맞나? 싶을 정도로 길이 좋지 않았다. 낙엽이 많은 것도 그렇지만 사람이 거의 다니지 않아서 풀도 무성했다. 그나마 중간에 백의종군길 빨간 리본이 있어서 다행이지 많이 당황할 뻔했다.

이후로도 개척 산행하듯이 길을 거의 헤치면서 앞으로 계속 나아갔다.

하동군 고전면 양경산의 묵은길

13:20 - 어렵게 내려오니 드디어 길이 나왔다. 걷기도 편했고 나름 주위 경치도 좋았다. 1003번 지방도인 진양로로 내려온 뒤 주교천 둑길을 걸었다.

14:10 - 우성마을을 지나니 저 멀리 산등성이가 보였다. 구글지도를 보니 백의종군길은 저기를 넘어야 한다고 나왔다. 아니나 다를까 조금 더 걸어가니 오르막이 시작되었다. 헉헉. 생각보다 가파른 오르막이었다.

중간에 공사 안내판을 보고 이 주위가 태양광 발전소 설치공사 중이란 걸 알았다.

오르막을 거의 다 올라왔을 때 좌측에 잠시 쉴 만한 곳이 있어 쉬었다. 조성옥님이 주신 초코파이, 사탕, 양갱이, 포도즙 등이 든 봉지를 꺼내 약간의 허기를 달래고 목도 축였다. 그렇게 휴식을 취한 뒤 다시 출발해 정상을 넘고 양보로로 내려와 도로를 따라 걸었다.

15:35 - 동촌마을과 서촌마을을 지났다. 오르막이 또 시작되어서 지도를 보니 이번에도 산길로 들어가는 구간이었다. 오늘은 하루에 몇 번의 산길을 넘는지 모르겠다.

오늘 걷는 길이 짧아서 좋아했었는데 산길이 많아서 오히려 더 힘든 것 같다. 산악동호회를 자주 다니셔서 그런지 조성옥님은 잘 따라오셨다.

낙엽이 많이 떨어져 있었지만 길이 잘 나 있어서 편했는데 그런 생각도 얼마 가지 못했다. 또 다시 길이 없어지면서 오르막이 시작되었다.

힘들게 오르막을 올라 빨간 리본이 달려 있는 정상을 지났다. 이제부터는 내리막이라 편하겠지라고 생각했다. 그러나 오르막보다 힘들지는 않았지만 길이 없어 나뭇가지들을 헤치면서 걷느라 쉽지는 않았다. 그렇게 내려가다 또 '이 길이 맞나?'라고 생각이 들 때쯤 한 번씩 빨간 리본이 보였다. 여름에 제초기 등을 가지고 길 정리할 필요가 있어 보였다.

16:10 - 배안골길로 내려왔다.

사평마을에 들어서기 전에 기찻길이 보였다. 그런데… 잉? 저기서 무쏘 차량이 레일을 타고 오고 있었다. 가까이 올 때쯤 자세히 보니 바퀴만 바꿔서 레일바이크로 이용되고 있었다. 레일바이크를 타고 있던 사람들이 지나가는 우리를 보고 손을 흔들어서 우리도 같이 흔들어 주었다.

하동 레일바이크

16:20 - 사평마을회관에 도착했다. 마을회관 옆에 있는 정자에서 쉬려고 했는데 관리가 잘 안 되는지 앉아서 쉴 만하지 않아서 일단 조금 더 걸어보기로 했다.

모성마을을 지났다. 구글지도를 보니 여기서 스탬프함 #40이 있는 서황리 중촌마을회관 정자까지는 또 산길을 넘어야 했다.

주위에 금선암이란 절이 지도상에 검색돼서 거기서 좀 쉬어 갈까 했지만 생각보다 많이 백의종군길에서 벗어나야 해서 오르막이 시작되는 길에서 앉아서 잠시 쉬었다.

16:40 - 길을 오르는데 좌우로 버섯을 키우는 나무들이 많이 있었다. 예능프로그램에서 본 적이 있는 것 같은데 표고버섯 나무인가?

길을 따라 걷고 있었는데 구글지도와 빨간 리본이 또 우측 작은 길로 가라고 나와 있었다. 보통은 큰길을 따라 걸으면 되었지만 오늘은 작은 길로 회전해야 하는 갈림길에 빨간 리본이나 이정표 등이 없어서 길을 유독 많이 헤맨 것 같다.

10분 정도 올랐을까? 정상인 것같이 평길이 계속되었다. 그리고 얼마 후 속이 시원하게 뻥 뚫린 큰길이 나왔다.

구글지도가 또 큰길에서 길이 아닌 듯한 작은 길로 좌회전해야 한다고 나와 있었다.

지도를 따라 좌회전 후 조금 더 내려가니 풀이 무성하고 길이 막혀 있었다. 그런데 이번에는 풀 가운데 한 사람이 지나갈 수 있는 약간의 폭이 보였다. 누군가가 얼마 전에 지나간 듯해 보였다. 이 틈을 따라 우리도 풀을 헤치면 나아갔다.

17:30 - 5분 정도 풀을 헤치고 걸으니 길이 나왔고 곧 서황리 중촌마을 회관에 도착할 수 있었다. 스탬프함 #40은 마을회관 정자에 있었다. 스탬프함에서 스탬프를 꺼내 백의종군길 패스포트에 직인하였다.

도착할 때 날이 슬슬 저물고 있었는데 정자에 있는 소파에서 쉬는 동안 해가 저물어 버렸다. 오늘 숙박을 할 곳까지는 아직 1시간 이상 남아서 조금만 쉬고 가방에서 손전등을 꺼내 들고 다시 출발하였다.

백의종군길 스탬프함 #40 - (서황리) 중촌마을회관 정자

    1005번 지방도인 옥단로로 접어들고부터는 어둡고 인도도 없는 차도를 걸어야 해서 조금 위험했다. 내가 앞장서서 걸으면서 차가 오면 손전등을 흔들어서 차가 피해 갈 수 있도록 하기도 하고 큰 차가 오거나 차량이 마주 올 때는 지나가기를 기다렸다가 걷곤 하였다.

18:15 – 오르막이라 조금 힘들었는데 앞에 불빛이 보여서 희망을 걸고 걸었지만 막상 도착해 보니 노인전문요양원이었다. 주위에는 옥산등산로 안내도 있었다.

    점점 말도 없어지고 힘들어지는 시간이었다. 정상쯤 올랐을 때 마지막 힘을 내서 속도를 조금 올렸다. 걸으면서 잠시 잠시 뒤를 돌아보았는데 조성옥님도 잘 따라오고 계셨다.

18:45 – 오늘의 목적지인 옥산펜션에 도착했다. 옥산펜션은 휴무인지 영업을 하지 않아서 맞은편 온천모텔에서 숙박을 했다. 조성옥님이 온천을 많이 다녀봤는데 여기도 온천이 있는지 처음 알았다고 늦게 도착해 온천을

이용하지 못한 걸 조금 아쉬워하셨다.

　각자 방을 배정받고 짐만 풀고 나와서 맞은편 국밥집에 들어가 저녁을 먹었다. 맥주도 한잔 곁들이면서 식사를 마치고 들어와 씻고 잠이 들었다.

　생각보다 많은 산길을 어렵게 넘으면서 힘들었던 하루였다.

- 일자: 2019년 11월 24일 (일요일)
- 날씨: 맑음 (최고기온 19도)
- 걸은 길: 하동주성마을회관 → 하동읍성 → (서황리) 중촌마을회관 → 옥산펜션 (25.0km)
- 걸은 시간: 11:55 ~ 18:45 (6시간 50분)
- 걸음걸이 수: 37,902
- 경비: 음료 2,500원 + 택시비 16,000원 + 교통비 28,400원 + 점심 8,000원 + 저녁 10,000원 + 숙박 35,000원 = 99,900원

3.22 백의종군길 22일차 걷기

> 〈난중일기〉[3]
>
> (6월 1일) 청수역에 이르러 냇가 정자 말 휴식. 단성과 진주 땅 경계에 있는 박호원의 농사짓는 종의 집에 유숙하다.

🚩 코스 (총 26.1km)

트랙#40 (9.7km) 옥종불소 유황천 → 손경례가
트랙#41 (9.7km) 손경례가 → 이사재
트랙#41-1 (6.7km) 이사재 → 신안파출소

백의종군길 22일차 코스

06:25 - 온천 모텔이라 그런지 방이 밤새도록 뜨거워서 자다 깨다를 몇 번 하면서 나중에는 아예 창문을 열고 잤다. 잘 잤다고 해야 하나? 여하튼 맞춰 둔 알람을 듣고 일어나 씻고 준비를 마쳤다.

약속 시간이 조금 남아서 방에서 쉬고 있는데 조성옥님이 준비를 마치고 나왔다는 연락이 왔다. 나와서 모텔 맞은편에 있는 식당에서 아침을 먹었다.

06:55 – 날이 밝아오기 시작했고 우리는 22일차 백의종군길을 출발하였다. 출발한 지 5분 만에 첫 백의종군로 안내 비석을 보았다.

겨울이 다가올수록 날이 짧아지니 일출과 일몰을 자주 보게 된다. 오늘도 마찬가지로 저 산 너머로 일출이 시작되고 있었다.

하동군 옥종면의 일출

07:40 – 법대길의 법대마을을 지나고 덕천로를 걷는데 길이 끊겼다. 구글지도를 보니 강을 따라 나 있는 좁은 길로 가라고 나와 있었다. 일단 구글지도를 믿고 그 길로 들어서니 낙엽 때문에 길이 없어 보였지만 낙엽을 치우니 그래도 지나갈 정도는 되었다. 그래도 잘못해서 미끄러지기라도 하면 강으로 떨어질 수 있어 낙엽을 치우며 조심히 나아갔다.

그렇게 반대편으로 넘어가니 백의종군길 안내 비석과 백의종군로 도보탐방로 이정표가 있었다. 도보탐방로의 화살표가 왔던 길을 가리키는 것을 보니 길은 맞게 온 것 같았다.

좌측 산성교를 건너 산성마을 입구를 지나는데 빨간 리본이 보였다. 그런데 자세히 보니 백의종군길 빨간 리본이 아니라 한국체육진흥회 빨간 리본이었다. 아주 옛날에 단 걸까?

08:35 – 덕천로를 따라 걷다 대정마을 비석과 버스정류장이 보였다. 버스정류장에서 잠시 쉬려는데 뒤쪽에 정자가 있어서 거기로 가서 잠시 쉬었다. 날씨가 쌀쌀해서 그렇게 오래 쉬지는 못하고 배낭에서 장갑을 꺼내 끼고 다시 출발하였다.

문암마을 비석을 지났다. 주위에 비닐하우스들이 많았는데 대부분 딸기를 재배하고 있었다. 논산을 지날 때도 딸기 농장들이 많았는데 여기 하동 옥종면도 딸기가 유명한가 보다.

문암교에 가까이 갈수록 덕천강 바람이 칼바람이 되어 불어왔다. 보통 때는 시간이 지날수록 따뜻해졌는데 오늘은 갈수록 더 추웠다.

09:25 – 문암교에 도착했다. 정자가 있었는데 강정(江亭)이라고 적혀 있었고, 이순신 장군이 백의종군 중 이곳에서 진주목사와 회의를 했던 장소라고 적혀 있었다.

강정(江亭)

강정(江亭) - 회의장소[64]

이곳은 이순신 장군이 도원수 권율의 휘하에서 백의종군하다가 정유년(1597년) 7월 16일 원균이 이끄는 수군이 대패했다는 소식을 듣고 합천(율곡)을 떠나 전황을 살피기 위해 오가며 잠시 휴식을 취했던 곳이다.

이순신 장군은 합천(율곡)을 떠난 지 이틀 뒤인 7월 20일 이희만의 집으로 가다가 이곳에서 진주목사와 만나 대책을 숙의하였다.

조선 후기에는 강정을 가꾸고 나룻터를 만들어 1975년까지 370여 년 동안 원계리로 통하는 교통의 요지가 되기도 하였다.

덕천강이 생각보다 꽤 넓었고 바람까지 세차게 불어오니 더더욱 추웠다. 빠른 걸음으로 문암교를 건너니 덕천상회 앞에 백의종군로 안내 비석이 있었다. 경상남도 진주시라고 적혀 있었다. 문암교가 하동군과 진주시 경계였나 보다.

그렇게 손경례가를 향해 걷고 있는데 월요일에 걷는다는 걸 기억하셨는지 제독님께서 감사하게도 응원 댓글을 주셨다.

그리고 조금 있다 박영만님은 밴드 댓글로 갑자기 날씨를 여쭤봤다. 쌀쌀하다고 얘기를 드리니 본인은 해파랑길을 걸으려고 가고 있는데 비가 오고 있다고 했다.

여기 강바람이 칼바람인데 바닷바람은 더 쌀쌀하겠지? 거기다 비까지 온다고 하니 왠지 고생길이 눈에 보인다랄까?

서로 화이팅의 응원을 보냈다. 같은 길은 아니라도 어디선가 목표를 가지고 걷고 있는 사람을 안다는 게 참 기분 좋은 일인 것 같다.

09:40 - 손경례가 입구에 도착했다. 우측에는 백의종군로 안내 비석이 있었고, 좌측에는 정자가 있었다. 스탬프함 #41은 정자에 있었다. 스탬프함에서 스탬프를 꺼내 백의종군길 패스포트에 직인하였다.

백의종군길 스탬프함 #41 - 손경례가 입구 정자

　언제 다시 올지 모르기에 손경례 고택을 보려고 지도를 따라 원계마을로 들어갔다. 마을회관을 지나 지도를 따라 윗길로 올라가니 고택 같은 게 하나 보였다. '이게 손경례 고택인가?' 뒤쪽에 있는 집은 누가 살고 있고 입구에는 어떠한 안내판이 없었다.
　나중에 집에 돌아와서 알아보니 우리가 본건 손경례 고택이 아니라 사고당이란 문화재였다.
　이충무공진배미유지를 보고 돌아오는 길에 돌아오는 길에 조성옥님이 "저기 마을 중간에 비석이 보이는데요?"라고 했는데 아마도 그곳이 손경례 고택이 아니었나 싶다.
　근처에 이충무공진배미유지가 있어 그곳으로 갔다. 도착을 해서 보니 주위는 모두 비닐하우스가 위치해 있고 그 중간에 이곳이 이충무공진배미유지였다는 비석만 홀로 서 있었다.

이충무공진배미 유지

진배미 – 훈련장[65]
이곳은 이순신 장군이 1597년(선조 30, 정유년) 손경례의 집에 머물면서 군사를 점검하고 말을 달리던 곳이다. 이곳에서 머지 않은 곳에 자리한 정개산성은 정유재란 발발 후 전라도로 들어가려는 일본군을 저지하기 위해 대비하던 곳이다.
<난중일기> 정유년 7월 29일 기사에는 '냇가로 나가 군사를 점검하고 말을 달렸는데 원수가 보낸 군대는 모두 말도 없고 활에 화살도 없으니 소용없었다. 탄식할 일이다'라고 기록하고 있다. 이 기사의 냇가가 바로 진배미이다.

10:05 – 손경계가 입구로 돌아와서 덕천로를 따라 걸으며 동월마을을 지났다.

10:10 – 잉? 산청군 단성면 경계를 알리는 이정표를 보았다. 아마도 백의종군길을 걸으면서 진주시에 머무르는 시간이 가장 짧은 것 같다.
구사마을을 지났다. 걷는데 계속 추워서 원형으로 된 버스정류장에서 잠시 쉬었다.

열려 있는 창문을 닫고 앉으니 좀 괜찮아졌다. 그래도 계속 걸어야 하니 배낭에서 바람막이를 꺼내 점퍼 안에 껴입었다. 마스크도 쓰고 장갑도 끼고 다시 출발하였다.

10:40 – 지리산고등학교가 보였다. 조금 전에 오면서 지리산 덕천강권역이란 표지판을 봤는데 여기서 지리산이 가까운가 보다. 그런데 이런 곳에 초등학교가 아닌 고등학교가 있다니 학생이 많을까?

1005번 지방도인 옥단로와 합류되는 지점에 백의종군로 안내 비석이 보였고, 우회전 후 옥단로를 따라 걸었다. 남호제 입구란 비석과 백의종군로 안내 비석이 보여서 구글지도에 나와 있는 대로 금만마을로 우회전하였다.

11:15 – 금만경로당에 도착했는데 정자도 있고 화장실도 이용할 겸 잠시 쉬었다.

앉아서 쉬고 있는데 차 한 대가 오더니 두 사람이 내려서 수도꼭지에서 물을 받았다. 차 문에 수질검사 회사 로고가 있는 게 마을을 돌면서 수질검사를 하고 있는 듯했다.

조금 걸어가니 갈림길에 백의종군로 이정표가 보였는데 이건 또 다른 백의종군로 이정표였다. 산길에도 설치하기가 편해 보였는데 이런 게 산길, 갈림길마다 있으면 좋겠다.

비포장 오르막이 보였다. '지도에는 산길이 아닌 평길로 표시되어 있었는데?' 힘들게 오르막을 오르는데 구글지도에서 내 위치가 백의종군로에서 벗어나고 있었다. 다시 내려와서 보니 백의종군길은 우측 포장도로로 가는 길이었다.

12:05 – 송덕사란 절이 보였고, 백의종군길은 그 절을 거쳐서 지나가는 것으로 되어 있었다. 여긴 길이 둘레길처럼 잘 되어 있어서 걷기가 편했다. 그러나 가을이다 보니 낙엽이 많고 가시가 있는 밤껍질이 많아서 일반

운동화를 신고 왔으면 힘들었을 것 같다. 그래도 중간중간 백의종군로 도보탐방로 안내판이 있어서 길 찾기는 어렵지 않았다.

12:40 – 지리산대로로 내려와 우회전 후 이사재 앞에 도착했다. 스탬프함 #41-1은 이사재 주차장에 있는 정자에 있었다. 스탬프함에서 스탬프를 꺼내 백의종군길 패스포트에 직인하였다.

백의종군길 스탬프함 #41-1 - 이사재 앞 정자

이사재 – 유숙지[66]
이곳은 이순신 장군이 권율 도원수부가 있는 합천(율곡)으로 가던 길에 하룻밤 유숙한 곳이다.
정유년(1597년) 6월 1일 이순신 장군은 억수처럼 내리는 빗속에서 청수역을 떠나 단성에 이르러 박호원의 농사를 짓는 이곳의 노비 집에서 하루를 묵었다. 그러나 밤새도록 내리는 빗속에 방 마저 좋지 않아 선잠을 잘 수밖에 없었다. 다음날 장군은 아침 일찍 삼가현을 향해 출발하였다.
이사재는 박호원의 재실이며 현재 이 지역에는 후손들이 살고 있다.

이사재 하천 건너편에는 남사예담촌이 있었다. 조성옥님이 드라마 〈왕이 된 남자〉의 촬영지로도 유명하다고 했다.

사효재의 향나무

사효재의 향나무[67]
사효재는 1706년(숙종 32년) 피접(避接)*중인 아버지를 해치려는 화적의 칼을 자신의 몸으로 막아낸 영모당 이윤현의 효심을 기리기 위해 지은 것이다. 향나무는 사효재를 짓기 전에 심겨져 있었으며 제례를 올릴 때 향으로 사용하기도 하였다.

월요일이라 그런지 식당들이 대부분 문을 열지 않았다.
남사예담촌 전통한복체험관 안쪽으로 들어가니 식당 한 곳이 열려 있어 들어갔다. 정식이 맛있어 보였지만 가격이 비싸서 비빔밥을 시켜 먹었다.
주인아저씨께서도 걷기에 관심이 많으신지 가방에 매달려 있는 백의종군길 빨간 리본을 보시고는 멕시코 최장거리 등 이것저것 많이 말씀해 주셨다. 나올 때는 아주머니가 "파이팅!" 하시며 응원까지 해 주셨다.
지리산대로는 인도가 없는 차도라 왼쪽에 붙어서 조심히 걸었다. 차가 생각보다 빠르게 지나다녀서 조금 위험하기도 하였다.

14:25 - 산청목면시배유지에 도착했다. 가는 날이 장날이라고 하필 오늘 월요일이 휴관일이어서 문이 닫혀 있었다.

산청목면시배유지 전시관

산청목면시배유지(山淸木綿始培遺址)[68)]
이곳은 고려말기에 우리나라에서 처음으로 면화를 재배한 곳이다. 문익점은 공민왕 12년(1363) 중국 원나라에 사신으로 갔다가, 귀국하는 길에 면화 씨앗을 구해왔다. 그 뒤 문익점은 장인 정천익과 함께 면화재배에 성공하였다. 면화로부터 얻어지는 포근한 솜과 질긴 무명은 옷감을 향상시켜 백성들의 의생활에 혁명적인 공헌을 하게 되었다.

14:50 - 배양마을을 지나 단성면사무소를 지났다.

단성교가 나왔고 좌측으로 인도가 있어서 안전하게 건널 수 있었다. 그러나 다리를 건너면서 모자가 날아갈 정도로 남강의 바람도 덕천강의 바람보다 약하지 않았다. 백의종군길을 걸으면서 오늘처럼 하루 종일 추운 적이 처음인 것 같다. 정말 이제 곧 겨울이 올 것 같다.

단성교를 거의 다 건너올 즈음 좌측에 도로 공사가 한창이었는데 가만 보니 저 길은 23일차에 걸어야 할 길이었다. 공사를 하는 지점으로 가서 감독관처럼 보이시는 분께 공사 진행사항을 물어보니 내년까지 계속 진행할 예정이라고 했다.

다른 길은 없는지? 사람만 지나가면 안 되는지? 물어보고 있으니 저기서 바닥에 물을 뿌리고 계시던 분이 다가왔다. 내가 하는 얘기를 듣고는 "저 앞에 등산로 입구가 있는데 등산로를 타고 가면 공사가 끝나는 구간에 도착하실 수 있어요"라고 했다.

다행이었다. 감사의 인사를 드리고 왔던 길을 돌아가니 등산로 입구가 있었다. 네이버지도를 보니 등산로가 적벽산로 끝까지 이어져 있었다. 다음에 저 길을 이용해야겠다.

15:15 – 오늘의 최종 목적지인 신안파출소에 도착했다. 스탬프함 #42는 파출소 입구 벽면에 있었다. 스탬프함에서 스탬프를 꺼내 백의종군길 패스포트에 직인하였다. 그렇게 22일차 걷기가 마무리되었다.

백의종군길 스탬프함 #42 - 산청 신안파출소 입구

에필로그

직인을 하고 가방을 메고 있는데 파출소 안에서 경찰 두 분이 나오시며 우릴 보고 물어봤다.

"어디서 오셨어요?"

"오늘은 하동에서 출발했어요."

"오늘 이전에는 어디서 출발하셨어요?"

"아. 서울에서 출발해서 여기까지 왔어요."

"와~ 대단하시네요. 며칠 걸리셨어요?"

"오늘이 22일차고요. 이제 마지막 목적지까지 2일 남았어요."

"최종 목적지가 어딘데요?"

"합천 율곡이요."

그렇게 잠깐의 대화를 나누고 터미널을 검색하려는데 근처라고 친절하게 방향을 가르쳐 주셨다.

경찰분들이 가르쳐 준 방향으로 가니 금방 원지시외버스터미널이 나왔다. 조성옥님은 청주까지 가는 버스가 없어서 대전으로 가는 버스를 끊었다. 난 서울로 가는 버스표를 알아보니 15:20분 차가 시간이 지났는데 아직 안 왔다면서 곧 올 테니 그걸 타라고 해서 티켓을 끊고 조성옥님과 함께 맞은편 버스정류장으로 갔다.

기다리면서 조성옥님이 "저도 그 백의종군길 빨간 리본 하나 주시면 안 될까요? 공박님처럼 가방에 메고 다니게요"라고 하셔서 하나 드렸다.

그리고 바로 서울 가는 버스와 대전 가는 버스가 도착해서 급하게 인사를 나누고 헤어졌다.

버스를 타고 좌석에 앉았는데 좌석마다 방송 시청을 할 수 있는 화면이 있고, 무선 충전기도 있고, 커튼도 있고, 좌석도 자동으로 180도까지 눕혀지고, 엄청 좋았다. 신기해서 사진을 찍어서 와이프에게 보내니 그건 프리

미엄 버스라고 했다.

- 일자: 2019년 11월 25일 (월요일)
- 날씨: 흐림 (최고기온 14도)
- 걸은 길: 손경례가 → 이사재 (남사예담촌) → 신안파출소 (27.6km)
- 걸은 시간: 06:55 ~ 15:15 (8시간 20분)
- 걸음걸이 수: 44,327
- 경비: 아침 8,000원 + 점심 8,000원 + 교통비 30,000원 = 46,000원

3.23 백의종군길 23일차 걷기

〈난중일기〉[3]

(6월 2일) 단계시냇가에 이르러 조식, 삼가현 빈 현청서 유숙, 삼가현 5리 밖 괘나무정자에서 쉼

🎀 코스 (총 30.4km)

트랙#42 (10.8km) 신안파출소 → 단계삼거리 이순신쉼터
트랙#43 (19.6km) 단계삼서리 이순신쉼터 → 삼가면사무소

백의종군길 23일차 코스

    백의종군길 23일차 걷기는 30km가 넘는 거리이다. 그리고 날이 짧은 요즘은 아침 일찍 출발해야 해서 금요일은 회사에 연차를 냈다.

12월 6일 금요일

　평소보다 늦게 일어나서 라면을 하나 끓여 먹고 씻은 후 집에서 나왔다. 서울남부터미널로 가서 14:20분 버스를 탔다. 평소보다 잠을 더 잤는데도 버스에 누우니 또 잠이 왔다.

　3시간 조금 넘게 걸려 원지버스터미널에 도착하니 해가 지면서 어두워지고 있었다. 사전에 검색해 뒀던 모텔로 이동했다.

　모텔 근처에 다다랐을 때 돼지국밥집이 보였다. 경험상 조금 더 늦으면 식당들이 문을 닫을 것 같아서 돼지국밥집으로 들어가서 저녁을 먼저 먹었다. 저녁을 먹고 나온 뒤 근처 모텔로 들어가 숙박을 하였다.

12월 7일 토요일

06:30 - 일어나서 씻고 편의점으로 이동했다.

　오늘 같이 걷기로 한 밴드 멤버분을 만나 컵라면 하나를 사서 먹고 시간이 일러 편의점에서 음료수를 사서 쉬고 있는데 백은하님에게서 신안파출소에 도착했다는 톡이 왔다.

07:00 - 서둘러 신안파출소에 도착하니 백은하님과 남편분이 와 계셨다. 아침에 배웅해 주러 남편분이 여기까지 같이 오셨다고 했다.

　신안파출소 입구에 있는 스탬프함 #42에서 스탬프를 꺼내 백의종군길 패스포트에 직인한 후 남편분께 인사를 드리고 우리는 출발하였다.

　백의종군길 마지막 1박 2일의 첫날인 23일차 출발이다.

　22일차에 확인했듯이 백의종군길 경로인 적벽산로(중촌갈전로)는 공사 중으로 막혀 있었다. 그래서 우회 경로인 적벽산 등산로를 이용하였다.

　적벽산 등산로는 입구부터 가파른 길이여서 얼마 오르지도 않았는데 숨이 차오르기 시작했다. 헉헉거리기를 10분. 숨도 좀 고를 겸 잠시 쉬면서 경치 구경을 한 후 다시 등산로를 올랐다.

　등산로 중간중간 바위가 생각보다 많았다. 괜히 이름이 적벽산이 아니었다. 이건 등산로를 따라 걷는다기보다는 암벽을 오른다는 표현이 더 맞아 보였다. 가파른 산길을 오르는 것보다 몇 배는 더 힘들었다.

그렇게 20분 정도 오르니 정자가 보여서 잠시 쉬었다. 힘들고 땀이 나서 입고 있던 겉옷을 하나씩 벗었다.

10분을 더 오르니 적벽산이라고 적힌 비석이 보였다. 여기가 정산인 듯해서 기념으로 같이 사진을 한 컷 찍었다.

산청군 신안면의 적벽산 정상

적벽산 등산로를 내려와 산청대로 밑을 지나 중촌갈전로를 따라 걸었다. 산청정 궁도장 비석을 지나고, 안곡사 입구에 있는 안곡서원 비석을 지났다.

산청 안곡서원[69]

산청 안곡서원(山淸 中村里 安谷書堂)은 이장경, 이조년, 이포, 이인립, 이제의 영정을 봉안하고 제향하면서 강학도 한 사당겸 서당의 기능을 갖는 건물이다.

강당과 영당은 건립연대가 비교적 높고 보존상태가 양호하며 유교건축의 형식이 비교적 잘 표현되어 있고, 특히 '이화에 월백하고'로 널리 알려진 고려 충신 문열공 이조년과 관련된 유적이다.

08:15 – 창안마을 입구에서 오늘 첫 백의종군길 안내 비석을 발견하였다. 안내 비석 방향대로 우회전한 후 창안교를 건너 지리산대로 3833번길을 따라 걸었다.

진태마을 정자에서 좌회전한 후 도산초등학교를 지났다. 여기서부터는 1006번 지방도인 신차로를 따라 걸어야 해서 조금 조심할 필요가 있었다. 그래서 늘 그렇듯 마주 오는 차를 보기 위해 좌측 길로 걸었다.

계속 걸으니 인도가 없어지고 갓길도 좁아져 차가 오면 중간중간 섰다가 걷기도 했다. 다행히 차가 많이 지나가지 않아 조금 다행이었다.

09:10 – 용흥마을 비석을 지날 때 백은하님이 도로 우측에 있는 산책로를 발견했다. 신등천을 따라 조성된 산책로 같았는데 우리는 그것도 모르고 위험한 차도를 계속 걸었던 것이다. 그러나 늦게 발견해서인지 얼마 가지 않아 산책로가 없어져 다시 신차로를 따라 걸었다.

내고마을 비석을 지나는데 좌측으로 산청 논 미꾸리연구소도 보였다.

09:40 – 산청군 신안면을 지나 신등면에 도착했다.

근처에 스탬프함 #43이 있는 걸 알고 있었는데 가는 중간에 이순신 장군 백의종군 행로유적지 안내판이 있어서 그걸 보고 따라 오르막을 올랐더니 길이 없었다. 구글지도상 내 위치도 약간 벗어나고 있어서 다시 왔던 길을 내려와 119 소방서 옆길로 들어서니 공원이 보였고 거기에 백의종군로 비석이 있었다. 뒤로는 이순신 장군 동상과 추모탑이 있었다.

단계천변 - 쉼터 및 추모탑

단계천변 - 쉼터(산청군 신등면 단계리)[70]

이곳은 이순신 장군이 권율 도원수부가 있는 합천(율곡)으로 가던 길에 잠시 휴식을 취한 곳이다. 비가 오락가락하는 날씨 속에서 아침 일찍 길을 나서 이곳 시냇가에서 아침을 먹기 위해 잠시 머물렀다.

장군은 민폐를 걱정하여 단계마을을 통과하지 않고 마을 옆에 있는 이곳 단계천 시냇가를 선택하였다고 전해진다.

현재 단계천변에는 이순신 장군의 동상과 추모비 등이 갖추어진 추모공원이 조성되어 있다.

추모탑 옆으로 산청 단계리 석조여래좌상이 있고 그 뒤에 신등면 복지회관이 있었다.

산청 단계리 석조여래좌상

산청 단계리 석조여래좌상[71]

경상남도 유형문화재 제29호로 경상남도 산청군 신등면 단계리에 있다.

풍수지리에 의하면, 이곳 단계 마을의 지형은 배(舟)의 모양새를 하고 있으므로, 이 배를 띄우기 위해서 예로부터 냇물이 넘쳐 물난리가 잦았다 한다. 이에 마을 사람들은 부처의 힘으로 물난리를 막기 위해서 이곳에 불상을 세웠다.

이 불상이 손이 두 개 모두 있으면 배를 저어 떠난다 하여, 불상의 한쪽 손을 떼어냈다고 한다. 그런 까닭인지, 현재의 불상은 오른쪽 팔 부분이 거의 떨어져 나간 채 훼손되어 원래 모습을 알아보기 힘들다.

약사여래는 인간 세계의 모든 질병과 무지(無知)를 고쳐주는 부처로, 대의왕불(大醫王佛)이라고도 부른다.

전체적인 조형 수법으로 보아 고려 시대의 것으로 추정된다.

스탬프함 #43은 복지회관 옆 정자에 있었다. 스탬프함에서 스탬프를 꺼내 백의종군길 패스포트에 직인한 뒤 잠시 쉬었다.

백의종군길 스탬프함 #43 - 신등면 복지회관 옆 정자

10:05 - 신차로로 나와 단계초등학교를 지났다. 초등학교 정문이 꼭 향교 정문처럼 되어있는 게 향교 재단인가? 내가 향교 재단 고등학교를 나왔는데 일 년에 한 번씩 한복 입고 향교 가서 예절 교육받던 게 생각났다.

단계초등학교 정문

산청단계리 박씨고가를 지나 우회전 한 후 단계교를 건너 신등가회로를 따라 걸었다. 그리고 청산마을 비석을 지나 청산교차로에서 우회전한 후 청산교를 지났다.

10:45 – 산청군 공설묘지를 지났다.
　여기까지 걸어오는데 차도만 걸어서 그런지 조금 지루했다. 그래서 속도를 올리기 시작했는데 10분이 넘어가니 백은하님이 힘들어하는 것 같아 사정마을 버스정류장쯤 갔을 때 조금 쉬었다 가자고 얘기했다.
　이전에 쉴 때도 그랬지만 여기서 쉬면서도 나는 물을 마시고 백은하님은 물 대신 가지고 온 작은 피망을 먹었다. 물을 권했지만 피망이면 충분하다고 했다.

11:30 – 출발한 지 4시간 30분 만에 산청군을 지나 합천군에 도착했다.
　예절의 고장 가회면이라고 적인 안내 비석을 지나 좌측에 보이는 육교를 건넌 후 우회전하였다. 그리고 오리밭마을 비석을 지나 직진하였다.
　길을 가던 도중 우측 나무 꼭대기 위로 태극기가 보였는데 누가 무슨 의미로 달았을까?

12:00 – 가회면사무소에 도착했다. 점심을 먹기 위해 사전에 알아놨던 가회식당으로 들어갔다. 한방갈비탕을 시켜 천천히 먹으면서 이런저런 얘기를 많이 나눴다. 점심 밥값은 띠동갑이면서 대학 선배님이신 백은하님이 계산했다.
　신등가회로를 지나 서부로를 따라 계속 차도를 걸었다. 시간이 오후 1시를 넘었는데도 하천에는 살얼음이 얼어 있었다.

13:50 – 임진왜란 의병장 윤탁 장군 묘소 안내판이 보였고 그 뒤로 오늘의 목적지인 삼가까지 7km가 남았다는 표지판이 보였다. 앞으로 2시간 정

도만 더 가면 될 것 같았다.

합천구평윤씨신도비 (陜川龜坪尹氏神道碑)[72]
이 비석은 구산(龜山) 윤탁(尹鐸, 1554~1593)과 추담(秋潭) 윤선(尹銑, 1559~1640)의 학덕을 기리기 위하여 세운 2기의 신도비이다.
구산 윤탁은 조선 선조 25년(1592)에 임진왜란이 일어나자 의병을 일으키고, 1593년에는 진주성에 들어가 왜적을 막다가 순절하였다. 추담 윤선은 임진왜란 기간 동안 세자(世子)의 막하에서 활동하였고, 광해군 때 의정부 우참찬을 지냈다.

차도를 따라 좌측으로 계속 걷다 보니 왼발 가장자리 부분이 약간 저렸다. 차도 끝 비스듬한 부분을 걷다 보니 왼쪽으로 계속 무게 중심이 쏠려서 그런 것 같았다.

버스정류장이 보여서 잠시 쉬면서 발을 주무르고 있는데 백은하님이 "여기 보세요"라고 해서 봤더니 새 한 마리가 벤치에 얼어 죽어 있었다. 날씨가 많이 춥긴 추웠나 보다.

14:25 – 가회면을 지나 삼가면에 도착했다.

15:00 – 외동마을을 지났다.

점심 이후로 지금까지 계속 차도만 걸었다. 이전에는 하루를 걷더라도 산길, 마을 길, 논길 등 여러 가지 길을 걸었는데 오늘은 계속 차도만 걸어서 그런지 조금 지루했다. 그러다 보니 한 시간을 걸으면서도 뭔가를 기록할 만한 내용이 없었다.

그렇게 60번 지방도인 서부로를 따라 걸은 지 약 2시간. 가수교를 건너기 전 백의종군로 안내 비석이 보였다. 화살표가 가수교를 건너지 말고 좌측 삼가1로로 가라고 되어 있어서 좌회전하였다.

정말 이제 삼가면 사무소까지 얼마 남지 않아 보였다.

삼가 기양루를 지났다.

삼가 기양루

삼가 기양루[73]
이 누각은 동편에 관아 터가 남아 있는 것으로 보아 조선 시대 삼가현성 안에 있던 관청의 부속 건물로 보인다. 조성 연대는 정확히 알 수 없지만, 이 건물에 이순신 장군이 머물렀다는 기록이 있는 것으로 보아 임진왜란 이전에 지어진 것으로 보인다.
함양군 안의면에는 조선 태종 때 세워진 광풍루가 있는데 기양루와 형태가 매우 유사하다.

15:25 - 삼가면사무소에 도착했다. 스탬프함 #44는 삼가면사무소 주차장 중앙에 있는 정자에 있었다. 스탬프함에서 스탬프를 꺼내 백의종군길 패스포트에 직인하였다.

백의종군길 스탬프함 #44 - 삼가면사무소 앞 정자

삼가현[74]

이곳은 이순신 장군이 정유년(1597년)에 권율 도원수 휘하에서 백의종군하기 위해 당시 원수부가 있던 합천 초계로 향하던 중 6월 2일과 3일 이곳에서 유숙하였으며 원균이 이끈 수군이 대패하였다는 소식을 접하고 도원수와 숙의 끝에 공이 직접 해안지방으로 가서 상황을 파악한 뒤 대책을 수립하기로 하고 초계를 떠나 노량을 향하던 중 7월 18일 이곳에서 수행원들과 밤이 깊도록 나라의 장래를 걱정하며 하루 유숙한 곳임.

에필로그

백은하님은 원래 1박 2일로 걸으려고 했으나 오늘 걸은 거리가 생각보다 멀어서 무리였는지 그만 걷기로 했다.

오던 중 그런 결정을 하고 남편분께 연락해서 우리가 도착한 후 10분 뒤쯤 남편분이 삼가면사무소로 오셨다.

난 카카오맵에 나와 있는 대로 근처 안성여인숙을 찾아갔는데 없어졌는지 찾을 수가 없었다. 다시 삼가면사무소로 돌아오니 백은하님이 기다리고 계셨다.

"어떻게 할 것이냐?"라고 물어봐서 "근처에 숙박할 곳이 없어서 대의면사무소로 이동해서 그 근처 모텔에서 자야겠어요"라고 말하니 거기까지 태워다 주신다고 했다. 그렇게 차를 얻어 타고 대의면사무소에서 내린 뒤 감사의 인사를 드리고 헤어졌다.

네이버지도에서 검색한 모텔로 갔는데 주인이 없었다. 앞에 205호 키가 놓여 있고 "이걸 이용하세요"라고 되어 있었다. 10분 넘게 기다렸는데도 안 와서 '나중에 계산하면 되겠지?'라고 생각하고 적혀 있는 대로 205호 키를 들고 방으로 갔다.

씻고 조금 쉬었다가 저녁을 먹으러 나오니 밖에 한 분이 전화통화를 하고 계셨다. 물어보니 본인은 주인이 아니고 지인인데 주인에게 연락해 놓을 테니 식사하고 오라고 했다.

중국집이 보여서 들어가서 짜장면 곱빼기를 시켰다.

'혹시?' 하는 마음에 "저 현금을 아직 못 찾았는데 카드도 되나요?"

"어? 카드는 안 되는데요"

"그럼 근처 현금 인출기가 있나요?"

"농협 하나로마트에 있긴 한데 지금은 문 닫았을 텐데…."

"아. 어쩔 수 없네요. 주문 취소할게요. 죄송합니다."

구례에서 비슷한 경험이 있어서 물어본 건데 안 물어보고 짜장면을 먹었으면 난감한 상황이 발생할 뻔했다.

밖으로 나와서 농협하나로마트로 가니 얘기대로 문이 닫혀 있었다. 돌아오는 길에 국밥집이 있어서 문을 열고 들어가 카드 계산이 되는지 물어보니 다행히 된다고 했다. 어제저녁에 돼지국밥을 먹어서 오늘은 순대국밥을 시켰다. 피순대국밥이었는데 내 입맛에는 조금 맞지 않았다.

저녁을 해결하고 모텔로 들어오니 아직 주인은 오지 않았다. 방으로 들어와 쉬고 있으니 모텔 주인이 문을 두드렸다. 그렇게 숙박료 계산을 하고 들어와 내일을 기약하며 잠이 들었다.

- 일자: 2019년 12월 7일 (토요일)
- 날씨: 맑음 (최고기온 10도)
- 걸은 길: 신안파출소 → 단계삼거리 이순신쉼터 → 삼가면사무소 (33.8km)
- 걸은 시간: 07:00 ~ 15:30 (8시간 30분)
- 걸음걸이 수: 47,145
- 경비: 아침 2,650원 + 저녁 15,000원 + 교통비 27,950원 + 숙박 65,000원 = 110,600원

3.24 백의종군길 24일차 걷기

〈난중일기〉[3]

(6월 4일) 모여곡 문보의 집 유숙하다. 모여곡 이어해집 기거 유숙하다.
(6월 8일) 도원수진에 가서 권율과 상면
"1598년 11월 19일 노량해전에서 전사"

🚩 코스 (총 28km)

트랙#44 (15.1km) 삼가면사무소 → 대양면사무소
트랙#45 (12.9km) 대양면사무소 → 낙민2구 마을회관

백의종군길 24일차 코스

알람을 듣고 일어나 씻고 준비를 마친 후 모텔을 나왔다.
전날 대의면사무소에서 삼가면사무소로 가는 대중교통을 확인했을 때 오전 07:50에 신점마을회관 앞에서 버스를 타야 했다. 경험상 시골버스들

이 20~30분 일찍 도착하는 경향이 있어서 혹시 몰라 일찍 나왔다.

07:10 – 신점마을회관에 도착했다. 날씨가 많이 쌀쌀했지만 마을회관 문이 잠겨 있어서 어디 들어가서 추위를 피할 만한 곳이 없었다.

그렇게 선 채로 20분 정도 지났을 때 버스가 오는 소리가 들렸다. 역시 예상이 빗나가지 않았다. 날씨가 쌀쌀해서 시간에 맞춰서 나왔으면 또 버스를 놓칠 뻔했다.

지나가는 버스를 보며 손을 막 흔들었는데 버스는 그냥 지나갔다. 제곡마을로 들어갔다 나오기 때문에 그냥 지나간 것 같았다. 버스기사가 손을 흔드는 나를 봤으니 돌아오면서 분명히 여기에 정차할 것으로 보였다. 길 건너편으로 가서 버스를 기다리니 약 5분 뒤에 버스가 와서 타고 삼가면사무소에 도착했다.

07:50 – 삼가면사무소 주차장에 있는 정자로 가서 스탬프함 #44에서 스탬프를 꺼내 백의종군길 패스포트에 직인하였다.

한국체육진흥회 회장님 요청으로 계획보다 마지막 일정을 당겼는데 제독님께서 정말 감사하게도 마지막 길을 같이 하기 위해 시간을 비우고 오시겠다고 연락이 왔었다. 토요일은 약속이 있어서 마치고 저녁에 합천으로 내려와 거기서 주무시고 일요일 오전에 삼가면사무소로 넘어오신다고 하셨다.

삼가면사무소에 도착 후 직인하고 정자에서 제독님께 연락을 드리니 버스정류장 옆 분식집에서 떡국을 드시고 계신다고 하셨다. 분식집으로 가서 인사를 드리고 나도 아침으로 떡국을 먹었다. 아침을 다 먹고 난 후 배낭을 메고 출발 준비를 마쳤다.

드디어 백의종군길 마지막 24일차 걷기 출발이다.

08:45 – 가미교를 건너 삼가고등학교를 지난 후 삼가로를 따라 걸었다.

23일차에 걸으면서 빨간 리본이 많이 보이지 않았는데 그걸 아셨는지 제독님께서 빨간 리본을 많이 챙겨오셨다. 그래서 갈림길 등이 나오면 중간중간 빨간 리본을 달면서 걸었다.

09:15 - 합천대로 밑 굴다리를 지나 합천남부농협 벼건조저장센터를 지났다. 정면에 새로 나 있는 길이 있어서 구글지도에 나와 있는 대로 좌측으로 둘러서 가지 않고 바로 지나갔다. 평구삼거리에 도착해 오늘 첫 백의종군길 안내비석을 보았다.

09:30 - 쌍백면사무소를 지나고, 당진교를 지나 잠깐 합천대로로 나갔다가 합천관광휴게소에서 우측길로 빠진 다음 합천대로 밑 굴다리를 지나 우회전하였다.

10:45 - 쌍백중앙로를 따라 계속 걷다 아등교차로에서 우측 멱곡육교를 건넌 후 좌회전하여 합천대로를 따라 걸었다.

11:10 - 우측 샛길로 빠져 함지교차로에서 좌회전하여 합천대로 밑을 지난 후 우회전하여 대야로를 따라 걸었다.

산이 많이 높아 보이지 않았는데 산사태 위험지구란 안내판이 보였다. 양산마을회관 대피소 안내판 방향을 따라 걸었다. 배미동교차로 이정표에 빨간 리본을 달고 난 후 합천대로 밑 굴다리를 지나 좌회전하였다. 백의종군길이 합천대로를 기준으로 좌, 우로 지나다 보니 굴다리를 벌써 여러 번 지났다.

11:45 - 대양면사무소에 도착했다. 스탬프함 #45는 대양면사무소 입구 정자에 있었다. 스탬프함에서 스탬프를 꺼내 백의종군길 패스포트에 직인하였다.

백의종군길 스탬프함 #45 - 대양면사무소 앞 정자

   점심은 대양초등학교 맞은편에 있는 행복식당에서 먹을 계획이었다. 그러나 아무리 찾아봐도 식당은 보이지 않았다. 조그만 가게에 들어가서 물어보니 근처에 식당은 없다고 했다. 할 수 없이 가게에서 과자를 사서 그걸 먹으면서 식당이 나올 때까지 계속 걷기로 했다.
   애국지사 청송 심공재현 기적비를 지났다.

애국지사 청송 심공재현 기적비

애국지사 청송 심공재현 기적비[75]

이 기적비는 청송 심공재현 선생의 공훈을 기려 1998년 4월에 건립된 비이다. 선생은 1919년 3월 20일 합천읍 독립만세운동을 주동하였다. 그는 3월 19일의 합천읍 장날에 독립만세운동을 주동하였던 심재기 외 16명이 일본 경찰에 체포된 사실에 분개하여 3월 20일 대양면민들과 함께 재의거하기로 결의하였다. 결사대원과 함께 경찰서내로 돌진하였으나 일본 경찰의 무차별 사격으로 다수의 사상자가 발생하고 그도 이때에 체포되어 징역 2년형의 옥고를 치렀다.

마정버스정류장 갈림길에서 빨간 리본을 달고 합천대로 밑 굴다리를 지나 우회전한 후 대야로를 따라 걸었다. VOLVO 자동차 안내판을 지나는데 주위에는 공장이 안 보였다. 홍보용인가?

12:45 – 정양늪 생태공원을 지났다.

보기보다 꽤 넓고 도로 아래에 산책로도 잘 형성되어 있었다. 그런데 내려가는 길이 없어서 우린 계속 차도를 따라 걸었다.

물 위에 하얀 것들이 엄청 떠 있었는데 가까이 가 보니… 백조인가?

정양늪 생태공원

정양늪 - 늪의 탄생[76]

지금으로부터 약 1만 년 전 후빙기 이후 해수면의 상승과 낙동강 본류의 퇴적으로 생겨난 것으로 알려져 있다. 한때 최대 100ha 정도의 습지가 지난 1988년 합천댐 준공 이후 40여 ha로 크게 줄면서 현재의 모습에 이르고 있다. 현재 정양늪에는 30여 종의 어류, 20여 종의 곤충, 40여 종의 조류, 10여 종의 포유류가 둥지를 틀고 있으며, 특히 주목할 것은 멸종위기 2종인 모래주사, 큰기러기, 말똥가리, 금개구리의 발견으로서 이는 정양늪의 가치를 재발견하는 계기가 되었다.

정양삼거리 전 주유소 옆에 식당이 보였다. 들어가 뚝배기 불고기와 합천 막걸리를 하나 시켜 먹었다. 옆 테이블에 젊은 사람들이 회식을 하는 것 같았는데 나중에 보니 결혼식 뒤풀이를 하고 있었다. 왜 부럽지?

13:50 – 점심을 먹고 나와 정양삼거리에서 동부로 우회전하였다. 정양교를 건너 합천교차로에서 좌회전한 후 다시 동부로를 따라 걸었다. 정양터널을 지나갈 때는 우측으로 절벽이고 갓길도 없어서 차도를 조심히 걸어야 했다.

본천마을 비석과 문림마을 안내판을 지났다. 문림마을 안내판을 지나면 보이는 절벽이 이순신 장군이 〈난중일기〉에서 표현한 모여곡(毛汝谷)인 것 같았다. 개벼리교 아래가 강이고 절벽 위에서 보면 왜 모여곡을 표현하였는지 조금 알 것 같았다.

가까이서 보고 싶었지만 인도 쪽으로 암석이 자주 떨어져 통제가 되고 있어서 어쩔 수 없이 차도인 개벼리교로 걸으며 구경하였다.

합천군 율곡면의 모여곡(毛汝谷)

개연(개벼루)으로 오는데, 기괴한 바위가 천길이나 되고, 굽이도는 강물이 깊기도 하며, 길은 험하고 위태로웠다. 만일 험한 곳을 지킨다면 만 명이라도 지나가기 어려울 것이다. 여기가 초계땅 모여곡(毛汝谷)이다.

- 〈난중일기〉 중에서

14:45 - 율곡면사무소가 있는 율곡교차로에 도착했다.

제독님께서 낙민2구 마을회관에 도착하면 근처 경로당에 계시는 누님, 동생분들께 드려야 된다며 가게에서 베지밀 2박스를 사셨다. 하나씩 들고 가자고 하셨는데 내가 "양쪽으로 하나씩 들면 균형도 맞고 제가 다 들겠습니다"라고 말씀드리고 들었는데 생각을 못 했다. 남은 거리가 2km일 줄이야.

낙민삼거리 원형교차로에서 좌회전한 후 황강옥전로를 따라 걸었다. 조금 후 낙민2구 버스정류장에 도착했다. 맞은편에 백의종군로 비석이 있었다. 비석의 방향 표시대로 우회전한 후 매실길을 걸어 낙민2구 마을회관으로 향했다.

마을입구 정자 옆에 있는 충무공 이순신 백의종군 거지지 비석을 지났다.

15:25 – 드디어 백의종군길 최종 목적지인 낙민2구 마을회관에 도착했다.

스탬프함 #46은 마을회관 정문 벽에 달려 있었다. 스태프함에서 스탬프를 꺼내 백의종군길 패스포트에 직인하였다. 마지막 스탬프라 그런지 번호가 찍히지 않고 "FINISH – 완보축하"라고 쓰인 직인이 찍혔다. 이걸로 백의종군길 걷기는 이제 끝났다.

백의종군길 스탬프함 #46 - 낙민2구 마을회관 정문

백의종군길 패스포트 완보 직인

에필로그

마을회관 옆에 있는 경로당으로 갔다. 향토사학자이신 이강중 회장님이 마중을 나와 계셨다. 제독님께서 소개를 시켜 주셔서 인사를 드리고 경로당으로 들어가니 할머니들이 많이 계셨다.

제독님을 보시고는 반갑게 맞이해 주셨다. 쉬고 계시던 자리가 정리가 된 후 제독님과 같이 큰절로 인사를 드렸다. 앉아서 여러 가지 얘기들을 나눈 후 인사를 드리고 나왔다.

백의종군로 안내 비석에서 한국체육진흥회에서 준비해 준 꽃다발을 메고 오늘 함께해 주신 제독님과 사진을 찍는 것으로 일정을 마무리하였다.

백의종군길 완보 축하 사진

- 일자: 2019년 12월 8일 (일요일)
- 날씨: 흐림 (최고기온 12도)
- 걸은 길: 삼가면사무소 → 대양면사무소 → 낙민2구마을회관 (29.8km)
- 걸은 시간: 08:20 ~ 15:30 (7시간 10분)
- 걸음걸이 수: 43,809
- 경비: 아침 0원 + 음료 2,850원 + 점심 16,000원 + 저녁 1,450원 + 교통비 36,800원 = 55,650원

제4장

외전

4.1 백의종군길 사전 답사

 백의종군길을 걷기 위해 준비를 하던 중 백의종군로 걷기 다음 카페를 통해 현재 걷고 있는 분을 알게 되었다. 그분은 하루하루 블로그를 통해 후기를 올리고 계셨는데 서울 이순신 생가터에서 출발하여 남원 주천면 둘레길 안내센터까지 걷다가 발에 부상이 와서 서울로 복귀를 한다고 했다. 며칠 후 치료를 받고 다시 주천면 둘레길 안내센터에서 출발을 한다는 글이 올라왔다. 마침 주말이어서 사전 답사 겸 같이 걷고 싶어서 연락을 드렸다.

4월 6일 토요일
 와이프가 남원에 벚꽃 구경도 하고 오랜만에 전라도 무안에 있는 친구 집에 놀러가고 싶다며 같이 가자고 했다.
 남원 광한루에 도착하여 와이프, 꼬맹이와 같이 내부를 구경하였다. 남원요천 벚꽃길에도 벚꽃을 구경하는 사람들이 꽤 많았다. 거리 행진 공연도 하고 볼거리가 많아서 좋았다.
 와이프랑 꼬맹이는 이백면사무소에서 무안 친구 집으로 떠나고 난 걸어서 주천면둘레길 안내센터까지 갔다. 지리산둘레길 주천안내센터에 도착하여 백의종군길 스탬프함에서 스탬프를 꺼내 백의종군길 패스포트에 직인하였다.
 미리 예약했던 남원호텔로 갔다. 같이 걷기로 한 닉네임 걷는발님이 먼저 와 계셔서 방을 배정받은 후 저녁을 같이 먹기 위해 연락을 드렸다. 나를 보시더니 생각보다 젊어서 조금 놀라는 눈치셨다.
 10일 넘게 혼자 걸으시다가 누군가와 같이 걸을 수 있어서, 그리고 백의종군길에 대해서 이야기할 수 있어서 좋다고 하셨다. 이런저런 얘기와 함께 저녁을 먹고 각자 방으로 가서 자고 내일 오전에 보기로 했다.

4월 7일 일요일

오전에 일어나 남원호텔에서 제공하는 아침을 먹고 출발하였다.

지리산유스캠프까지 가는데 산길에서는 생각보다 네이버지도가 잘 맞지 않았다. 백의종군로 걷기 다음 카페에서 제공하는 구글지도는 세부적인 지명을 확인하는데 애로사항이 있어서 보름 동안 네이버지도로 코스를 분할하였는데 갑자기 암울한 생각이 들었다. 이번 일을 통해 나중에 백의종군 길을 걸으면서 산길은 구글지도를 이용하는 계기가 되었다.

지리산유스캠프까지는 산길이 힘들어서 얘기를 많이 못했는데 이후부터는 길이 많이 가파르지 않아서 걷는발님과 이런저런 많은 얘기를 하면서 걸었다. 밤재까지는 개인적인 얘기를 많이 했다면 산수유시목지까지는 〈난중일기〉에 대해 많은 얘기를 하였다.

산동면사무소에 도착한 후 점심을 먹으려고 하는데 일요일이라 그런지 식당들의 문이 다 닫혀 있었다. 근처 철물점에서 식당을 물어 찾아가 보니 거기도 예약 손님이 있어서 곤란한 표정을 지었다. 다행히 앉아 계시던 손님들이 자리를 조금씩 양보해 줘서 식사를 할 수 있었다.

식사 도중 옆에 계시던 분들이 막걸리도 권하고 이런저런 얘기들도 많이 해 주셨다. 그중 산동오이 얘기에서는 지역 농산물에 대한 자부심이 대단했다.

구만제를 지나다 지리산치즈랜드에 들려 커피를 마시며 잠시 쉬어 갔다. 주위에 유채꽃들이 많아서 사진 찍기도 좋았다.

구만제 다리를 건너 차도를 걷다 백의종군길 이정표를 보고 서시천 둑길로 걸었다. 그 많은 벚꽃들이 날리는 곳에서 걷는발님과 나 둘만 걷는 게 신기했다. 섬진강 벚꽃구경은 사람들이 엄청 많을 텐데 여기는 알려지지 않은 장소인 것 같았다.

구례군 서시천 둑길

어느 정도 걸었을까? 지리산 치즈랜드에서부터 오기 시작한 비가 굵어지기 시작했다. 걷는발님은 우비를 입고 난 준비를 안 해 와서 어쩔 수 없이 그냥 온몸으로 맞으면서 걸었다.

광의면사무소에서 걷는발님은 오늘은 여기까지만 걷는다고 했다. 이전에 계속 무리해서 많이 걷다 보니 발에 무리가 와서 이번에는 적당한 거리만큼만 걷는다고 했다.

그렇게 걷는발님과는 헤어지고 난 손인필 비각까지 걷기로 마음을 먹고 계속 걸었다. 비가 너무 많이 와서 중간에 가게에서 우비를 하나 사서 입고 걸었다.

손인필 비각에 도착하니 와이프랑 꼬맹이가 도착해 있었다.

백의종군길을 처음 걸었는데 거리도 거리였지만 비까지 와서 조금 힘들었던 사전 답사였다.

- 일자: 2019년 4월 7일 (일요일)
- 날씨: 흐림/비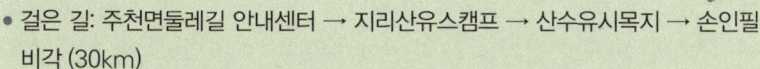
- 걸은 길: 주천면둘레길 안내센터 → 지리산유스캠프 → 산수유시목지 → 손인필 비각 (30km)
- 걸은 시간: 07:00 ~ 17:30 (10시간 30분)
- 걸음걸이 수: 47,231

4.2 완보증 및 와펜 수령

완보증 수령은 직인이 완료된 백의종군길 패스포트를 한국체육진흥회로 보내면 심사 후 완보증을 수령할 수 있다.

백의종군길 마지막 걷기를 12월 말에 계획을 하고 있었는데 한국체육진흥회 회장님께서 12월 첫째 주에 걷고 12월 둘째 주 토요일에 있는 2019 총회 및 걷기인의 축제 때 수령하면 의미가 있을 것 같다는 의견을 주셨다. 그래서 계획을 앞당겨 12월 첫째 주에 23일차, 24일차 걷기를 진행하여 백의종군길 걷기를 완료하였다.

12월 14일 토요일

2019년 한국체육진흥회 총회 및 걷기인의 축제에 참석했다.

1부 총회가 끝나고 점심을 먹으려는데 걷는발님이 같은 테이블에 계셔서 인사를 드렸다. 안부를 묻는 정도의 이야기를 나누고 걷는발님은 일이 있으셔서 식사를 마치고 먼저 가셨다.

2부가 시작되었는데 제일 먼저 내 이름이 불렸다. 단상에 나가니 한국체육진흥회 회장님께서 가슴에 와펜을 달아 주시고 완보증을 주셨다.

완보증을 받고 내려오는데 제독님께서 수고하셨다면 축하해 주셨다. 학위 수여식 이후로 오랜만에 단상에 올라봤다.

오후에 조카 결혼식이 있어서 난 조금 있다 나왔다. 제독님은 사진을 찍고 계셔서 인사를 드리지 못하고 문자로 대신했다.

완보증 및 와펜 수령

4.3 충무공 이순신 백의종군길 완보자 전당 게시판 제막식

한국체육진흥회로부터 12월 22일 합천 낙민리2구에서 충무공 이순신 백의종군길 완보자 전당 게시판 제막식을 실시한다는 연락이 왔다. 백의종군길 완보자들은 꼭 참석해달라고 해서 참석하겠다고 회신했다.

12월 22일 일요일
연락받은 대로 오전 7시 동대문역사문화공원역으로 가서 버스를 탔다. 한국체육진흥회 회원분들도 많이 참석하셔서 버스는 만원이었다. 한국체육진흥회 회장님과 배준태 제독님이 앞자리에 앉아 계셔서 인사를 드리고 자리에 앉았다.

11:30 – 합천 율곡 낙민2구 마을회관에 도착하니 환영 현수막이 크게 붙어 있었다. 완보자 전당 게시판도 설치가 되어 있었다. 향토사학자 이강중 회장님이 나오셔서 이순신 장군과 합천 율곡의 행적에 대한 설명을 해 주셨다. 이후 이어해의 집으로 이동하여 관람하면서 설명도 들었다.

이어해의 집

이어해의 집(유숙지) - 율곡면 낙민리[77]

이곳은 이순신 장군이 권율 도원수 휘하에서 백의종군 하면서 기거하였던 곳이다. 이순신 장군은 1597년(선조 30년 정유년) 6월 4일 모여곡에 도착하여 다음 날인 6월 5일부터 장군이 기거하게 될 방을 도배하고 군관이 휴식할 마루 두 칸을 만들어 6월 6일부터 7월 17일까지 42일여 동안 모여곡 이어해의집에서 지냈다.

이곳에서 장군은 도원수 권율을 비롯한 한산도 진영의 장수들과 인근 고을의 수령 등 많은 사람과 정세를 이야기하고 편지를 주고받기도 하였고 싸움에 쓸 말을 돌보기도 하였다.

7월 18일 새벽에는 이덕필과 변홍달이 전하여 말하기를 칠천량에서 "16일 새벽 수군이 기습을 받아 통제사 원균을 비롯한 여러 장수와 많은 사람들이 해를 입었고 수군이 대패했다고 전했다." 이에 울분을 참지 못하고 통곡하던 장군은 권율 도원수가 "일이 이 지경에 이르렀으니 어찌하겠는가"라고 하자 "내가 직접 해안지방으로 가서 보고 듣고 결정하겠다"고 말하고 송대립, 유황 등과 함께 이곳에서 삼가현을 거쳐 남해안으로 떠났다.

이강중 회장님 댁으로 가서 점심을 먹었다. 오늘이 동짓날이라 팥죽을 준비해 주셔서 맛있게 먹었다.

마을 경로당 앞에서 환영행사가 진행된 후 제막식을 위해 마을회관으로 이동했다. 오후 1시 정도쯤 합천 군수님이 오셔서 제막식이 시작되었다. 축사와 환영 인사 후 제막이 진행되었고, 제막은 양쪽으로 끈을 길게 하여 참석한 모든 인원이 잡고 당겼다.

충무공 이순신 백의종군길 완보자 전당 제막식

제막이 끝나고 완보자들의 명패 달기가 이어졌다.

1번은 배준태 제독님이 먼저 나와서 명패를 다셨다. 그리고 2018년에 홀로 또 완보를 하셔서 유일하게 명패가 2번 달렸다. 마지막 17번으로 내가 나가서 달았다.

이로써 사단법인 한국체육진흥회에서 주관하는 백의종군길 완보자는 2019년 12월 현재 총 17명이며, 도전자는 약 156명에 이르고 있다.

충무공 이순신 백의종군길 완보자

제5장

부록

5.1 준비물

등산같이 전문적인 장비가 필요하지 않기에 항목이 많지는 않습니다.
걷는 사람의 체질, 계절, 걷는 거리 등 차이를 보일 수 있기 때문에 참고용으로만 보시고 개인적인 경험을 통해 본인에게 맞는 준비물을 찾아야 합니다.

1) 배낭
일반적인 백팩보다는 등산배낭이 좋습니다.
오랜 기간 여행을 가는 것이 아니므로 20L 이하의 배낭이 좋지 않을까요?

2) 신발
경등산화나 중등산화가 좋습니다.
신발의 길이는 가장 긴 발가락과 신발 끝 사이에 어른 엄지손가락 한 마디(1.5~2cm)에서 두 마디가량 정도의 간격이 있고 탄력성이 있으면 좋지 않을까요?

3) 복장
활동하기에 간편한 복장이 좋습니다.
점퍼는 계절에 맞게 준비하시고 긴팔 옷 하나는 요긴하게 쓰일 때가 있으니 여벌의 옷으로 준비하시는 것이 좋지 않을까요?

4) 등산 스틱
하중을 분산시켜 주므로 2개 정도 준비하시면 좋습니다.
유사시 방해물을 제거할 수도 있어서 좋습니다. 등산 장갑을 같이 준비해도 좋지 않을까요?

5) 소독약

간단한 응급처치용 소독약과 밴드를 준비하시면 좋습니다.

걷기 전 본인의 건강관리에 만전을 기해야 합니다. 개인 건강상태나 안전사고 발생에 대해서는 걷기 대회 등도 마찬가지이지만 주최측에서 민형사상의 그 어떠한 책임도 지지 않음을 인지하시기 바랍니다.

6) 보조배터리

여러 가지 앱 등을 이용하여 걷기도 하기 때문에 요즘 필요한 준비물이 되었습니다.

저용량일 경우 여유가 있다면 2개를 준비해도 좋지 않을까요?

7) 양말

두꺼운 면 발가락 양말이 좋습니다.

땀이 차거나 물에 젖을 경우 갈아 신을 여분의 양말을 준비해도 좋지 않을까요?

8) 모자

햇빛을 막을 수 있는 등산 모자가 좋습니다.

땀을 방출하기가 용이한 기능성 모자면 더 좋지 않을까요?

9) 간식과 물

초콜릿, 오이, 사탕 등 피로를 덜 수 있는 간식과 물을 준비하면 좋습니다.

10) 한 권의 책

장시간 대중교통을 이용하여 이동하거나 휴식을 취할 때 평소 읽지 못했던 책을 한번 읽어 보는 것도 좋지 않을까요?

11) 기타

(나침판이 부착된) 비상 신호용 호루라기, 야간 손전등, 여행용 티슈 등

5.2 백의종군길 구글지도

한국체육진흥회에서 백의종군길 전체 트랙에 대한 구글지도를 무료로 제공하고 있습니다. 아래 다운로드 사이트를 참고하십시오.

1) 백의종군로 걷기 다음카페/ 백의종군길 코스/ 백의종군길 전코스트랙/ 백의종군길 전 코스 트랙과 지명과 지도

http://cafe.daum.net/beakuichonggunro/kJP4/3

2) 백의종군길 구글지도

https://www.google.com/maps/d/u/0/viewer?mid=1UcpDP4Th40PSCYWb-X-SM05tSWm4cnCS&ll=36.270119524104466%2C128.76320787076043&z=6

5.3 백의종군길 코스

No.	트랙	출발지-목적지	거리(km)
1일차	#1-1, #1, #2	서울이순신생가터(명보아트홀) ~ 의금부터(SC제일은행점) ~ 과천남태령옛길 ~ 안양길산동행정복지센터	30.1
2일차	#3, #4	안양길산동행정복지센터 ~ (군포초등학교) GS25수원서둔점 ~ 화성용주사	22.8
3일차	#5, #6	화성용주사 ~ 평택진위면사무소 ~ 평택역	33.2
4일차	#7, #7-1, #8	평택역 ~ 팽성읍객사 ~ 아산이충무공묘소(위충암) ~ 흥충사	31.0
5일차	#9, #10	아산현충사 ~ (해암리) 게바위 ~ 창재귀선행가패	29.4
6일차	#11, #12	아산창재귀선행가패 ~ 천안성환초등학교 ~ 공주정안면사무소	28.2
7일차	#13, #14	공주정안면사무소 ~ 공주예군훈련장 ~ 계룡명행정복지센터	33.8
8일차	#15, #16	공주계룡명행정복지센터 ~ 논산노성면사무소 ~ (부적농협) 다오정식당	22.2
9일차	#17, #18	논산(부적농협) 다오정식당 ~ 익산여산면사무소 ~ 익산석석박물관	30.9
10일차	#19, #20	익산석석박물관 ~ 완주삼례역 ~ 전주한옥광장점	30.5
11일차	#21, #22	전주(풍남문) GS25 한옥광장점 ~ 남원숙치리(충계로) 백산식당 ~ 임실임사무소	30.5
12일차	#23, #24, #24-1	임실임사무소 ~ 오수면사무소 ~ 남원동학역과지점 ~ 운봉초등학교	30.5
13일차	#25, #26	남원황교 ~ 이백면사무소 ~ 운봉초등학교	20.9
14일차	#27, #27-1, #28, #28-1	남원운봉초등학교 ~ 주천덕물탱이안내센터 ~ 지리산우소캠프 ~ 밤재정상 ~ 구례산수유시문지	28.3
15일차	#28-2, #29	구례산수유시문지 ~ 순이밀비구구장 ~ 순천구레역	23.6
16일차	#30, #30-1, #31	순천구례역 ~ 황전면사무소 ~ 학구마을회관 ~ 순천서면	31.3
17일차	#32, #33	순천서면사무소 ~ 구례동해면일구주택단지 ~ 구례공설운동장	40.1
18일차	#34, #34-1	구례공설운동장 ~ 운조루오미정정자 ~ 구례서주관	15.8
19일차	#35, #35-1, #36	구례서주관 ~ 하동화개장터 ~ 최참판댁 ~ 흥룡마을회관	26.1
20일차	#37, #38	하동흥룡마을회관 ~ 두곡미을회관 ~ 주성미을관(하동읍성)	23.6
21일차	#39, #40	하동주성미을회관(사황리) ~ 촌촌마을관 ~ 진주순경래기업구정자	33.0
22일차	#41, #41-1	진주순경래기업구정자 ~ 산청이사재(박호영농가) ~ 산청산이마을	15.8
23일차	#42, #43	산청산이마을 ~ 단계박거리이순신업터 ~ 합천삼가면사무소	30.3
24일차	#44, #45	합천삼가면사무소 ~ 대양면사무소 ~ 합천(율곡) 낙민2구마을회관	28.7
		계	670.6 km

5.4 이정표

1) 충무공 이순신 백의종군길 빨간 리본 (한국체육진흥회)
2) 충무공 이순신 백의종군길 안내 비석 (이순신백의종군보존회)
3) 충무공 백의종군길 빨간 리본 (아산문인협회)
4) 충무공 이순신 장군 백의종군로 빨간 리본 (남원)

5) 충무공 이순신 백의종군로 이정표 (남원)
6) 충무공 이순신 백의종군로(白衣從軍路) 안내판 (남원)
7) 충무공 이순신 백의종군로 안내판 (남원)
8) 지리산둘레길 이정표 (남원)

9) 남도 이순신길 백의종군로 안내판 (구례)
10) 남도 이순신길 백의종군로 구간 안내판 (구례)
11) 남도 이순신길 백의종군로 이정표 (구례)
12) 남도 이순신길 백의종군로 이정표 (구례)

13) 남도 이신길 조선수군 재건로 안내판 (순천)
14) 남도 이순신길 백의종군로 이정표 (순천)
15) 남도 이순신길 백의종군로 표식 (순천)
16) 남도 이순신길 백의종군로 이정표 (순천)

17) 남도 삼백리 이순신 백의종군길 이정표 (순천)
18) 남도 삼백리 길 코스 안내판 (순천)
19) 남도 이순신길 조선수군 재건로 이정표 (구례)
20) 남도 이순신길 백의종군로 이정표 (화개장터)

21) 이순신 백의종군로 안내 비석 (화개장터)
22, 23) 섬진강 100리 테마로드 구간 안내판, 이정표 (하동)
24) 이순신 백의종군로 이정표 (하동)

25) 이순신 백의종군로 이정표 (하동)
26, 27) 고전역사 탐방로 안내판, 이정표(하동)
28) 이순신 백의종군로 도보탐방로 구간 이정표 (하동)
29) 한국체육진흥회 빨간 리본 (하동)

30) 이순신 백의종군로 이정표 (진주)
31) 이순신 백의종군로 안내 비석 (진주)
32) 이순신 백의종군로 이정표 (산청)
33) 이순신 백의종군로 도보탐방로 안내판 (산청)

34) 이순신 백의종군로 이정표 (산청)

35) 이순신 백의종군로 도보탐방로 이정표 (산청)

36) 이순신 백의종군로 유숙지 안내 비석 (산청)

37) 이순신 백의종군로 도보탐방로 코스 이정표 (산청)

38) 이순신 백의종군로 이정표 (합천)

39) 충무공 이순신 백의종군 거지지 이정표 (합천)

40) 이순신 백의종군로 안내 비석 (합천)

41) 이순신 백의종군로 유숙지 안내 비석 (합천)

5.5 거리 & 시간 & 걸음 수 & 경비

No.	트랙	출발지~목적지	일자	요일	날씨	온도	인원	거리	시간	걸음수	경비	평균속도
1일차	#1-1, #1, #2	이순신생가터~ 길산동행정복지센터	5/1	수요일	맑음	22	1	29.9	8h 45m	49,441	12,850	3.4
2일차	#3, #4	길산동행정복지센터~ 웅주사업구	5/6	월요일	맑음	20	3	24.3	7h 10m	40,164	26,200	3.4
3일차	#5, #6	웅주사업구~ 평택역	5/11	토요일	맑음	27	2	33.0	9h 30m	53,131	17,650	3.5
4일차	#7, #7-1, #8	평택역~ 한중사	5/12	일요일	맑음	29	2	32.0	9h	49,487	25,250	3.6
5일차	#9, #10	한중사~ 창제사	5/19	일요일	맑음/비	23	1	30.8	8h	44,467	26,383	3.9
6일차	#11, #12	창제사~ 정안면사무소	5/25	일요일	맑음	30	1	30.7	9h 20m	45,925	33,522	3.3
7일차	#13, #14	정안면사무소~ 계룡면행정복지센터	6/6	목요일	맑음	27	2	36.1	9h	51,670	38,050	4.0
8일차	#15, #16	계룡면행정복지센터~ 연무대터미널	6/15	토요일	맑음	28	1	34.8	9h	50,784	72,550	3.9
9일차	#17, #18	연무대터미널~ 익산보석박물관	6/16	일요일	맑음	28	1	18.2	5h	31,156	26,640	3.6
10일차	#19, #20	익산보석박물관~ GS25 한우암광장점	6/29	토요일	비	22	1	28.5	8h	43,108	81,164	3.6
11일차	#21, #22	GS25 한우암광장점~ 임실사무소	6/30	일요일	흐림/맑음	28	2	31.3	7h 30m	47,609	35,970	4.2
12일차	#23, #24, #24-1	임실사무소~ 남원향교	8/15	목요일	비/흐림	27	1	34.3	9h 30m	50,552	54,900	3.6
13일차	#25, #26	남원향교~ 운봉초등학교	8/16	금요일	흐림/비	30	1	17.8	6h 45m	30,976	29,700	2.6
14일차	#27, #27-1, #28, #28-1	운봉초등학교~ 산동면사무소	9/21	토요일	태풍	21	1	21.0	6h 30m	36,705	71,300	3.2
15일차	#28-2, #29	산동면사무소~ 구례구역	9/28	토요일	흐림	29	1	34.9	9h 30m	52,391	78,200	3.7
16일차	#30, #30-1, #31	구례구역~ 순천서면우체국	9/29	일요일	맑음	28	1	33.3	10h 20m	50,712	45,300	3.2
17일차	#32, #33	순천서면우체국~ 구례곡성동장	10/19	토요일	맑음	23	2	39.4	10h 20m	60,158	75,050	3.8
18일차	#34, #34-1	구례곡성동장~ 운조루미경장자	10/20	일요일	흐림	24	1	7.0	3h	12,107	36,000	2.3
19일차	#35, #35-1, #36	운조루미경장자~ 히등용통미술관	11/9	토요일	맑음	18	1	34.5	9h 50m	51,676	87,320	3.5
20일차	#37, #38	히등용통미술관~ 주성미술관	11/10	일요일	맑음	17	1	25.7	6h 20m	39,555	37,700	4.1
21일차	#39, #40	주성미술관~ 순경가옥구장자	11/24	일요일	맑음	19	2	25.0	7h	37,902	99,000	3.6
22일차	#41, #41-1	순경가옥구장자~ 신안매홀소장	11/25	월요일	흐림	14	2	27.6	8h 20m	44,327	46,000	3.3
23일차	#42, #43	신안매홀소장~ 삼가면사무소	12/7	토요일	맑음	10	3	33.8	8h 30m	47,145	110,600	4.0
24일차	#44, #45	삼가면사무소~ 낙민2구마을회관	12/8	일요일	맑음	12	2	29.8	7h 10m	43,809	55,650	4.2
계						23.2 ℃	35명	693.7 km	193h 20m	1,064,957	₩1,222,949	3.6 km/h

5.6 숙박

No.	목적지	숙박업소	주소	주변	거리(km)	이동수단	비고
1일차	안양문산동주민센터	휴모텔외다수	경기안양시동안구엘에스로50-12	한성병원	1.6	도보 또는 버스	4개정류장이동
2일차	화성융건사	메가리스모텔외다수	경기화성시매곡정로86	병점역(한신대) 1번출구	3.7	버스	7개정류장이동
3일차	평택역	샌모텔외다수	경기평택시평택로39번길14	평택역1번출구	0.2	도보	
4일차	아산현충사	돌미재린캐스트하우스외다수	충남아산시방로로139	아산고등학교	3.9	버스	14개정류장이동
5일차	아산치재가선물카페	돌미재린캐스트하우스외다수	충남아산시방로로139	아산고등학교	1.9	도보 또는 버스	8개정류장이동
6일차	공주정안면사무소	광정파크모텔	충남공주시정안면이룡2/38-8	자연농원(서시티)	0.8	도보	
7일차	공주계룡면행정복지센터	명성모텔	충남공주시계룡면신봉2/8	동명리새마을회관	1.1	도보	
8일차	논산부적농협 다오정식당	때이루모텔, 시마모텔	충남논산시양촌면연산길18-6	부적교차로	1.4	도보	
9일차	익산무석박물관	다이이모텔, 시마모텔	전북익산시왕궁면온산길18-6	공룡테마공원	0.7	도보	
10일차	전주풍남문	김PD 게스트하우스외, 다수	전북전주시완산구풍남문4길25-9	전주한옥마을	0.4	도보	자가, 막걸리파티
11일차	임실임실사무소	청수장모텔	전북임실군임실읍봉황8길6	임실동주역	0.3	도보	
12일차	남원교	불리모텔외다수	전북남원시요천로45 불리모텔	한국전통공산판단지사	1.0	도보	
13일차	운봉운봉초등학교	운봉푸른민박, 금성민박, 동지민박	전북남원시운봉읍운봉로754	운봉읍사무소	0.5	도보	
14일차	구례산우수장	산동약수장모텔외다수	전남구례군산동면지선온천로146	산동면사무소, 산동보건지소	3.9	도보	대중교통없음
15일차	순천구례역	산성장여관, 강변민박	전남순천시황전면성진로210	구례역	0.1	도보	
16일차	순천서면사무소	피니스모텔외다수	전남순천시안수7l3길4 피니스모텔	신기공원	2.5	도보 또는 버스	5개정류장이동
17일차	구례군성문창	운봉가든민박	전남구례군구례읍5일시장2길31	서시지배육국원	0.8	도보	산전교통횟인필요
18일차	구례면안	용공가든민박	전남구례군토지면진양대로4559	성진강대로변	1.1	도보	
19일차	하동흥롱마을회관	OK 모텔	전남하동군하동읍성진대로2942-3	흥룡마을회관	0.8	도보	대중교통없음
20일차	하동주성마을회관	힐림모텔	경남하동군고전면성진대로1154-2	남당소루지	2.9	도보	
21일차	진주순경재가	산미루팬시, 강나루팬시	경남산청군단성면약천리278-3	지리산고등학교	3.1	도보	산전숙박활인필요
22일차	산청산이마을소	경호모텔외다수	경남산청군단성면약지강변로21	단성교, 임자마을	0.3	도보	대중교통없음
23일차	합천청상기마을소	산장모전모텔	경남의령군인면대에로74-1	대야면사무소	5.5	버스 또는 택시	오후5시20분막차
24일차	합천낙박2구마을회관		합천처시외버스터미널	합천시외버스터미널		버스 또는 택시	오후6시50분막차

5.7 참고사이트

1) 백의종군로 걷기 다음카페
http://cafe.daum.net/beakuichonggunro

2) 사단법인 한국체육진흥회 (한국걷기연맹) 홈페이지
http://www.walking.or.kr/agency/user/kapa/

3) 함께걷기원정대 밴드
https://band.us/@trackingwalking

4) 문화재청
http://www.cha.go.kr/main.html

5) 현충사 관리소
http://hcs.cha.go.kr/cha/idx/SubIndex.do?mn=HCS

6) 순천향대학교 이순신연구소
http://www.yiyeon.com/

7) 여해고전연구소
http://i-web.kr/skku10012/?DirectPath=%2Fskins%2Fiweb-Ye1576

8) 아산백의종군보존회
https://cafe.naver.com/asanpower

9) 해군역사기록관리단

참고문헌

1) 이순신 – 위키백과, 우리 모두의 백과사전
2) 다음 카페 – 백의종군로 걷기
3) 사단법인 한국체육진흥회 (한국걷기연맹) – 충무공 이순신 백의종군길 패스포트
4) 충무공 이순신 생가터 안내 비
5) 의금부터 안내 비
6) 충무공 이순신 백의종군로 출발지 안내판
7) 문화재청 – 문화유산 – 문화재 – 서울 숭례문(서울 崇禮門)
8) 용산가족공원 – 위키백과, 우리 모두의 백과사전
9) 남태령(南泰嶺) 옛 길 안내 비
10) 인덕원터 안내 비
11) 고천리 3.1운동 만세 시위지 안내판
12) 문화재청 – 문화유산 – 문화재 – 지지대비(遲遲臺碑)
13) 프랑스군 참전 기념비 안내 비
14) 용주사 – 위키백과, 우리 모두의 백과사전.
15) 성호면 경찰 주재소 3.1운동 만세 시위지 안내판
16) 평택역 – 위키백과, 우리 모두의 백과사전
17) 팽성읍객사 안내판
18) 문화재청 – 문화유산 – 문화재 – 아산 이충무공묘(牙山 李忠武公墓)
19) 이순신 백의종군 보존회 – 위충암 안내 비
20) 윤보선 – 위키백과, 우리 모두의 백과사전
21) 문화재청 – 문화유산 – 문화재 – 아산 이충무공 유허 (牙山 李忠武公 遺墟)
22) 행정안전부 국가기록원 – 기록으로 듣는 100년 전의 함성,3.1운동
23) 해암리 게바위 안내판
24) 이괄의 난 – 위키백과, 우리 모두의 백과사전
25) 문화재청 – 문화유산 – 문화재 – 공주 수촌리 고분군(公州 水村里 古墳群)
26) 문화재청 – 문화유산 – 문화재 – 영규대사비(靈圭大師碑)
27) 무겁교(無怯橋) 조석교(朝夕橋) 안내비
28) 육군훈련소 – 위키백과, 우리 모두의 백과사전
29) 봉곡서원 – 위키백과, 우리 모두의 백과사전

30) 천호성지 – 위키백과, 우리 모두의 백과사전

31) 문화재청 – 문화유산 – 문화재 – 숲정이〈천주교순교지〉(숲정이〈天主教殉教地〉)

32) 문화재청 – 문화유산 – 문화재 – 익산 나바위성당(益山 나바위聖堂)

33) 삼례역 – 위키백과, 우리 모두의 백과사전

34) 문화재청 – 문화유산 – 문화재 – 완주 대둔산 동학농민혁명 전적지(完州 大屯山 東學農民革命 戰蹟地)

35) 문화재청 – 문화유산 – 문화재 – 전주 풍남문(全州 豊南門)

36) 사선대 (임실군) – 위키백과, 우리 모두의 백과사전

37) 문화재청 – 문화유산 – 문화재 – 운서정(雲棲亭)

38) 문화재청 – 문화유산 – 문화재 – 의견비(義犬碑)

39) 버선밭 – 춘향이고개 안내판

40) 문화재청 – 문화유산 – 문화재 – 남원 만인의총(南原 萬人義塚)

41) 문화재청 – 문화유산 – 문화재 – 남원향교대성전(南原鄉校大成殿)

42) 문화재청 – 문화유산 – 문화재 – 여원치마애불상(女院峙磨崖佛像)

43) 문화재청 – 문화유산 – 문화재 – 남원 서천리 당산(南原 西川里 堂山)

44) 충무공 이순신 백의종군로 안내판 – 운봉초등학교

45) 개미정지 – 서어나무 쉼터 안내판

46) 왜적침략길 불망비

47) 남도 이순신길 탐방 안내 비

48) 산수유 시목 안내 비

49) 운흥정 안내판

50) 손인필 비각 안내판

51) 구례현청 터 안내판

52) 남도 이순신 길 – 조선수군 재건로 안내판

53) 섬진강과 두꺼비다리 안내판

54) 용호정 안내판

55) 문화재청 – 문화유산 – 문화재 – 구례 운조루 고택(求禮 雲鳥樓 古宅)

56) 구례 석주관성 안내판

57) 은어마을 펜션단지 안내도

58) 화개장터 종합안내도

59) 섬진강 100리 테마로드 안내판

60) 슬로시티 하동 악양 – 슬로시티 안내판

61) 최참판댁 토지세트장 안내도
62) 하동군 고전면민 만세운동 기념비
63) 하동읍성 안내판
64) 강정[江亭] 비석
65) 진배미 – 훈련장 안내 비
66) 이사재 – 유숙지 안내 비
67) 사효재의 향나무 안내문
68) 산청 목면시배 유지 안내판
69) 문화재청 – 문화유산 – 문화재 – 산청 안곡서원(山淸 中村里 安谷書堂)
70) 단계천변 – 쉼터 안내 비
71) 산청 단계리 석조여래좌상 안내판
72) 문화재청 – 문화유산 – 문화재 – 합천구평윤씨신도비(陜川龜坪尹氏神道碑)
73) 삼가 기양루 안내판
74) 삼가현 안내 비
75) 애국지사 청송 심공재현 기적비 안내판
76) 정양늪 군락형성학습판
77) 이어해의 집(유숙지) 안내 비